신약의 윤리적 비전과 교회의 소명

박정수 지음

신약의 윤리적 비전과 교회의 소명

초판1쇄   2021.02.26.

지음   박정수
편집   김덕원, 김요셉, 박이삭

발행처   감은사
발행인   이영욱
전화   070-8614-2206
팩스   050-7091-2206
주소   서울시 강동구 암사동 아리수로 66, 401호
이메일   editor@gameun.co.kr

ISBN   9791190389259
정가   20,000원

The Ethical Vision of the New Testament and the Calling of the Church

Jeongsoo Park

사랑하는 하나님의 가족

유영선과 박소은, 박은빈, 박혜찬에게

이 책을 헌정합니다.

| 차례 |

서론

들어가면서:
사랑과 평화의 사회윤리학 담론

이 책은 내가 그동안 기독교 사회윤리에 관심을 가져오면서 신약성서를 연구한 논문들을 한데 모아 집필한 것이다. 이 연구들에서 나는 신약의 사회윤리에 대한 윤리학적 토대를 서술하기보다 한국 사회에서 제기되었던 윤리적 주제들을 교회와 그리스도인들의 사회적 실천이라는 관점에서 개별적으로 다루었고, 특히 기독교 신학의 두 가지의 핵심 주제인 사랑과 평화의 문제를 교회 공동체의 윤리적 실천이라는 관점에서 다루고자 하였다.

윤리 실천의 주체는 그리스도인 개인과 교회 공동체다. 따라서 개인윤리와 사회윤리는 서로 연관될 수밖에 없다. 그래서 먼저 제1부에서는 개인의 윤리적 행위와 구원의 상관관계(제2장),[1] 자살과 공동

---

1.   박정수, "'내가 무엇을 하여야 영생을 얻으리이까'의 번역 문제(마 19:16; 막 10:17; 눅 18:18; 10:25)," 『성경원문연구』 33/2 (2013), 34-53.

체 윤리에 관한 문제(제3장),[2] 그리고 자본주의와 돈의 사용의 문제(제4
장)를[3] 다룬다. 이어지는 제2부에서는 교회 공동체의 복음 선포가 우
리 사회의 사회정치적 문맥에서 어떻게 수용될 수 있을지를 다루는
데, 먼저는 분단과 통일(5장),[4] 다음으로는 '반-유대주의'와 평화(6장)의
문제를 살핀다.[5] 제1부와 제2부를 아우르는 사회윤리 실천의 책임을
주로 교회에 부과하면서 본서의 제목을 『신약의 윤리적 비전과 교회
의 소명』이라고 짓게 되었다.

　서론격인 제1장에서는 교회의 공동체적 기원을 탐구하면서 이웃
사랑의 실천을 공동체적 차원에서 해석했고,[6] 제3부 제7장에서는 위
기에 처한 한국 교회의 윤리적 소명을 예수의 제자 됨과 관련하여 다
루었다.[7] 교회론의 위기는 목사직과 권위주의적 교회 형태에 그 핵심
이 있다. 또한 이로 인하여 교회는 사사화/정치화되고 있는 형국이
다. 나는 제8장에서 이러한 문제에 대하여, 한편으로는 공동체적 교
회의 모습을 회복하고, 다른 한편으로는 교회의 공공성과 통합의 교

2.　박정수, "자살과 죽음에 대한 신학적 성찰," 『신약연구』 10/1 (2011), 165-99.

3.　박정수, "돈이 지배하는 세계에서 하나님 섬기기: 불의한 청지기 모델(눅
　　16:1-13)," 『영산신학저널』 47 (2019), 7-37.

4.　박정수, "성서적 통일신학: '통일선교신학'을 제안하며," 『신학과 선교』 41
　　(2012), 237-78.

5.　박정수, "마태복음의 '반-유대주의'(Anti-Judaism)에 대한 신학적 해석," 『신
　　약연구』 11/2 (2012), 269-306.

6.　박정수, "헬레니즘 시대 유대교와 기독교의 가족 에토스," 『다문화와 평화』
　　14/2 (2020), 50-73.

7.　박정수, "위기의 교회론과 목사직-마태의 '제자담론'을 통한 신학적 성찰"
　　『신학과 사회』, 27/2 (2013), 143-74.

회론을 역설하며 글을 맺었다.

이 책에 담긴 기독교 사회윤리의 신학적 문제의식은 에른스트 트뢸취(E. Tröltsch)가 쓴 기념비적 저서, 『기독교 사회윤리』(Die Soziallehren der Christlichen Kirchen und Gruppen)에서 시작되었다. 하지만 역사학자인 트 뢸취의 논의를 본격적인 논쟁의 대상으로 삼은 것이 아니다. 다만 『기독교 사회윤리』에 제시된 몇 가지 주제들을 신약학적으로 탐구함으로써 기독교 사회윤리에 관한 나름대로의 새로운 문제의식과 통찰을 얻고자 했다.

트뢸취는 책의 제목대로 "기독교 교회와 집단의 사회적 가르침" 에 관한 논의를 예수와 복음서 및 바울에게서 시작하여, 중세와 근세에 이르는 시기에 대한 역사적인 탐구로 이어간다. 트뢸취는 "사회" 혹은 "사회적"이라는 말과 "사회학적"이라는 말을 구분하면서 그 책의 논의를 시작한다. 이때 "사회"라는 개념에 대해서 말하기를, "사회생활과 활동의 전체 내용을 인격화한 것"이라 말하며, "복합적으로 상호작용을 계속하고 있는 사회학적 집단들의 다양한 성격 전체를 한마디로 사회라고 부를 수는 없기 때문에 그 말의 좁은 의미를 견지해야 한다"고 설명한다.[8] 더 나아가 "사회집단은 무한히 많고 사회학적 현상들을 연결시킬 수 있는 방법도 너무나 많기 때문에 '사회'란 과학적으로 그 전체를 연구할 수 있는 어떤 실체가 아니며, 우리의 흥미를 끄는 특정 요인들을 포착하고 그 관계성을 보는 것"이

---

8.   E. Tröltsch, 『기독교 사회윤리』, 현영학 옮김 (서울: 한국신학연구소, 2003), 23f.

라 덧붙인다.[9] 이에 따라 '사회적'이라는 관념도 "일반적인 사회학적 현상 중에서도 특정한 그리고 또 분명하게 정의된 부분—국가나 정치적 이해관계에 의해서 간접적으로 영향을 받겠지만 적어도 직접적으로는 규제받지 않는 사회학적 관계들—을 의미한다"고 주장한다.[10] 이러한 사회와 집단의 사회학적 관계성을 규명하는 가운데, 트뢸취는 가족이라는 기초 사회에 핵심적인 의미를 부여한다.

> 기독교의 사회 교리가 처음부터 국가와 사회에 관한 교리였다는 것은 역사적 사실이다. 동시에 기독교가 인격을 강조했기 때문에 가족은 항상 국가와 사회의 기반으로 이해되었으며, 따라서 어떠한 기독교 사회 교리와도 결부되었다. 친교에 대한 종교적 교리가 발전되는 과정에서, 가족과 국가와 사회의 경제 질서가 밀접하게 관련된 조직으로서 서로 결합돼 있기 때문에, '사회적'인 것에 관한 관념은 다시 한번 확대된다.[11]

이를 토대로, 이 책 제1장에서는 '확대 가족' 교회를 주제로 다루며 시작한다. 교회는 어떤 사회학적 요인을 바탕으로 가족이라는 사회를 확대하였는가? 공동체로서의 교회는 사랑이라는 인격적이고 윤리적인 관념을 핵심 가치로 가지고 있었는데, 이는 하나님의 사랑의 뜻을 받들어 실현하는 예수의 '하나님의 가족' 관념에서 유래했

9.　Tröltsch, 『기독교 사회윤리』, 23f.

10.　Tröltsch, 『기독교 사회윤리』, 23f.

11.　Tröltsch, 『기독교 사회윤리』, 27f.

다. 나는 가족에서 교회로 확대되는 이 과정을, 교회 공동체에서 사용되는 가족 언어의 상징을 통해 추적하려 했다. 즉, '아버지', '아들', '형제', '자매', '주인과 종'과 같은 가족의 언어는 공동체 윤리의 문법이 되어 '형제 사랑'이라는 공동체의 에토스로 표현되었다는 것이다. 이것이 바로 초대 교회의 사회윤리 실현방식이었다. 그렇다면 이런 가족의 언어와 형제 사랑의 에토스는 기독교 사회윤리에 어떤 의미를 가질 수 있을까?

한편 트뢸취는 『기독교 사회윤리』 제1장 "초대 교회의 뿌리"에서 예수의 사랑의 윤리 실현이 어떻게 사회학적 성격을 갖게 되는가를 다음과 같이 설명했다. 즉, 기독교 윤리는 인간의 존엄이라는 가치에서 시작하는데, 이는 기독교의 "사랑의 하나님 관념"에서 나온다는 것이다. 인간에 대한 하나님의 절대적 사랑에서 기독교 윤리는 "무제한적, 절대적 개인주의" 성향을 갖게 된다. 그런데 사랑의 하나님 관념에는 모든 사람에게 선의(善意)을 베푸는 보편주의적 속성도 있다. 따라서 하나님과 인간의 친교는 절대적 개인주의에서 시작되지만 하나님의 사랑의 요구는 그 친교를 함께 나누는 '가족'은 물론 모든 이웃과 원수에게까지 확대된다. 하나님의 사랑의 뜻을 실현하기 위해서 인간은 자기포기와 형제애, 이웃 사랑, 인류애로 나아갈 수 있는데, 이 이상주의는 어떤 필연적인 관념이 아니며 헌신과 복종이 요구되는 것으로서 공동체에 '권위와 계시'로 표출된다. 여기서 권위의 개념이 사회학적 구조 안으로 도입되기 시작하는데, 트뢸취는 예수가 "율법과 예언자"의 권위를 통해서뿐만 아니라, 예수 자신이 살아있는 계시로서 공동체에 자신을 드러낸다고 이야기한다.[12] 이러한 권위 관념에서 트뢸취는 막스 베버(Max Weber)의 사상을 공유하는데,[13] 여기서 그는 하나님의 사랑을 받은 모든 인간이 존엄한 가치에 있어서 평등하며, 다양성을 가지고 있는 개인들의 차이는 서로에게 사랑을 베풂으로써 해소될 수 있다고 이야기한다.[14] 트뢸취에 따르면, 이는 사랑의 하나님이 '아버지'인 공동체에서, 개인윤리와 사회윤리의 접목점이 된다.

여기서 나는 특히 예수의 사랑 계명, 곧 이중 계명 자체에 사회윤리의 요소가 내재되어 있다고 생각했는데, 제2장에서는 더 나아가 하나님의 사랑의 요구를 구원론과 결부시켜 사랑 윤리의 사회적 본질을 부각시키고자 했다. 이때 유대교에 대한 새로운 관점으로 오늘날 신약학에서 전개되고 있는 이른바 "언약적 율법주의"를 통해서 이에 대해 논증했다. "언약적 율법주의"는 트뢸취 이후에 논의된 것이기에 어떤 새로운 논점을 제공할 수 있으리라고 생각한다.

그러나 이러한 논의는 사랑 윤리의 내연적(內緣的) 관계일 뿐, 신약학에서 개인윤리와 사회윤리의 포괄적인 접촉점을 찾기는 쉽지 않다. 나는 우선 개인윤리의 특정 주제를 통하여 여기에 접근하려 했는데, 본서 제3장에서 삶과 죽음에 관한 개인의 윤리적 선택의 문제를

---

12. Tröltsch, 『기독교 사회윤리』, 59-65.
13. 이 주제와 관련하여 내가 초기 기독교의 역사 안에서 이 주제를 다룬 연구논문은, "초기 기독교적 권위구조," 『한국기독교신학논총』 31 (2004), 123-56. 제8장에서 권위주의적인 한국교회에 대한 대안을 제시하기 위해 이 논문의 주석적 결과만을 요약하여 사용하였다.
14. Tröltsch, 『기독교 사회윤리』, 91-94.

자살에 관한 공리주의적 관점으로 제시했다. 공리주의적 접근은 윤리학에서는 개인의 삶에 관한 목적론적 관점에 서 있다. 바울은 공동체의 이익을 향상시키기 위한 목적으로 자신의 삶과 죽음을 선택 가능한 것으로 간주했던 것 같다. 이러한 주장을 통하여 나는 개인윤리가 사회와 어떤 연관성을 가질 수 있는지를 고민하게 되었다.

　그리고 다시 트뢸취로 돌아가서 그가 생각하는 바, 돈에 관한 예수의 견해와 초대 교회의 경제윤리를 다룰 것이다. 경제문제에 관한 예수의 견해는 매우 단순하다. 곧, 하늘 아버지를 신뢰하고 그날 그날을 사는 것으로 족해야 한다는 것이다. 노동으로 살아가되, 가난은 언제나 세상에 존재하기에 자기의 소유를 가난한 이웃과 나누는 것이 예수가 요구하는 자기희생적인 사랑인 셈이다. 초대 교회가 조직된 이후 교회는 경제문제가 극대화된 현실 세계에서 서로 사랑하라는 명령에 복종하고, 가난한 자들에 대한 책임과 연대의식에 기반한 경제원칙으로 공동생활을 조직하게 되는데, 여기서 이른바 "사랑의 공산주의"가 나타났다는 것이다. 트뢸취는 이것이 공동체 내부의 "새 사회 질서"이기는 하지만 사회 개혁을 의미하는 것은 아니었다고 옳게 진단하였다. 왜냐하면 "사랑의 공산주의"는 사랑과 희생의 수혜자만 있는 공산주의였지만, 그렇다고 생산의 기반이 되었던 가족제도를 적대시한 것도 아니었기 때문이다.[15] 후대의 복음서에 나타난 바, "사랑의 공산주의"가 더 이상 사회체제나 사회윤리로 확대될 수 없었고 단지 작은 공동체에서 사랑의 교제를 실현하는 정도에 머

---

15. Tröltsch, 『기독교 사회윤리』, 71-73.

물렀음은 물론이다. 이러한 관점에서 나는 소유와 재산에 관한 사회적 관념들이 어떻게 사랑의 윤리와 결합되어 실행될 수 있었을 것인가를 질문하면서, 본서 제4장에서 '불의한 청지기 비유'를 다루었다. 이른바 고대 세계의 '국가 자본주의'라는 당시의 경제적 배경에서 돈의 사용에 관한 문제를 사색하고 있는 불의한 청지기 비유를 해석하여 현대 자본주의에서 그리스도인의 경제윤리를 모색하고자 했다.

마지막으로 트뢸취는 초기 기독교 신앙 자체가 종교적인 것이었지 사회적인 것은 아니었다는 자신의 핵심적 견해를 피력한다. 신약과 초기 기독교 문서들에는 "'사회'문제에 대한 논의는 없었고, 중심 문제는 언제나 순수하게 종교적인 것으로서, 영혼의 구원, 유일신 신앙, 죽은 다음의 삶, 예배의 순결, 올바른 회중 조직, 일상생활에서의 기독교적 이상의 적용, 그리고 개인의 성화(聖化)를 위한 엄격한 자기 훈련의 필요성 등에 관한 것들이었다."[16] 또한 초기 그리스도인들에게 전적으로 하나님이 지배하는 하나님 나라는 이상적인 윤리적·종교적 비전과 동일시되었고, 나중에 "(그 나라가) 그리스도의 삶과 부활을 통해서 이미 이루어졌다는 생각이 대두됐을 때에도 구속(救贖)의 의미는 여전히 순수하게 내면적이고 윤리적이며 영적인 것이었다"라고 주장했다.[17]

오늘날 존 하워드 요더(John Howard Yoder)와 같은 신복음주의 윤리학자는 예수의 "메시아적 윤리"를 통하여 하나님 나라의 사회적·정

---

16. Tröltsch, 『기독교 사회윤리』, 33.
17. Tröltsch, 『기독교 사회윤리』, 33. 이 부분에서 트뢸취는 자유주의 신학의 한계를 극복하지 못한 것으로 비판받기도 한다.

치적 차원을 부각시킨 바가 있다.[18] 제2부에서 기독교의 사랑의 윤리
를 사회정치적 지평으로 해석할 가능성을 모색하고자 했다. 여기서
예수와 초기 기독교가 선포한 하나님 나라의 사회정치적 문맥을 이
스라엘의 회복이라는 주제로 접근할 수 있었다. 제5장에서 제시한
성서적 통일신학—역사적으로 형성된 우리 민족의 분단 문제를 다루
는—이 그 구체적인 사례라 하겠다. 20세기의 세계사적 모순과 민족
내부의 갈등으로 이루어진 한민족의 트라우마를 외면하고서 그저
보편적인 차원에서 그리스도의 평화와 화해의 복음을 말하는 신학
은 성서적 세계관에서 멀다. 여기서 나는 '이스라엘의 회복'이라는
제2성전기 유대교의 핵심적인 사상을 도입하였다. 이는 당시 이스라
엘의 민족적 과제이면서 동시에 인간의 회복과 구원이라는 보편적
희망을 지향하는 이스라엘의 세계관이었다. 이스라엘의 회복 사상에
내재되어 있는 선교의 관념이 그러한 보편성을 나타낸다. 기독교는
이 선교의 관념을 확대·강화하여, 궁극적으로는 '이스라엘'이라는 자
신의 정체성을 민족적 속성으로부터 하나님의 백성이라는 보편적
성격으로 변형시킨 종교라고 할 수 있다.

　이러한 관점에서 필자는 '통일선교신학'이라는 용어를 제안했다.
이것은 한반도에서 하나님 나라의 관점으로 남과 북의 적대적 관계
를 회복하고자 하는 교회와 그리스도인의 선교적 실천 신학으로 볼
수 있다. 여기서 예수의 이웃 사랑은 통일선교의 신학과 실천을 위한

---

18. John Howard Yoder, 『예수의 정치학』, 신원하, 권연경 옮김 (서울: IVP, 2007),
　　제1부.

해석학적 다리가 된다. 남과 북의 관계는 성서적 관점에서는 '민족'
보다는 '피할 수 없는 이웃'이라는 개념에서 출발해야 한다고 보기
때문이다. 왜냐하면 6.25 전쟁을 통해 분단된 한반도에서 우리는 이
웃 사랑의 요구를 원수 사랑의 맥락에서 성찰할 수 있기 때문이다.
나는 '통일선교신학'에서 단지 통일이나 선교에만 한정되는 주제가
아니라, 이를테면 평화와 사랑, 용서와 같은 좀 더 보편적인 신약윤
리에 관한 주제로 말하고자 했다. 이 담론에서 나는 한나 아렌트의
정치철학에 주목할 수 있었다. 용서라는 인간 행위를 정신적·종교적
차원에서 정치철학의 지평으로, '사적 영역'에서 '공적 영역'으로 이
끌어 내는 아렌트의 철학이 한반도의 통일신학에 매우 중요한 통찰
력을 줄 수 있다고 보았다.

그리고 제6장에서는 반유대주의(Anti-Semitism)라는 서구의 오랜
인종주의 문제를 비판적으로 사색하며 한반도의 분단과 갈등 극복
을 위한 평화의 관점을 제시하였다. 특히 신약의 '반-유대주의'를 다
시 정의하면서, 이것이 가장 크게 부각된 마태복음을 자세히 주석했
다. 초기 기독교가 초기 유대교로부터 분리되기 시작할 즈음 형성된
'마태 공동체'가 처한 사회정치적 맥락은 유대교 내부 종파들의 정치
적 노선과 밀접히 연관되었다. 그들이 추구한 '반-유대주의'는 무엇
이고, 그들이 선포한 평화의 복음은 결국 어떤 정치적 결과를 낳았는
가? 더 나아가 초기 기독교 공동체의 그런 역사적 사례를 통해 나는
초기 기독교가 선포한 복음 안에서 사회정치적 평화 관념—영적이고
도덕적인 평화 관념보다—이 어떻게 실현되었는지를 살펴보고자 했
다. 평화의 개념에 대한 역사적 고찰에서 빌헬름 얀센(Wilhelm Janssen)

은 다음과 같은 분석을 제시했다.[19]

> 신학이 해놓은 "평화"(*pax*)에 대한 해석은 중대한 결과들을 낳았다.
> … 기독교 신학은 간단히 표현해 "평화"를 우주적 질서 원칙으로 파
> 악했다. … "평화"(*pax*)가 인간에 적용되는 한, 인간은 "사회적 존재"
> 라기보다는 "도덕적 존재"로서의 관점에 서게 되었다. 나아가 궁극
> 의 상태, 화해, 모든 살아 숨 쉬는 것들을 신 안에서 하나 되게 하기
> 에는 완전한 의미에서만의 "평화"가 주어졌다. … 그러므로 기독교
> 의 평화 개념에는 "도덕적 관점"과 "종말론적 관점"이 우세한 반면,
> "평화"의 정치적·사회적 의미는 뒤로 물러나 있다. 그러나 동시에—
> 그리고 이것은 대단히 중요한데—"도덕적"이고 "종말론적"인 평화
> 이해의 중요한 특징들은 받아들여졌다. 하지만 이것이 비로소 충분
> 한 성과를 거두게 된 것은 기독교 세계관 및 역사관이 세계 내재적
> 구원설로 세속화되고, 정치적 평화 개념 자체에 도덕적이고 종말론
> 적인 범주들이 실리면서부터였다.

이러한 관점은, 평화의 개념이 고대로부터 중세의 역사에 이르는
동안 인간 영혼의 "영원한 평화"(*pax aeterna*)로부터 국가들 간의 "지속
적 평화"(*paix perpétuell*)의 개념으로 변화했던 것처럼, 정신적·도덕적

---

19. Wilhelm Janssen, "Friede," Otto Brunner and Werner Conze and Reinhardt
　　Kosellek (eds.), *Geschichtliche Grundbegriffe, Historisce Lexikon zur politisch-*
　　sozialen Sprache in Deutschland, 『평화』, 코젤렉의 개념사 사전 5, 한상희 옮김
　　(서울: 푸른역사, 2010), 14f.

평화의 개념이 정치적·사회적 평화의 개념과 결코 분리될 수 없었다는 사실을 말해준다.[20] 기독교적 관념의 평화는 결코 정신적이거나 도덕적 혹은 영적인 상태에만 머무를 수 없었다.

21세기 한반도에서 선포되고 있는 하나님 나라의 복음의 가치도 이러한 경향을 보여주는 셈이다. 복음의 사회적 가치는 6.25 전쟁의 폐허 위에서는 사랑으로, 6·70년대의 군사독재 치하에서는 인권으로, 80년대 군부의 집권하에서는 정의로, 그리고 오늘날과 같은 환경의 재앙 속에서는 생명의 보존으로 영향을 미쳐왔다. 만일 우리가 해방 이후 지금까지 한반도의 역사를 '민족 간의 분단'으로, 그리고 21세기 오늘의 한반도의 상황을 '세계화 속의 분단'으로 규정할 수 있다면, 복음이 내포하고 있는 어떠한 가치가 가장 중대한 영향력을 미칠 수 있을까? 나는 그것이 평화라고 생각한다. 지난 70여 년의 분단시대 속에서 평화는 가장 절실한 것이었음에도, 평화의 복음은 역사적·사회적 차원에서 깊이 있는 토론과 실천의 자리를 갖지 못한 채 오늘에 이르고 있다. 지금 우리 사회는 사랑과 공의를 통해 평화를 실현하는 방향으로 바뀌어 가고 있다고 생각되기에 평화에 관한 논의는 기독교 사회윤리의 핵심 쟁점이 된다.

제3부 제7장은 위기에 처한 한국교회의 윤리적 실천의 문제를 참된 제자도를 추구하는 교회론과 결부시켰고, 더 나아가 위기의 목사직의 본질을 신학 교육의 위기에서 찾았다. 또 목사직의 위기는 한편으로는 교회의 권위주의적 직제와 연관되며, 다른 한편으로는 교

---

20. Janssen, 『평화』, 15.

회의 공적 직임을 무너뜨리는 문제와 닿아있음을 확인했다. 마지막
으로 제8장에서는 이념으로 갈라지고 있는 교회의 현실에 대한 견해
를 마태의 '통합의 교회론'으로 제시해보았다.

이제 서론적으로 교회의 공동체적 기원과 초기 기독교의 이웃
사랑의 공동체적 실현 방식을 다루면서 교회가 부름받고 있는 사회
윤리의 초석을 놓아보자.

제1장
교회의 기원과 공동체적 삶

신약에서 교회의 기원과 본질을 가장 잘 설명할 수 있는 것은 바로 하나님의 가족이라는 공동체 사상이다. 예수는 하나님 나라를 선포했고 그 결과로 교회라는 공동체가 출현했다. 예수의 하나님 나라 운동은 헬레니즘 시대 유대교에서 하나님의 가족이라는 공동체적 정체성을 가지고 출발했다. 초기 그리스도인들은 하나님의 가족이라는 관념을 어떻게 수용했고, 예수가 가르쳤던 윤리적 명령을 어떻게 실현했을까? 이 장에서는 제도적 형태 이전에 교회의 공동체적 본질과 예수의 이웃 사랑을 윤리적 소명으로 실현한 초기 기독교의 공동체적 삶에 대해 살펴보고자 한다.

* * *

초기 그리스도인들은 자신들의 신념과 가치를 표현하는 독특한 언어를 사용했다. 그들은 예수를 하나님께서 이스라엘에 보내신 메시아 그리스도요, 세상의 구원자로 고백하면서, 동시에 예수를 자신들의 주인(κύριος)이요 자신들은 그의 종(δοῦλος)으로, 하나님을 아버지(πατήρ)로 그리고 예수는 그의 아들(υἱός) 혹은 독생자(μονογενής)로 표현했다. 그런가 하면 그들은 구원에 대해서도 노예로부터 해방된 자유자 즉, 아들 됨(υἱοθεσία)이라는 신분의 변화로 이해했다. 또 신앙공동체 교회(ἐκκλησία)는 하나님을 아버지로 부르는 사람들의 가족(οἰκία)으로 이해했고, 서로를 형제와 자매(ἀδελφός καὶ ἀδελφή)로 불렀다. 이 모든 어휘는 가족과 연관되어 있고, 자신들의 공동체적 존재 양식과 삶의 가치를 내포하고 있다.

초기 그리스도인들은 헬레니즘 문화와 유대교의 환경 속에 살아가면서 그러한 가족 용어를 통해 자신들의 신앙을 상징적으로 표현했다. 이러한 용어들은 당시의 사회적 가치를 공유하면서도 자신들의 공동체적 정체성을 상징적으로 표현하는 중요한 도구가 되었다. 교회는 언어상 그리스-로마 문화에서 정치공동체를 의미했지만, 그 직접적인 기원은 예수의 하나님 가족 관념에서 나온 신앙공동체였다.

공동체의 언어의 상징 자체를 파악하기 위해서는 문화인류학적 접근 방식(cultural-anthropological approach)이 요긴하다. 이는 1세기 신약성서 사회에 나타나는 상징 체계의 사회적 가치와 상징의 문화적 의미를 파악하려는 도구가 된다.[1] 문화를 초기 그리스도인들의 사회적 행

---

1. David G. Horrell, "Social-Scientific Interpretation of the New Testament,"

동의 틀로 전제하는 이 방법론의 과제는 그들의 행동의 의미와 상징
체계를 설명하는 데에 있다.

아울러 초기 기독교인들이 자신들의 종교적 신념과 사회적 행동
을 표현하는 데 있어서, 가족에 대한 가치 및 감정 체계로서 가족 에
토스가 어떤 기능을 하였는지 파악해야 한다. 그리스어 '에토스'(ἔθος)
는 "관습" 혹은 "성격"이라는 뜻을 가지고 있는데, 일반적으로 설명
하자면 에토스는 특정 집단의 독특한 정신과 제도화된 감정/가치 체
계라는 두 요소를 모두 내포하고 있다. 클룩센(Wolfgang Kluxen)은 에토
스를 한 그룹이나 사회에서 인정되는 규범의 총체로 규정하는데,
"하나의 체계(system)라기보다는 행동의 패턴"으로 이해하려고 했다.[2]
이렇게 에토스는 사회와 연관된 개인의 행동 성향이나 사회적 가치
체계를 포괄한다. 그래서 에토스는 한 그룹이나 사회의 도덕적 규범
과 관계되는 삶의 구체적 형태 혹은 삶의 양식(style)으로 이해될 수 있
다.

왜 가족인가? 앞서 언급했듯이, 그들은 하나님을 아버지로, 구원
자 예수를 독생자로 표현했을 뿐만 아니라, 예수를 주인으로 불렀고
자신들을 그의 종으로 표현했다. 그리고 자신들의 공동체를 하나님
의 가족으로 이해했다. 이러한 언어들은 분명 1세기 지중해 연안에
서 사회적으로 공유된 규범과 가치, 즉 가족 에토스를 매개하는 것이
었다. 그들이 언어로 표현하여 구축하고 있는 이러한 상징 세계는 분

---

edited by David G. Horrell. *Social-Scientific Approaches to New Testament Interpretation* (Edinburgh: T and T Clark, 1999, 3-29 (12-15).

2.   W. Kluxen, *Ethik des Ethos* (Freiburg: Alber-Verlag, 1974), 22.

명히 문화적으로 해석된 사회 세계였기에, 가족 에토스는 자신들의 신앙과 삶을 사회문화적으로 표현하는 상징이 되었다고 말할 수 있을 것이다. 바로 이 점이 기독교 신앙의 사회적 지평을 해석하는 토대가 될 수 있기에 이런 근본적인 논의들이 필요한 것이다.

좀 더 세부적으로, 우리는 초기 기독교인들의 가족 에토스가 1세기 지중해 주변 세계, 특히 유대교의 것과 어떤 동질성이나 차별성을 가지고 있는지를 물을 수 있다. 기독교인들은, 할례와 같은 종교적·민족적 상징 체계와는 달리 가족제도나 노예제도와 같은 사회적 제도에는 쉽게 동화되는 기질을 보였을까? 아니면, 그 반대로 저항적 태도를 나타냈을까? 이 글에서 나는 먼저 공관복음서를 통해서 예수의 하나님 가족 사상을 유대교와의 동질성과 차별성을 중심으로 기술하고, 다음으로 거기서 발현된 초기 기독교 공동체의 가족 에토스가 어떠한 특징을 가지고 있는지를 신약의 서신서를 중심으로 기술하려고 한다. 이제 초기 기독교인의 삶과 신학의 산실(産室)이 되었던 확대 가족의 관념으로 교회의 공동체적 본질을 해명해보려 한다.

1. 헬레니즘 세계의 가족

1) 그리스·로마 사회의 가족 에토스

아리스토텔레스는 "가족"(oἰκία)을 정치 공동체인 '폴리스'(πόλις)와 개인을 연결하는 필수적인 집합으로 이해하고 있다(『정치학』 1.2.11). 따라서 개인과 폴리스를 연결하는 가족이야말로 고대 그리스 도시국

가에서 정치/경제의 기본 단위가 된다. 그런가 하면 폴리스의 경제
(economy)는 "가정"(οἶκος)의 경제적 "운용규범"(νόμος)를 표현했던 '오이
코노미아'(οἰκονομία)와 다르지 않았다. 가족의 구성은 가부장과 자녀
들, 아내와 노예들, 그리고 물질적 기초로서 가축들을 포함했다. 이
러한 가족의 외연적인 형태가 가정이었다. 그리스 본토에서 시작된
이러한 인간관계는 이후 모든 헬레니즘 주변 세계에도 인간의 사회
적 관계를 규정했던 가장 기초적인 사회 단위였다.

　로마 사회에서도 그리스 가족의 개념과 형태, 관계는 그대로 유
지되었다. '도무스'(domus)는 거주지로서의 집을 의미하는데, 주로 한
곳에 거주하는 가족 개념인 "가정"(家庭)으로 번역될 수 있다. '파밀리
아'(familia)는 일차적으로 세습 재산을 의미하는데, 유산으로 상속된
노예나 자산 이외에도 가부장의 권한하에 있는 자녀와 어머니, 그 외
의 친족까지 포함될 수 있었다. 특징적인 것은 "가부장"(paterfamilias)의
권한이 강화되어서, 가장(家長)이 가족 구성원 전체에 대한 절대적 권
한을 가졌다는 것이다. 심지어는 자녀의 생사여탈권까지 가부장에게
부여될 수 있었다. 기원후 1세기, "가난한 사람들은 식구를 줄이기 위
해, 부자들은 장자에게 물려줄 재산을 보호하기 위해 자식들을 유기
(遺棄)하곤 했는데, 이는 가장의 명백한 통치 행위"였다.[3]

　로마시대의 가족에 관한 법률은 무엇보다도 재산의 세습에 관한
권한을 규정하는 계승권에 초점이 맞추어져 있었다. 가부장의 권한

3.　Yan Thomas, "로마 시민으로서의 아버지, 아버지의 도시로서의 로마," 『가족
　　의 역사』, 정철웅 옮김 (서울: 이학사, 2001), 267-322 (269-70).

은 절대적이어서 자식을 받아들일 수도 거부할 수도 있었다. 하드리아누스(Hadrianus) 시대에 합법적인 결혼은 전체 가족의 3분의 1에 불과했고, 사생아, 서출 그리고 소생을 알 수 없는 많은 아이들 문제로 사회적 분쟁이 끊임없이 일어났다. 그리하여 로마법은 세습의 자격과 권한을 규정하는 이른바 "자궁의 수호자" 역할을 했다. 결혼도 그 중심에 사회적 계약 관념이 있었지 결코 개인의 사랑의 감정에 기초한 것은 아니었다. 그래서 후기 로마 사회에서 재혼은 일상적인 것이었고 단혼(單婚)은 드물었다.[4] 남편이 아내를 양도하는 행태는 보편적이었는데, 토마스(Yan Thomas)는, 결혼관계에서 이러한 여성의 "호환성"을 용납할 수 있었던 것은 근본적으로 여성의 성공적인 출산의 희소성에 있다고 보았다. 여성의 출산력이 약화되어 사산(死産)은 흔한 일이었거니와 18세에서 25세 여성 자체의 사망률도 높았다. 도시와 국가의 유지는 가계의 존속에 절대적으로 의존되어 있었기에, (로마시민 수를 유지하기 위하여) 출산에 관한 법적 장치와 규범의 턱은 굉장히 낮았다. 또한 결혼 자체도 결코 보편화된 생활방식은 아니었다. 그런 의미에서 로마시대에 결혼과 가족 구성의 관계는 현대의 것과 전혀 달랐다. 아우구스투스 시절에는 독신을 규제하는 법을 세워야 했을 정도였다고 한다.[5] 1세기 지중해의 생활 방식에서 결혼은 두 개의 확대된 가족이 취할 수 있는 정치적이고 경제적인 계약 형태로서, 여성을 가족에게서 분리시켜 또 다른 가족의 가부장인 남편에게 복속시

---

4. Thomas, "로마 시민으로서의 아버지," 299-314.
5. Thomas, "로마 시민으로서의 아버지," 311-14.

키는 행위였다. 로마의 아버지는 본질적으로 '통치자'로 인식되었다.
가족의 질서는 이렇게 '정치적'인 것이었다.

　1세기 지중해 연안 사람들의 가장 보편적인 사회적 관계는 본질
적으로 집단관계 안에서 이해되어야 한다. 그리고 가장 중요한 사회
적 관계는 가족 내에서 구현되었다. 개인은 오직 가족이라는 집단을
통해서만 자신의 가치와 사회적 위상을 대변할 수 있었다.

　말리나(Bruce J. Malina)는 1세기 지중해 문화의 중심 가치를 명예와
수치로 파악한다. 명예는 "공적으로 승인된 가치에 대한 주장"이며,
수치는 명예에 대한 반대어로서 "공적으로 부인되고 철폐된 가치에
대한 주장"라고 정의한다.[6] 1세기 지중해 세계에서 인격체는 개인적
인 가치로서 측정되지 않고, 오직 그가 속한 집단의 사회적 상호관계
에 의해 이해되고 평가될 뿐이다. 명예는 일차적으로 집단 가치이며,
개인 구성원들은 그 집단의 명예를 공유하게 된다. 말리나는 이 집단
을 "확대 가족"(surrogate family)이라는 개념으로 이해한다.[7] 결혼은 친족
관계와 관련된 사람들의 결합으로서 "친족관계의 규범은 핵가족과
대가족, 한 민족이 되기 위해서 어떻게 존재해야 하는지를 지시하고,
규정하며 명령한다."[8] 여기서 고대 세계의 가족 중심성은 명확하게
부각된다.

6.　Bruce J. Malina, 『신약의 세계: 문화 인류학적인 통찰』, 심상법 옮김 (서울:
　　솔로몬, 1999), 66-68.
7.　Malina, 『신약의 세계』, 119-27; Bruce J. Malina and Richard L. Rohrbaugh,
　　Social-Scientific Commentary on the Synoptic Gospels (Minneapolis: Fortress
　　Press, 2003), 377, 414.
8.　Malina, 『신약의 세계』, 202f.

헬러만(Joseph H. Hellerman)은 1세기 지중해 연안의 가족을 가부장적 세습 가족제도로 규정하면서 다음과 같은 특징을 열거한다. 첫째, 가족은 부계 혈통의 동일한 조상에서 유래한 혈족관계로 정의된다. 둘째, 이러한 혈족 관계의 기초가 되는 결혼은 근본적으로 계약 관계로 이해된다. 그래서 결혼은 출산과 성적 일치감만이 아니라, 가족의 지위와 명예를 높일 수 있는 통로가 된다. 셋째, 이러한 가족 관계에서 가장 핵심적이고 감정적으로 밀접한 관계는 부모-자녀 관계나 부부 관계가 아니라, 형제자매 관계다. 넷째, 이러한 부계 세습 가족의 구성원은 함께 거주하며 고대 사회의 생산과 소비의 단위가 된다.[9]

여기서 우리의 논의에 가장 중요한 점은 바로 형제자매 관계가 헬레니즘 세계에서 가장 핵심적 관계였다는 사실이다. 사실 초기 기독교의 교회는 내부적인 관계에 있어서 새로운 사회 관계를 창설한 것이 아니라 기존의 사회적 가치와 관계를 새롭게 변용한 공동체였다. 헬러만은 이러한 사회문화적 특성에 기초하여 초기 기독교가 지중해 연안의 가족제도, 특히 형제자매의 관계에 기초한 "가족 교회"였음을 바울과 고대 교부들의 문헌을 통해 설득력 있게 입증하였다.[10]

1세기 지중해 문화에서 나온 많은 헬레니즘 문서들은 형제자매의 관계가 가족 외부에 대하여는 가족의 명예를 지켜나가기 위한 연대적 관계였고, 내부적으로는 세습 재산을 나누는 관계였음을 보여

---

9.   Joseph H. Hellerman, *The Ancient Church as Family* (Minneapolis: Fortress Press, 2001), 27-58.
10.   Hellerman, *The Ancient Church as Family*, 92-112.

준다. 만일 우리가 헬레니즘 시대의 가족관계를 가족의 안녕 욕구라는 관점에서 본다면, 이 문화권에 속했던 기독교 공동체가 형제자매 공동체 관계를 이루고자 했던 것은 결코 낯선 이상이 아니라 현실적이고도 보편적인 대안이었음을 알 수 있다.

2) 유대교의 가족 에토스

헬레니즘 시대 유대교의 가족 형태는 기본적으로 그리스-로마 문화의 테두리 안에서 이해되어야 한다. 로마와 마찬가지로 유대교의 가족은 혈족과 거주하는 모든 자들을 포괄하는 개념이었다. 가족은 남편이자 아버지인 가부장 중심이었고, 부인은 남편(히브리어 '바알' = "주인")의 소유물로 간주됐다. 한 개인은 오직 가족을 통해서 자신의 명예와 가치를 보장받을 수 있었다. 무엇보다 가족과 결혼이라는 제도는 유대교의 신앙과 삶에 도덕적이고 영적인 기초를 제공하는 최상의 원천이 되었다.

우선 유대교 부부의 영적인 토대는 하나님의 창조 의지에 놓여 있었다. "이러므로 남자가 부모를 떠나 그의 아내와 합하여 둘이 한 몸을 이룰지로다"(창 2:24)라는 명령 위에 부부의 영적인 기초가 세워졌다. 그런가 하면 부부는 자식을 가짐으로써만 가족을 이룰 수 있었다. 이스라엘에게 있어서 가족은 근본적으로 이스라엘 역사에 편입될 때에만 의미를 가졌는데, 그러한 편입의 방법은 오직 출산을 통해 부모-자식 관계를 형성하는 것뿐이었기 때문이다.[11]

---

11. Frank Alvarz-Pereyre and Florence Heymann, "탁월성에 대한 욕망: 히브리의

그래서 이스라엘인에게 자녀가 없다는 것은 '삶을 잃는 것'이었다. 자식은 부모에게 존재의 의미를 부여하기 때문이다. 자식이 없는 이스라엘인은 아버지와 어머니로 존재할 수 없고, 이스라엘의 구성원이 될 수 없었다. 이렇게 이스라엘 세계에서 자식은 부모에게 역사라는 의미를 부여한다. 그래서 "생육하고 번성하라!"(창 1:22, 28; 9:1, 7)고 한다. 출산은 613개의 토라 명령 중 가장 첫 번째 명령이었다.

흙에서 창조된 인간이 땅에서 생육하고 번성하기 위해서는 남자와 여자가 한 쌍의 부부로 존재해야 했다.[12] 부부가 되는 것은 가족으로부터의 분리에서 시작된다. 11세기 정통주의 랍비 라쉬는 "이러므로 남자가 부모를 떠나 그의 아내와 합하여 둘이 한 몸을 이룰지로다"(창 2:24)를 다음과 같이 해석했다. "여기서 한 몸은 바로 자식이다. 그리고 '부부가 한 몸이 될 것이다.' 즉, 자식은 둘 사이에서 태어났고 이로 인해 그들은 하나가 되는 것이다."[13] 부부가 한 몸이 된다는 것은 하나님의 형상이 내포된 공동체적 본질을 드러내는데, 이는 가족의 수평적 연대성으로 확장된다. 다른 한편으로 유대교의 개인적/집단적 정체성은 가족의 역사, 즉 수직적 연속성에 대한 기억에 의존한다.

여기서 족보의 중요성이 부각되는데,[14] 창세기의 원(原)역사(아담과

가족 모델과 유대인 가족의 실제," 『가족의 역사』, 정철웅 옮김 (서울: 이학사, 2001), 385-430 (391-95).

12. "여호와 하나님이 이르시되 사람이 혼자 사는 것이 좋지 아니하니 내가 그를 위하여 돕는 배필을 지으리라 하시니라"(창 2:18).

13. Alvarz-Pereyre and Heymann, "탁월성에 대한 욕망," 390 (재인용).

14. 두 차례의 성전파괴(기원전 587, 기원후 70년) 이후 가계의 영속성이 상실되

노아의 후손들)와 족장들(아브라함, 이삭, 야곱)의 가족사는 이스라엘 조상의
모델이 된다. 아브라함에서 시작되는 족장들의 가족사는 결국, 이삭
과 야곱의 이름으로 이어진다. 아브라함과 사라, 이삭과 리브가 부부
는 장자계승권이라는 자연법에 대립되는 행동으로 막내아들을 선택
했는데, 이는 '언약 백성의 윤리적 탁월성을 더 중요시'하고 있음을
의미한다.[15] 결국, 선택된 개인은 세대를 구현하고 세대는 그 개인을
통하여 역사를 구성한다.

출산이 역사의 존속이라면 교육은 역사를 만들어가는 도구였다.
자식을 낳아서 기르는 것은 부모가 하나님의 백성으로서 존재하는
이유와 근거가 된다. 여기서 이스라엘의 가족 철학과 역사관이 결합
된다. 역사는 부모-자식의 연대와 교육을 통해서만 지속가능하다.[16]

유대인들은 바빌로니아로 유배된 후 제2성전기 유대교를 지나왔
다. 그들은 왕이나 왕조가 없이 제사장들과 랍비들에 의해 성전과 회
당에서 종교생활을 영위했다. 그러나 일상적 종교생활을 영위하는
공간은 바로 가정이었고, 고고학자 베를린(A. Berlin)은 그래서 이 시기
의 유대교를 "가정 유대교"(Household Judaism)라고 명명했다.[17] 제2성전

는데, 이를 계기로 집단 안의 개인의 위치를 정의하는 가계도(족보)의 중요
성이 부각되어 포로기 이후 초기 기독교까지 지속된다.

15. Alvarz-Pereyre and Heymann, "탁월성에 대한 욕망," 398.

16. "또 그것을 너희의 자녀에게 가르치며 집에 앉아 있을 때에든지, 길을 갈
때에든지, 누워 있을 때에든지, 일어날 때에든지 이 말씀을 강론하고"(신
11:19). 여기서 토라 학습 개념이 등장한다.

17. A. Berlin, "Jewish Life Before the Revolt: the Archaeological Evidence," *JSJ* 36
(2005) 417-70. 또 샌더스는 "보편적 유대교"라고 명명한다. E. P. Sanders,
Judaism: Practice and Belief 63 BCE-66 CE (London; Philadelphia: SCM; Trinity

이 파괴된 후 유대인들은 성전이라는 상징적 공간 없이 이국땅에서 디아스포라 공동체를 이루고 살아가야 했는데, 유대인들의 이러한 오랜 역사에서 이스라엘 공동체의 실제적인 존속 형태는 결국 가족이었다. 가족의 외적 형태인 가정은 언약 백성의 영원한 삶의 공간이었다. 하나님의 백성 이스라엘은 가족으로 그 역사를 면면히 이어나가야 한다는 것이 그들의 역사 철학이었던 셈이다.

토라는 바로 이 역사 철학을 세우는 기둥이었다. 어디에 있든 이스라엘의 가족은 토라 학습을 통해 이스라엘의 역사를 존속시켜야 했다. 그들은 "두세 사람이 토라를 읽는 곳에 야웨의 영광이 임재한다"(비교, 마 18:20)고 확신했다. 토라 교육의 현장인 가족은 역사를 건설하는 공간이었고, 가족은 교육공동체 그 자체였다. 이곳이 모든 이스라엘인의 외적인 정체성을 부여하는 할례의 자리였다. 할례(창 17:1-14)란 하나님과 이스라엘이 맺은 계약의 영속성을 상징하는데, 할례를 행하는 것은 모든 부모들의 책임이다. 할례는 토라를 통한 세대 간의 결합, 차세대 교육에 대한 부모의 윤리적 책임감을 생물학적으로 새겨놓은 것이다. 말하자면 할례는 윤리를 출생이라는 자연법 위에 새겨놓은 존재론적 교육이 아닐 수 없다.

* * *

나는 이제까지 지중해 연안의 거대한 헬레니즘 문화권에서 가족

Press, 1992), 47-48을 보라.

이 당시의 인간에게 주는 의미를 문화인류학적인 관점에서 보려고 시도하였다. 또한 유대교가 헬레니즘 세계에 편입되어 가면서도 자신들의 철학적/종교적 전통을 유지하며 어떻게 가족 에토스를 통해 역사를 만들어 나갔는가를 설명하였다. 인간의 행동과 관계는 가족을 통해서만 표현되었고 가족은 인간이 사회적 존재라는 의미를 실체적으로 대신하는 말이었다. 유대교는 여기에 역사를 건설하는 교육 공동체로서의 가족의 에토스를 아로새김으로써 공동체의 윤리적 의미를 강화하였다.

이제 헬레니즘 시대 유대교에서 출생한 초기 기독교가 이러한 가족의 의미와 가치에 과연 어떤 새로운 내용을 불어넣었는가를 질문해야 한다. 이를 위해서는 예수가 간직한 가족에 관한 관념이 무엇이고, 그를 계승한 초기 기독교가 헬레니즘 세계와 유대교의 가족 에토스를 어떻게 갱신하며 행동했는가를 설명해야 한다.

2. 예수와 하나님의 가족

가족에 대한 기독교적 가치와 이념은 어디서 나오는가? 초기 기독교의 신앙 언어에 가족 은유가 담긴 것 역시 예수에게서 근원한 것인가? 그렇다면 그 단초를 예수의 어떤 사상과 행동에서 찾을 수 있을 것인가? 이제 그것을 하나님을 아버지로 부르는 예수의 하나님 가족 사상과 자신을 따르는 자들에게 요구한 공동체 에토스로부터 설명해보려 한다.

1) 하나님의 가족 개념

고대의 세계에서 그리스도인들만이 신을 아버지라고 부른 것은
아니었다. 기원전 2000년 고대 근동의 신화들에도 신들의 출생계보
는 가족을 통한 은유로 기술되어 있다. 바벨론의 창조신화 『에누마
엘리쉬』(1.1-20)에서는 어머니 티아맛과 아버지 압수에게서 여러 자녀
들이 출생하는 이야기를 전한다.[18] 일찍이 호메로스는 제우스를 "인
간과 신들의 아버지"로 묘사했다(『오디세이아』 I.28; 『일리아스』 I.544 등).[19] 고
대 그리스와 로마 신화 역시 신들의 가족에 관해 많은 이야기를 전하
고 있다. 이렇게 고대 세계에서 하나님의 가족이라는 관념이 낯선 것
은 아니었다. 구약성서에서도 하나님은 가족을 이룬다. 그러나 이것
을 고대의 신들의 가족 개념으로 이해할 수는 없고, 하나님과 인간을
은유적 가족관계로 표현하고 있다고 말할 수 있겠다. 하나님은 유일
하신 한 분이기 때문이다.

야웨 하나님을 이스라엘의 아버지라 함도 하나님과 이스라엘의
계약 관계의 범주에서 비유적으로 표현한 것이었다. 이스라엘은 야
웨의 자녀요, 야웨는 이스라엘의 아버지다. 이스라엘의 예언자들은
이스라엘이 야웨와 계약 관계를 파괴할 때마다, 야웨가 이스라엘을
이집트 왕 파라오의 손에서 건져내어 광야의 길을 걸었던 이스라엘

---

18. J. Pritchard (ed.), *Ancient Near East Text* (Princeton: Princeton University Press,
     1955), 60-72.

19. J. Schenk, "πατήρ A. Der Vaterbegriff im Indogermanischen und in der
     griechisch-römischen Antike," *Theologische Wörterbuch zum Neuen Testament*
     V (Stuttgart, Berlin, Köln: Kohlhammer Verlag, 1933-1979), 946-59.

의 어린 시절을 이렇게 회상시킨다. "이스라엘이 어렸을 때에 내가
사랑하여 내 아들을 애굽에서 불러냈거늘"(호 11:1). 하나님은 이스라
엘의 아버지로서 먹을 것을 주었고 그들의 보호자가 되었다. 고대 이
스라엘 종교에서 이스라엘과 하나님의 관계를 상징하는 아버지-아
들 은유(아들 "에브라임", 렘 31:9; 사 1:2; 호 12장)는 하나님에 대한 신뢰와 순
종으로 살아야 할 이스라엘의 강력한 공동체적 삶의 규범이 되었다.
유대교는 이 계약 규범을 종교적·문화적 행동의 패턴, 즉 에토스로
형성했다.

　그런데 아버지에 대한 구약성서 대부분의 용례는 혈족인 인간으
로서의 부친을 의미하고 있었다.[20] 이것은 구약의 이스라엘인과 제2
성전기 유대인들이 혈족을 호칭하는 식으로 하나님을 아버지로 부
르지는 않았다는 것을 의미한다. 그러나 유대교의 테두리에 있었던
예수께서는 분명히 그 이스라엘의 하나님에게 "아버지"라는 호칭을
사용하였다. 예수께서는 종종 "너희의 아버지"(마 5:48; 6:14 등)라는 표
현과 달리, "나의 아버지"(마 26:39, 42)라는 호칭을 통하여 우선 하나님
과 자신의 특별한 관계를 염두에 두셨는데, 이것은 권세의 담지자인
아들로서의 예수의 위치를 표현한다.[21] 우리는 여기서 예수께서 아버
지 용어를 하나님에 대한 은유로 사용하는 데 그치지 않고, 예수 자
신과 하나님의 관계를 어떠한 특정한 사상적 맥락에서 아버지-아들

---

20. G. Quell, "πατήρ B. Der Vaterbegriff im AT." *Theologische Wörterbuch zum
　　Neuen Testament* V, 959-974.

21. J. Jeremias, *ABBA: Studien zur neutestamentlichen Theologie und Zeitgeschichte*
　　(Göttingen: Vandenhoeck and Ruprecht, 1966), 38-56.

관계로 구체화하고 있다고 생각할 수 있다.

좀 더 구체적인 내용을 들어보자. 예레미아스(J. Jeremias)는 주기도
문의 첫 구절에 나오는 예수의 "아버지여"(Πάτερ, 눅 11:2/마 6:9)라는 호
칭이 히브리어 아버지(אב)의 아람어 '아바'(אבא)에 해당하는 그리스어
로서, 어린아이의 아버지에 대한 친근하고도 개인적인 관계를 표시
하는 것이라고 했다. 그리고 기도에 관한 어떤 유대교 문헌에도 하나
님에게 이 호칭이 돌려진 곳은 없다고 말한다.[22] 나는 예수가 하나님
과 자신을 이렇게 아버지-아들로 구체화시킨 관계는 단지 하나님에
대한 이스라엘의 은유를 뛰어넘는 내용을 가진다고 생각한다. 그것
은 공동체에 관한 예수의 비전에서 나타난다. 예수는 하나님과 계약
을 맺은 이스라엘이 종말에 회복될 것을 내다보았다. 또 이스라엘 열
두 지파의 회복을 꿈꾸었고, 이는 열두 제자를 부르는 행위를 통해서
분명히 상징되었다.[23] 예수의 제자 공동체는 아버지 "하나님의 아들
들"(자녀들)이라는 형제 공동체에 편입될 수 있다. 공동체의 삶에 대한
예수의 가르침에 의하면, 만일 어떤 한 형제가 하나님을 아버지로 부
르는 공동체의 형제를 용서하지 않는다면, 그는 하나님의 용서를 되
돌리게 된다(마 6:15). 이처럼 아버지-아들 관계와 형제 관계는 예수 공
동체의 현실이었기에, 단지 이상적 관계에 대한 은유로만 볼 수는 없

22. Jeremias, *ABBA*, 62f. 그러나 단지 어린아이뿐만 아니라, 존경스러운 노인을
　　부르는 호칭으로도 이 용어는 쓰였다. U. Luz, *Das Evangelium nach Matthäus*,
　　EKK 1,I (Neukirchen-Vluyn: Benziger, Neukirchener Verlag, 5. Auf. 2002),
　　442를 참조.

23. E. P. Sanders, *Jesus and Judaism* (London: SCM Press, 1987), 77-90.

었다.

마태가 간직한 주의 기도에서는 공동체의 구성원이 하나님을 "나의 아버지"(πάτερ μοῦ)로 부르지 않고, "우리 아버지"(πάτερ ἡμῶν, 마 6:9)라고 부르게 된다. 이는 예수가 "하나님의 아들"이라는 자신의 특별한 관계를, 그의 제자 공동체 안에서 하나님 아버지와 자녀들이라는 현실적인 관계로 확장하였음을 추측할 수 있게 한다. 예수가 아버지를 부르며 시작하는 주기도를 제자들이 살아갈 일상의 기도로 가르치는 것은 놀라운 일이 아니었다.

예수와 제자들의 아버지 호칭은 유대교 내에서 시작된 예수의 하나님 나라 운동의 독특성을 표현한다. 예수에 의해, 예수와 함께 이스라엘은 하나님과의 새로운 관계에 들어가게 된다. 하나님은 종말의 때에 예수를 따르는 제자들을 먹이고 보호하는 아버지가 됨으로써 하나님의 가족을 이루신다.

2) 하나님의 가족의 사회적 형태와 특성

이제 하나님의 가족의 개념과 형태를 공관복음서를 통해서 고찰하고, 이것이 예수에게로 소급되는지를 판단해야 한다.[24] 우리는 공관복음서의 두 개의 핵심적인 본문을 언급할 것이다. 먼저 마가복음 10장 28-30절을 살펴보자.

---

24. 이에 대해서 나는 노태성의 학위논문, T.-S. Roh, *Die familia dei in den synoptischen Evangelien* (Diss. Heidelberg, 1997)에 빚지고 있는데, 그를 통해 확대가족으로서의 교회 공동체에 대한 내 생각을 발전시켰다.

베드로가 여짜와 이르되 보소서 우리가 모든 것을 버리고 주를 따랐
나이다. 예수께서 이르시되 내가 진실로 너희에게 이르노니 나와 복
음을 위하여 집이나 형제나 자매나 어머니나 아버지나 자식이나 전
토를 버린 자는 현세에 있어 집과 형제와 자매와 어머니와 자식과 전
토를 백 배나 받되 박해를 겸하여 받고 내세에 영생을 받지 못할 자
가 없느니라.

이 본문에서 우리는 예수가 염두에 두고 있는 하나님의 가족 구
성원에 대한 사회적 형태를 추론할 수 있다. 예수의 제자들은 "모든
것을 버리고" 그를 따른 자들이다(28절). 복음서에서는 예수의 부름과
제자들이 그를 따라 나서는 유형이 여러 곳에서 나오는데, 예수는 제
자들에게 한결같이 일상생활로부터의 급진적 단절을 요구하고 있다.
어부는 그물을 버리고, 동료들과 아버지를 떠나 예수를 따라야 했다
(막 1:16-20/마 4:22/눅 5:11; 비교, 막 2:14 공관병행). 이는 직업과 가족을 포기해
야 함을 의미한다. 심지어 부친의 장례를 포기하고 예수를 따라야 했
다. 또 인자(人子) 예수는 머리 둘 곳이 없기에, 그를 따르는 제자들도
같은 운명에 놓이게 된다(마 8:18-22/눅 9:57-62). 이것은 집과 고향을 떠
나는 것을 의미한다.

가족을 버리고 소유와 직업을 포기하고, 집과 고향을 떠나 팔레
스타인 주변을 방랑하며 살았던 예수와 제자들의 삶의 형태를 우리
는 '방랑 에토스'라고 하는데, 무소유와 사회적 무근성(無根性)이 특징
이다. 타이센(Gerd Theißen)은 이를 이른바 "카리스마적 방랑주의"라고

부른다.[25] 이들은 예수께서 세상을 떠나간 후 팔레스타인 지방에서
예수의 하나님 나라 운동을 이어나간 사람들로서 예수 말씀의 1차적
전승자들이었다. 그들은 "공중의 새"와 "들의 백합"과 같이 팔레스
타인 들녘을 순회하며 오직 하나님께만 의존하며 살아야 했다. 또한
그들은 폭력을 버리고 겉옷과 함께 속옷을 벗어 주어야 했으며 세상
을 등지고 팔레스타인의 시골을 떠돌며 살아갔던, 마치 견유학파 같
은 사람들이었다. 이들이야말로 예수가 요구하는 급진적인 윤리를
실천할 수 있었다.

그러면 위의 본문 30절에 나오는 집과 가족과 소유를 "지금 이
세상에서"(νῦν ἐν τῷ καιρῷ τούτῳ) 백 배나 받는다는 것은 무엇을 지칭하
는 것인가? 글자 그대로라면 모든 것을 버리고 예수를 따른 제자가
자신의 친족으로 형제 둘이 있었다면 200명의 형제를, 자매 한 명이
있었다면 100명의 자매를 받아야 한다. 우리는 여기서 예수께서 꿈
꾸고 있는 하나님의 가족의 형태를 내다볼 수 있다. 방랑 에토스를
따라 가족을 버린 제자들은 새로운 가족을 만나게 된다. 이들은 제자
들이 곳곳을 돌아다니면서 만나게 될 예수 공동체의 사람들인데, 제
자들과 같이 직업이나 가족을 포기하지 않는다. 또 고향을 떠나지도
않고 그 지역에 거주하면서 자녀를 낳아 기르며 일상생활을 영위하
는 정착 공동체의 구성원들이다. 이들은 가족을 부양해야 하기에 소
유를 포기하고 예수를 따르는 패턴은 이런 정착 공동체의 에토스가

---

25. Gerd Theißen, *Die Jesusbewegung: Sozialgeschichte einer Revolution der Werte* (Gütersloh: Gütersloher Verlaghaus, 2004), 55-80.

될 수 없다. 순회하는 말씀 전승자들과 후대의 그리스도교 선교사들은 정착 공동체에서 만나는 그리스도인들을 형제와 자매로 인식하고, 이들은 저들을 선지자들로 영접한다.[26] 이것이 바로 예수가 염두에 둔 공동체적 형태의 가족, 즉 하나님의 가족이다.

그러면 이 하나님의 가족에서 아버지는 누구인가? 본문 29-30절을 자세히 살펴보면, 방랑 선교사들은 "집이나 형제나 자매나 어미나 아비나 자식이나 전토"를 버렸는데 "집과 형제와 자매와 모친과 자식과 전토"만을 받고 아버지는 받지 못한다. 그들이 만나게 되는 정착 공동체에서 아버지는 없다. 아버지는 오직 하나님이기 때문이다. "땅에 있는 자를 아비라 하지 말라 너희 아버지는 하나이시니 곧 하늘에 계신 자시니라"(마 23:9).

다음으로 마가복음 3장 31-35절은 예수께서 의도하고 있는 하나님의 가족 구성원의 자격을 서술한다. 누가 하나님의 가족 구성원이 될 수 있는가? 앞서 나온 본문에서는 하나님의 가족의 사회적 형태를 말해주었다면, 이 본문은 하나님의 가족의 신학적 특성을 보여준다.

> 그 때에 예수의 어머니와 동생들이 와서 밖에 서서 사람을 보내어 예수를 부르니 무리가 예수를 둘러앉았다가 여짜오되 보소서 당신의 어머니와 동생들과 누이들이 밖에서 찾나이다. 대답하시되 누가 내 어머니이며 동생들이냐 하시고 둘러앉은 자들을 보시며 이르시되

---

26. "너희를 영접하는 자는 나를 영접하는 것이요 나를 영접하는 자는 나를 보내신 이를 영접하는 것이니라"(마 10:40/막 9:41).

내 어머니와 내 동생들을 보라 누구든지 하나님의 뜻대로 행하는 자
가 내 형제요 자매요 어머니이니라.

  이 본문의 도입은 31절에서 예수의 친족들, 즉 "밖에 서 있는 사
람들"(ἔξω στήκοντες)에 대한 언급으로 시작된다. 본문의 더 큰 맥락에
서는 예수께서 지금 "집에 들어가서"(ἔρχεται εἰς οἶκον, 3:20) 이 말씀을
하고 있다. 그러므로 지금 예수가 들어가 머물고 있는 "집"(οἶκος)은
분명히 예수가 구상하는 하나님의 가족을 서술하는 중요한 상징어
가 되고 있다. 예수의 친족들은 공동체 '밖의 외부인(外部人)들로 서 있
다'. 게다가 그들은 예수가 미쳤다는 소문을 듣고 그를 잡으러 온 상
태다(막 3:21; 마 12:46-50에서는 생략). 이때 제자들의 인식—하나님의 가족
과 관련한—에 대한 수사학적 물음이 주어진다. "누가 내 어머니이며
동생들이냐?"(막 3:33). 마리아와 예수의 동생들이야말로 예수의 가족
이 아닌가? 그러나 본문에서 이들은 다른 대안을 위한 하나의 상징
이 되고, 하나님의 가족이라는 신학적 내용을 지시하는 기능만 한다.
그리고 참된 하나님의 가족은 예수의 구체적인 행동 속에서 가시화
된다. "둘러앉은 자를 보시며 … 보라." 이 본문의 핵심은 35절에 있
다. 여기서 부문장(副文章) "누구든지 하나님의 뜻대로 행하는 자"는
하나의 '확정문' 형식으로서, 계속되는 주문장(主文章) "형제와 자매와
어머니다"를 새롭게 규정한다.[27] 즉, 하나님의 참다운 가족의 구성원
은 바로 "하나님의 뜻을 행하는 자"다. 이것은 ὃς ἄν … + 가정법 형

---

27. ὃς ἄν … + 가정법, οὗτος … ἐστίν으로 문장이 구성되어 있다.

식에서 나타나듯이 "하나님의 뜻대로 행하는 모든 사람"을 향해 열려있다. 이제 이 문장의 사회문화적 의미를 좀 더 깊게 살펴보자.

3) 식탁 공동체와 하나님 가족의 개방성

무엇보다 하나님의 가족 공동체 구성원은 사회적·계층적으로 제한되지 않는다. 이는 예수의 사역에서 일상화되는 식탁 공동체에서 여실히 드러난다. 식탁 공동체는 헬레니즘 시대의 문화적 특성을 가장 잘 대변하는데, 이것은 당시 보편적인 현상일 뿐만 아니라 일상이었다. 모든 종교적·사회적 단체는 그들만의 식탁 공동체를 갖는다. 식탁 공동체의 규칙을 통해서 일상의 규범을 표현하고, 공동체 밖의 사람들 혹은 다른 그룹에 대해 자신들의 공동체를 정의한다.[28] 이는 본질적으로 식탁 공동체 형성과 공동식사가 사회적 정체성을 표현하는 행위이기 때문이다. 그러나 예수의 제자 공동체와 식탁 공동체는 이러한 본질을 파괴한다. 예수는 자신의 공동체에 세리와 죄인을 참여시키기 때문이다. 예수가 그의 적대자들에게 "세리와 죄인의 친구"(막 2:15f. 병행. 마 11:19/눅 7:34)로 낙인찍힌 것은 바로 예수의 사역에서 그러한 반문화적 형태가 가장 잘 드러났기 때문이다.

우리는 여기서 예수의 식탁 공동체가 갖는 신학적 의미를 좀 더 언급할 필요가 있다. 그의 가르침과 논쟁 그리고 특별히 비유의 많은

---

28. M. Klinghardt, *Gemeinschaftsmahl und Mahlgemeinschaft: Soziologie und Liturgie frühchristlicher Mahlfeiern* (Tübingen: Francke, 1996), 26; B. Kollmann, *Ursprung und Gestalten der frühchristlichen Mahlfeier* (Göttingen: Vandenhoeck and Ruprecht, 1990), 251.

부분은 식탁을 중심으로 전개된다. 거기서 가족 구성원은 '식구'(食口)
가 된다. 재론할 여지없이 식탁 공동체는 1세기 가족의 삶과 문화의
한복판에 자리했다. 이렇게 식탁은 가족과 공동체를 사회문화적으로
연결하는 가장 중요한 매개였다. 개인이 폴리스로 나아가는 유일한
길이 '가계'(家系)를 통하는 것이었다면, 가족의 문화적 기능은 한 개
인을 폴리스의 삶에 동화시키는 일이었다. 이러한 행동은 인간과 사
회를 연결하는 공동체적 삶의 연습이었고, 거기에 식탁 공동체가 존
재했다.

　예수께서는 이 식탁에서 자신을 따르는 제자들에게 하나님의 가
족이 되었음을 암시하듯 이야기했고, 그것은 예수의 선포의 핵심에
놓여 있었다. 수많은 예수의 가르침과 비유와 논쟁, 사건들은 식탁에
서, 그리고 식탁 공동체에서 이루어진다. 하나님의 나라는 식탁의 잔
치에 비유되고, 하나님의 가족인 예수의 제자들은 종말의 잔치상에
앉을 것이며, 그 종말론적 선취(先取)는 최후의 식탁에서 이루어진다
(막 14:25 공관병행). 예수는 식탁 공동체에서 죄인들을 향한 하나님의 사
랑을 선포했다. 이것이 가장 선명하게 나타나는 것이 누가복음 15장
11-32절의 '잃은 아들의 비유'다. 원래 하나님의 아들이었으나 자신
의 아들 됨을 포기하고 그 아버지를 떠났던 인간은, 아버지에게 돌아
가 참회함으로 '아들 됨'을 되찾게 된다. 이 하나님의 사랑(ἀγάπη)이야
말로 예수가 이루어내는 하나님 가족의 본질적 내용인 셈이다.

　이 사랑의 실현이 예수 사후(死後) 초기 기독교에서 어떠한 형식
으로 변화되고 있는지 다음 장에서 다루겠지만, 예수에게 하나님의
가족은 민족적인 범주에 머무르지 않는다. 예수는 지상의 사역에서

제자들을 "이방인의 길로도 가지 말고 사마리아인의 고을에도 들어가지 말라"(마 10:5f.)고 파송했을지라도, 그것은 임박한 하나님 나라에 처한 자신의 사역에서 "이스라엘 집의 잃어버린 양"(마 10:6)의 회복에 최우선을 두었음을 의미하지, 결코 이방인을 배제했다고 볼 수는 없다. 무엇보다도 예수께서 로마인 중대장에게 "이스라엘 중 아무에게서도 이만한 믿음을 만나 보지 못하였노라"고 이례적으로 칭찬하며 (마 11:10/눅 7:9), 계속하여 "또 너희에게 이르노니 동서로부터 많은 사람이 이르러 아브라함과 이삭과 야곱과 함께 천국에 앉으려니와"(마 8:11)라는 언급은 예수가 가지고 있었던 원초적 비전을 드러낸다. 즉, 이스라엘이 회복될 때에 그 회복의 공동체로 이방인이 몰려들 것이다(사 2:2; 49:6f.). 누가 공동체는 물론 마태 공동체도 부활 이후에는 분명히 이방인 선교를 강하게 추진하고 있다(마 22:1-10; 눅 14:15-24). 그러므로 하나님의 가족으로 가시화되고 있는 예수 공동체가 유대적인 특성을 가지고 있었음에도, 근본적으로는 유대교의 민족적 성격을[29] 넘어 예언자들의 보편주의적 사상에서 나타나는 구약 이스라엘의 원초적 부름을 향하고 있었던 셈이다.

---

29. 이것은 기원전 175년 이후 마카비 혁명의 결과로 나타난 이방인에 대한 유대인의 민족적 배타성을 의미한다. 이에 대해서는 헹엘의 명제를 참조하라. M. Hengel, 『유대교와 헬레니즘』, 박정수 옮김 (파주: 나남출판사, 2012)의 역자 해제 참고.

3. 이웃 사랑과 형제애 에토스

이제 하나님의 가족에서 사랑(ἀγάπη)의 실현이 예수 사후, 초기 기독교에서 어떠한 양태로 변화되었는지 밝힐 차례다.[30] 나는 예수 공동체에 요구된 이웃 사랑의 계명이 초기 기독교에서 형제 사랑의 에토스로 변경되는 과정을 설명하여, 하나님 가족의 에토스가 어떻게 형제애 에토스로 교회에 정착되었는지 밝혀보려 한다.

초기 기독교가 역사적 예수로부터 물려받아 실행한 근본 가치는 무엇일까? 초기 교회 공동체에 영향을 주었던 가치는 다양하기 때문에, 교회에서는 여러 가치가 서로 갈등과 조화를 이루며 공존하고 있었다고 볼 수 있다. 타이센은 그 근본 가치들에 대한 예로 "이웃 사랑과 신분 포기"를 들고 있다.[31] 여기에서 순회 선교사들의 에토스로 실행되었던 신분 포기는 기독교뿐만 아니라 유대교에서도 새로운 것

---

30. 여기서 "역사적 예수"의 공동체와 부활 이후 "**초기 기독교**"는 시대나 전승사 혹은 사회사적 자리매김이 구분됨을 언급해 둔다. 앞 장에서 공관복음을 통해서 하나님의 가족을 언급한 것은, 공관복음이 비록 바울서신보다 나중에 기록되었음에도 불구하고 학자들에 의해 생전(生前)의 예수, 이른바 "역사적 예수"에게로 소급된다고 인정되는 본문들만을 언급한 것이고, 이 장에서 언급될 본문들은 기원후 70년 이후 예수와 "**초기 기독교**"가 유대교의 회당연합에서 분리되기 시작하여, 그리스-로마 문화의 정치공동체 형식을 취했던 교회로 독립하여 명실상부한 "**초기 기독교**"로 독립하기 시작한 시대에 작성된 본문들을 지칭한다. 하여 원래는 주로 70년 이전 활동한 바울 공동체를 포함하지만 이보다는 이들 전승을 계승한 70년 이후 바울계 그리고 비(非)바울계 서신을 인용하겠다.
31. G. Theißen, *Die Religion der ersten Christen: Eine Theorie des Urchristentums* (Gütersloh: Chaiser, Gütersloher Verlaghaus, 2000), 99-167.

이었다. 그것은 사회적인 덕(德)으로서의 "낮아짐"이 유대교의 사회
적 덕목과 결합됨으로써 초기 기독교의 근본 가치가 될 수 있었다.[32]
그렇지만 이웃 사랑은 초기 기독교인들이 예수 운동으로부터 물려
받게 된 근본 가치로서 초기 교회 에토스를 형성하는 주된 동기가 되
었다. 그렇다면 이웃 사랑의 계명이 어떻게 기독교의 근본 가치로 자
리 잡을 수 있게 되었을까?

1) 예수의 이웃 사랑

예수 운동은 유대교 토양에 뿌리를 내리고 있었다. 예수는 결코
유대교의 가르침을 폐하러 오지 않았다. 도리어 완성하러 왔다(마
5:17). 사랑의 계명 역시 신명기의 하나님 사랑과 레위기의 이웃 사랑
에 기초하고 있다. "너희는 마음을 다하고 뜻을 다하고 힘을 다하여,
주 너희의 하나님을 사랑하라"(신 6:5). "너는 네 이웃을 네 몸처럼 사
랑하여라"(레 19:18). 예수는 사랑의 계명을 구약 율법의 핵심으로 요약
하고, 더 나아가 이를 두 계명이 아니라 (하나의) 이중(二重) 계명으로 표
현한다(막 12:28-34 공관병행). 서기관과 율법 학자도 예수와 같이 이해하
고 있다(막 12:32-34; 눅 10:28). 여기서 우리는 유대교의 변화를 본다. 적
어도 구약성서에서 그러한 계명의 핵심적 요약이나 사랑의 이중 계
명의 형태는 찾을 수 없다. 사랑의 계명에 대한 서기관과 예수의 인
식은 구약 전승보다는 헬레니즘 유대교의 전승을 반영한다. 이 전승
에서는 구약에서보다 사랑의 계명이 더욱 중요하게 다루어졌다. 분

---

32. Theißen, *Die Religion der ersten Christen*, 113.

명 예수는 동시대의 유대인들과 같이 구약의 사랑 계명을 자신의 가
르침의 중심에 놓았고 최상의 가치를 부여했으며 윤리의 핵심에 놓
았다.

그런데 예수는 구약의 계명을 하나님 사랑과 이웃 사랑이라는
이원(二元) 가치로 요약한 것이 아니다. 그는 인간과 하나님의 관계가
인간과 인간 사이의 사회적 관계를 규정하고 있다는 것에 빗대어 인
간의 사회적 행위의 동기를 규정했다. "너희 아버지의 자비로우심
같이 너희도 자비로운 자가 되라"(눅 6:36; 비교, 마 5:48; 6:12). 여기서 인
간의 사회적 행동은 하나님 나라의 종말론적 빛 아래 놓이게 된다.
이러한 방식으로 예수의 윤리는 급진성을 띠고, 사랑의 이중 계명은
둘이 아닌 하나의 계명으로서, 마침내 그 정점인 원수 사랑에 도달하
게 된다(마 5:43f./눅 6:27f.). 예수에게서 구약의 사랑 계명은 사회적 차원
으로 첨예화된 셈이다.

그러나 초기 기독교가 이웃 사랑을 공동체의 중심 가치로 발견
하게 되었던 것은 더욱 구체적인 예수의 지상 사역에 기원한다. 예수
는 이웃 사랑을 지상 사역에서 상징적 행동으로 드러냈는데, 그것은
바로, 앞에서 언급한대로, 예수의 식탁 공동체에서였다. 이웃 사랑의
계명은 거기에서 가장 상징적으로 표현된다. 그런 의미에서 이러한
사랑의 행동은 초기 기독교인들에게 분명 "새 계명"(요 13:34)이었다.

2) 초기 기독교의 형제애

초기 기독교는 예수의 이웃 사랑을 전수하고 실천했다. 그런데
그 실천 과정에서 중요한 변화가 일어난다. 신약성서에서는 이웃 사

랑이 공동체 내에서 '형제 사랑'이라는 새로운 에토스를 통하여 구체
화된다. 그들에게 "내 이웃이 누구인가?"(눅 10:29)라는 질문은 중요했
다. 이미 바울에게서 사용된 이웃 사랑 대부분은 공동체 내에서의 형
제 사랑을 의미했다.[33] 그래서 그는 "형제애로 서로 사랑하며 서로 우
애하고 존경하기를 서로 먼저 하라"(롬 12:10, 저자의 사역)고 권면한다. 또
한 베드로전서에는 분명하게 형제 사랑이 이웃 사랑을 대신한다(1:22;
2:17; 3:8f.).[34]

> 마지막으로 말하노니 너희가 다 마음을 같이하여 동정하며 형제를
> 사랑하며 불쌍히 여기며 겸손하며 악을 악으로, 욕을 욕으로 갚지 말
> 고 도리어 복을 빌라(벧전 3:8-9a).

공관복음서의 "형제"(ἀδελφός)라는 용어는 공동체 내의 구성원을
지칭하는 용어가 되었고(마 5:47), 신약의 서신서의 수신자는 "사랑하
는 형제"였으며 그들은 서로를 그렇게 불렀다. 가장 두드러진 경향
은 신약성서의 용어 '아가페'(ἀγάπη)를 가장 빈번하게 사용하는 요한
공동체에서 드러난다. 예수의 사랑의 계명은 여기서 형제에 대한 사

---

33. "형제 사랑에 관하여는 너희에게 쓸 것이 없음은 너희들 자신이 하나님의 가
르치심을 받아 서로 사랑함이라 너희가 온 마게도냐 모든 형제에 대하여 과
연 이것을 행하도다"(살전 4:9-10a). 여기서 φιλαδεφία는 "형제 사랑"으로 번
역함이 옳다. 비교, 벧전 1:22; 3:8; 벧후 1:7; 살전 4:9; 히 13:1.
34. W. Schrage, *Ethik des Neuentestaments* (Göttingen: Vandenhoeck and Ruprecht, 1989), 281.

랑으로 정착되어 있다.[35] 형제애를 의미하는 '필라델피아'(φιλαδεφία)는
보편적 사랑을 의미하는 '필란트로피아'(φιλανθρώπια)와는 구별된다.
로핑크(Gerhard Lohfink)가 바로 지적했듯이 초기 기독교는 예수의 이웃
사랑의 가르침을 어떤 보편적 인류애로 이해하지 않았다. 그들은 공
동체 내에서 형제자매를 사랑하는 자신들의 에토스를 통해서 예수
의 이웃 사랑을 구현했다.[36] 초기 기독교 공동체를 내적으로 통합했
던 "사랑의 가부장제"는 예수의 이웃 사랑 계명, 곧 아버지 하나님의
가족의 형제자매 에토스였다.[37] 또한 이웃 사랑을 드러낸 예수의 식
탁 공동체는 공동 식사와 성만찬으로 이어졌는데, 여기에는 초기 기
독교 공동체의 형제애 에토스가 가장 상징적으로 표현된다. 초기 기
독교는 이렇게 예수의 이웃 사랑의 요구를 그들의 사회적 행동의 중
심 가치로 받아들였고, 동시에 공동체 내에서 새로운 형제애 에토스
로서 실현하게 되었다.

　헬레니즘 시대 유대교 공동체에서도 이미 이렇게 이웃 사랑이라
는 근본 가치를 형제애 에토스로 실행했다는 증거가 『12족장 유언
서』에서 발견된다. 헬레니즘 시대 유대교의 유언문학의 장르에 속한
이 문서의 초기 전승사는 아마도 마카비 이전 시대, 그러니까 기원전

35.　"새 계명을 너희에게 주노니 서로 사랑하라 내가 너희를 사랑한 것 같이 너
　　희도 서로 사랑하라"(요 13:34). 또한 "우리가 이 계명을 주께 받았나니 하나
　　님을 사랑하는 자는 또한 그 형제를 사랑할지니라"(요일 4:21).

36.　G. Lohfink, 『예수는 어떤 공동체를 원했나?』, 강한수 역 (왜관: 분도, 1985),
　　175-89.

37.　G. Theißen, *Studien zur Soziologie des Urchristentums* (Tübingen: Vandenhoeck
　　and Ruprecht, 1989). 268.

170년경 전후 안티오코스 4세의 혹독한 헬레니즘화가 유대 사회에 강요되던 위기의 시대에 '주의 계명을 지키고 이웃을 사랑하라!'는 긴급한 민족적 에토스를 반영한다.[38]

이 책의 중심주제는 이웃 사랑의 계명인데, 이웃 사랑의 계명을 형제애 에토스로 구체화하여 팔레스타인의 위기 상황에서 이스라엘 언약 공동체 내부의 결속을 독려한다. 통치자 요셉의 자비의 에토스를 통하여 형제애는 이스라엘을 넘어 모든 인간에게로 확장될 수도 있다. 여기서 요셉은 선하고 경건한 통치자로서 용서로 형제애를 실천하는 모범적인 인물로 부각된다. 여기서 우리는 누가복음 17장 3절(참조, 마 18:15)의 "형제를 용서하라"는 권면에 대한 매우 유사한 표현을 발견할 수 있다.

> 서로가 진심으로 사랑하여라. 그리고 만일 누가 너에게 죄를 짓거든 그에게 평화 가운데 말하고, … 그가 만일 회개하고 돌이키면 그를 용서하라(『갓의 유언』 6:3).

물론 초기 기독교에서는 요셉이 아닌 예수 그리스도가 형제 사랑의 모델이었다. 그는 단지 형제로서만이 아니라 하나님의 아들로서 형제 사랑을 실현한다. 고난 속에서도 하나님과 사람을 원망하지 않은 예수의 삶은 공동체 속에서 깊이 각인되었다. 신약성서에 배어 있는 "하나님을 본받음"(imitatio dei)의 모티프는 공동체 내에서 "그리

---

38. 박정수. "12족장 유언서의 형제애 에토스." 『신약논단』 16/1 (2009), 307-32.

스도를 본받음"(*imitatio christi*)으로 동일시되었다. "서로 친절하게 하며 불쌍히 여기며 서로 용서하기를 하나님이 그리스도 안에서 너희를 용서하심과 같이 하라"(엡 4:32).

이웃 사랑이 형제애 에토스로 헬레니즘 유대교에서 삶의 자리 (*Sitz im Leben*)를 확보하게 된 것과 같이, 초기 기독교는 그들의 선교지에서 그러한 에토스를 실행하는 많은, "하나님을 두려워하는" 이방인들과 마주치며 예수의 이웃 사랑을 형제애 에토스로 공동체 내에서 실현하려 했다.

3) 이웃 사랑과 형제애 에토스

그런데 만일 이웃 사랑의 에토스가 형제 사랑이라는 형태로 초기 공동체 내면에 한정되었다면, 이는 예수의 가르침에 대립될 수 있다. 왜냐하면 예수의 이웃 사랑은 결코 공동체 안의 형제 사랑에 중심을 두었다고 할 수 없기 때문이다. 그러나 초기 그리스도인들은 공동체의 경계를 넘는 형제애 에토스를 형성시켰다. 바울 공동체에서도 "또 주께서 우리가 너희를 사랑함과 같이 너희도 피차간과 모든 사람에 대한 사랑이 더욱 많아 넘치게 하사"(살전 3:12)라고 권면하며 사랑이 교회 공동체 내부에만 머물게 하지 않았다. "그러므로 우리는 기회 있는 대로 모든 이에게 착한 일을 하되 더욱 믿음의 가정들에게 할지니라"(갈 6:10). 초기 그리스도인들이 예수의 이웃 사랑을 형제 사랑으로 실현할 때 공동체 내에 국한시켰다는 증거를 신약성서에서 찾을 수 없다.[39] 구약의 이웃 사랑의 계명을 유대교 공동체 내부의 윤리로 전수했던 동시대의 쿰란 공동체와는 달리(1QS 1.9f.), 초기 기독교 공동체는 분명 내향적 공동체의 길을 택하지 않았다. 가장 중요한 증거는 그리스도인들의 유대인 선교에서였다. 그들은 이스라엘 언약 공동체의 회복에 집중했던 역사적 예수 시대 선교의 지경을 넘어 이방인과 유대인의 사회적 한계를 허물고 만민에게로 나아갔다. 그래서 바울은 할례라는 유대교의 결정적인 민족적 에토스 의무를 이방인에게서 제거하여 버렸고, 예수의 복음으로 살아가는 공동체의 형제자매 에토스를 통해 당시의 사회적 장벽들을 지양하고자 했다.[40] 공동체 안에서 이방인과 유대인, 종과 자유인, 여자나 남자는 차별이 없어야 했다(갈 3:28). 그래서 노예의 신분이었던 오네시모를 형제로 받아들이도록 권면했다(몬 1:16f.).

또한 초기 기독교회의 구조는 권위주의적 세상 질서뿐만 아니라 (마 20:24-28 공관병행) 유대교와도 대조를 이루어야 했다. 예컨대 마태의 공동체는 어느 누구도—사도적 계승을 자처하는 제자나 주의 형제 야고보일지라도—교사나 지도자가 될 수 없었다. 그들에게 가능한 교회는 형제자매의 공동체였다.[41] 이 마태의 교회에서는 이웃 사랑이

---

39. G. Lohfink는 이점을 분명히 하고 있다. 『예수는 어떤 공동체를 원했나?』, 188f. 그러나 그는 시간적 선후관계의 도식에 얽매이고 있다. "우선 일단은 그네들 자신들의 대열 속에서 형제애를 구현하고자 했다." 이는 그가 예수의 파송이 일차적으로는 "이스라엘의 부름"에 있었고, 초기 기독교가 이것에 따라 공동체 내에서 형제 사랑을 행한 것으로 보는 그의 명제에 기인한다.

40. Lohfink, 『예수는 어떤 공동체를 원했나?』, 145-62.

41. "또한 지도자라 칭함을 받지 말라 너희의 지도자는 한 분이시니 곧 그리스도

공동체 내에만 머무는 것을 경고한다.

> 또 너희가 너희 형제에게만 문안하면 남보다 더하는 것이 무엇이냐
> 이방인들도 이같이 아니하느냐(마 5:47).

* * *

이제 요약해보자. 기원후 70년 예루살렘과 제2성전의 파괴로 유
대인들은 민족과 신앙의 상징적 공간을 상실하고 이국땅에서 디아
스포라 공동체를 이루고 살아가야 했다. 이 시기를 포함해서 제2성
전 시기 특히 헬레니즘 시대 유대인 공동체의 실제적인 존속 형태는
가족이었다. 유대인의 역사는 출산에 의해 존속되고 교육으로 건설
된다. 혈연과 유대교 전통의 계승이 역사의 씨줄과 날줄이었다면 토
라는 역사라는 시공간의 철학적 토대였다. 가족 에토스는 그런 역사
철학과 토라에 기초한 종교인 유대교에 기반한 유대인의 민족적 에
토스를 건설하는 근간이었다.

또한 헬레니즘 세계와 당시 유대교 가족의 근간은 형제자매의
관계였다. 이러한 토대에서 초기 기독교 공동체는 가족에 관한 언어
로 자신들의 신앙을 표현하며 예수를 주인으로, 공동체 구성원을 형
제자매로 표현할 수 있었다. 그들은 이 언어 상징의 중심에서, 예수
의 이웃 사랑을 새롭게 형성된 교회 공동체 안에서부터 세상을 향한

시니라"(마 23:10).

형제 사랑의 에토스로 구현함으로써 기독교의 윤리적 비전을 세워 놓았다. 그들은 하나님의 가족에 관한 예수전승에 담긴 아버지와 아들, 형제와 자매, 집과 가족과 같은 언어적 표현을 창조적으로 구현하여, 생물학적 혈연의 경계를 넘는 공동체적 기독교 사회윤리의 문법을 만든 셈이다. 이렇게 하여 초기 그리스도인들은 근본적으로 고대세계의 가족 관념, 특히 혈연적 정통성을 종교보다 더 중요시했던 초기 유대교의 가족 관념을 갱신함으로써 보편적 세계종교로 발전할 수 있었다. '확대 가족'으로서의 교회의 정체성은 이렇게 기독교 신앙의 공동체적 지평에서만 표현될 수 있는 것이다.

제1부

구원과 윤리, 죽음과 삶

제2장
내가 무엇을 하여야 영생을 "상속"하리이까?

제1장에서 나는 초기 그리스도인들의 신앙에 자리 잡고 있는 윤리적 비전을 가족의 언어와 문법으로 해석하였다. 동시에 '확대 가족'으로서의 교회의 공동체적 윤리 실천은 이웃 사랑 계명에서 시작되었음을 설명했다. 그런 공동체적 윤리의 신학적 근거는 무엇일까? 기독교 사회윤리의 신학적 근거를 논함에 있어서 우리는 개인의 구원의 문제를 결부시키지 않을 수 없다. 여기서 기독교 신학의 '행함과 구원'이라는 해묵은 논쟁을 다시금 새로운 관점에서 재해석하지 않을 수 없을 것 같다. 이번 장에서는 지난 40여 년간 신약학 분야의 핵심 주제가 되었던 유대교 율법주의에 대한 기독교의 새로운 해석, 이른바 "언약적 율법주의"(covenantal nomism)라는 해석의 관점에서 율법과 구원의 문제를 다루어보려 한다. 이 복잡한 신학논쟁을 독자들에게 가장 쉽게 전달하기 위하여 나는 현재 율법과 구원에 관한 본문의 우리말 번역 문제로 접근하려고 한다

1. 윤리와 구원에 관한 신약학 논쟁

초기 유대교와 기독교의 관계를 해명하는 유명한 명제를 제시하여 신약학 논의를 새로운 장으로 이끌었던 샌더스(E. P. Sanders)는 1세기 유대교 신앙의 근본 전제를 이른바 "언약적 율법주의"(covenantal nomism)라는 용어로 표현했다.[1] 여기에 담긴 생각은 다음과 같이 요약될 수 있다. 하나님은 이스라엘을 선택하시어 언약을 체결하시고 그들이 지켜야 할 계명들을 주셨다. 이 계명을 순종하는 자에게는 보상이 따르고, 불순종하는 자에게는 징벌이 따른다. 하지만 율법의 행위는 언약 안에 머무는 데 필요한 조건이지만, 행위로 구원을 얻지는 못한다.[2] 이러한 주장은 바울과 팔레스타인 유대교 전체에서 발견된

---

1. 이와 관련하여 "언약적 율법주의"(김세윤, 『바울 신학과 새 관점』, 정옥배 옮김 [서울: 두란노, 2002])와 "언약적 신율주의"(이한수, 『복음은 구원을 주시는 하나님의 능력』 [서울: 이레서원, 2008])라는 두 가지 우리말 번역이 혼재하고 있다. 여기서 "nomism"은 율법주의(legalism)와 구별시키기 위하여 샌더스가 채택한 신학 용어임에도 불구하고 그대로 율법주의라고 번역하는 것에는 문제가 있지만, 그것을 수식하는 "covenantal"이 부정적인 의미를 감소시키기도 하고 또 현재 우리 신약학계에서 "언약적 율법주의"로 통용되고 있기에 그대로 사용한다.

2. 그는 이 명제를 *Paul and Palestinian Judaism* (Philadelphia: Fortress Press, 1977), 75; 180-182; 419-30(=『바울과 팔레스타인 유대교』, 박규태 옮김 [서울: 알맹e, 2018])에서 우선 팔레스타인 유대교에 대한 연구를 통하여 도출하였고, 유대교 일반으로 확장하였다. 또한 E. P. Sanders, *Judaism: Practice and Belief 63 BCE-66 CE* (London; Philadelphia: SCM; Trinity Press, 1992), 241-78을 보라. 현재 신약학계에서는 샌더스의 명제 자체를 대체로 수용하고, 다만 그러한 결론에 도달하는 방법론적인 다양성과 자료에 관한 문제점을 제시하고 있는 입장이다. E. P. Sanders, "The covenant as a Soteriological

다. 그러나 바울의 경우 '의롭게 되다'는 용법은 구원받은 공동체 안
으로 "들어감"(getting in)을 표현하는 용어이지, 그 안에 "머묾"(staying
in)을 의미하지 않는다고 샌더스는 결론 짓는다. 즉, 율법의 행위로
구원에 들어갈 수 없다는 바울의 주장(롬 3:30; 갈 2:16 등)은 당시 보편적
유대교의 규범과 동일한 맥락에 있다는 말이다. 이렇게 되면 당시 팔
레스타인 유대교를 이른바 "율법주의"로 인식하던 20세기 신약학자
들의 관점은 뿌리채 흔들리고 만다. 샌더스는 기독교의 유대교에 대
한 그런 오해가 "의롭다"라는 단어군을 서로 달리 사용한 데서 발생
했고, 바울은 이 용어를 지위의 유지가 아니라 "변화를 받다"는 의미
로 사용했는데, 이것이 당시 유대교에서 바울의 사상이 갖는 독특성
이라고 진단한다. 나는 이 독특성이 유대교 안에서 시작된 기독교 신
학의 윤리적 독자성이라고 생각한다.

　니켈스버그(George W. E. Nickelsburg)는 좀 더 넓은 초기 유대교의 신
학적 문맥에서 샌더스의 명제를 수용한다. 토라의 계명들은 하나님
과 이스라엘의 계약 관계를 표현하는 관념의 일부에 불과한데, 이 계
약 관념이 구약성서에 보편화되어 있었다고 그는 판단했다.[3] 이것은
특히 신명기에서 '선택-계명-순종(불순종)-복 주심(심판)'이라는 도식으

Category and the Nature of Salvation in Palestinian and Hellenistic Judaism," R.
Hamerton Kelly and R. Scroggs, eds., *Jews, Greeks and Christians* (Leiden: E. J.
Brill, 1975), 40.

3. 　그는 샌더스 이외에도 발처(Klaus Baltzer)와 멘덴홀(George E. Mendenhall)
　의 논의를 수용하여 초기 유대교 신학을 포괄적으로 서술한다. George W. E.
　Nickelsburg, 『고대 유대이즘과 그리스도교의 기원』, 박요한 영식 옮김 (서울:
　가톨릭출판사, 2008), 84와 각주 10.

로 가장 명확하게 설명된다. 물론 불순종을 회개하고 토라에 다시 순종함으로써 하나님의 심판에서 용서받을 수 있다. 그래서 '불순종-심판-회개-용서-계약 관계의 회복'이 가능하다. 그러므로 하나님과 이스라엘의 계약 관념의 중추는 토라에 순종하는 인간의 행위이다. 동시에 이 행위에 하나님의 은총(선택)이 전제될 수밖에 없음도 분명하다.[4]

한마디로 유대교의 근본 토대는, 율법을 통해 은혜를 얻는 그런 율법주의(legalism)가 아니라 하나님의 은혜에 대한 반응으로서 율법을 준수한다는 것이 "언약적 율법주의"가 주장하는 바다. 이런 의미에서 유대교 역시 기독교와 마찬가지로 은혜의 종교이지 율법의 종교는 아니라는 말이다.

샌더스의 주장은 바울서신을 해석하는 데 지대한 영향을 미치고 있다. 영국의 유명한 신약학자 제임스 던(James D. G. Dunn)은 1982년 맨체스터 강연에서 이른바 "바울에 대한 새 관점"(New Perspective on Paul)이라는 논문을 발표하면서, 바울이 유대교와 율법 자체를 거부한 것이 아니라 율법에 관한 "유대인 특정주의"(Jewish particularism)를 거부했다는 새로운 견해를 제시한다. 유대인들은 할례, 음식, 절기와 같은 "선택의 표지들"을 이스라엘의 특권이라고 주장함으로 배타적인 성격을 가지게 되었는데, 바울은 그러한 관점에서 돌아섰다는 것이다.[5]

여기에 저명한 영국의 신약학자 라이트(Nicolas T. Wright)도 가세했

4.   Nickelsburg, 『고대 유대이즘과 그리스도교의 기원』, 86.
5.   천세종, "최근 바울신학 연구동향," 『성서마당』 106 (2013), 78-91 (85).

는데, 그는 하나님과 이스라엘의 언약 관계의 본질은 율법이지만, 율법이 이스라엘의 배타적 소유물이 아니라, 율법에는 모든 민족들을 포함한 하나님의 새로운 창조 계획이 내포되어 있다고 생각한다.[6] 그래서 로마서 4장에 표현되는 바울의 주장도 아브라함의 언약이 이스라엘만이 아니라 세계를 축복하시는 하나님의 계획이라고 그는 해석한다. 율법은 그리스도가 선포한 복음을 통하여 회복될 하나님의 종말론적 새 창조의 전령이며, 바울의 궁극적 관심은 율법 자체가 아니라 이방인 선교였다고 주장한다.[7] 라이트는 유대인을 이방인과 구분시켜주는 '선택'과 '율법 준수'라는 범주를 개인 구원론의 차원에서 이스라엘을 통한 하나님의 세계 구속적 차원으로 확대한다. 여기서 인간은 그리스도를 믿음으로 의롭게 되지만, 믿음은 단지 구원을 얻는 시금석이 아니라 하나님 백성의 표지가 된다. 그런 의미에서 믿음이란 "성령을 통해 사랑으로 역사하는" 하나님에 대한 신뢰와 순종을 의미한다.[8]

샌더스로부터 라이트에 이르는 이러한 "새 관점"에 대한 비판도 가능하다. 제임스 던의 제자 개터코울(Simon J. Gathercole)은 종말론적 배경에서 유대교의 구원론을 진지하게 검토할 필요성을 제기했다. 그는 자신의 박사학위 논문 1-4장에서 유대교 문헌들을 집중적으로 분석하며, 유대교에서 종말의 때에 하나님의 백성들에게 수여될 종

---

6. N. T. Wright, 『톰 라이트, 칭의를 말하다』, 최현만 옮김 (평택: 에클레시아북스, 2011), 85.
7. Wright, 『톰 라이트, 칭의를 말하다』, 88.
8. Wright, 『톰 라이트, 칭의를 말하다』, 88.

국적인 구원은 단지 하나님의 선택만이 아니라, 율법에 대한 순종에
도 근거하고 있었다고 주장한다.[9] 그러면서 당시 바울의 주장은 유대
인 개개인이 그들의 행위에 따라 영생에 이르거나 심판에 처할 수도
있다는 유대교의 종말론적 구원론과 공통적 요소를 가지고 있었다
고 주장한다.[10] 이렇게 유대교의 구원론이 하나님의 선택에서 시작하
되 종말론적인 심판을 통과해서 온전한 의에 이르는 신학적 구조를
가지고 있었다면, 하나님의 의에 관한 바울의 사상(믿음 → 의롭게 하심 →
율법 순종)에서 믿음은 물론이거니와, 율법 준수도 단지 부수적인 것으
로만 생각할 수는 없다.[11]

던은 이러한 풍부한 신학적 논쟁을 종합적으로 반영하여 『바울
에 관한 새 관점』이라는 논문집을 출간하였는데, 그 서론에서 새로
운 논의를 제공한다.[12] 던은 자신의 '새 관점'을 '반-루터주의'로 보는
오해를 적극적으로 해명하면서 바울을 유대교의 "언약적 율법주의"
의 배경에서 이해해야 하며, 이것이 행위가 아닌 믿음으로 말미암는

---

9. Simon J. Gathercole, *Where is Boasting? Early Jewish Soteriology and Paul's Response in Romans 1-5* (Grand Rapids: Eerdmans, 2002).

10. Gathercole, *Where is Boasting?*, 124-34.

11. Gathercole, *Where is Boasting?*, 243.

12. James D. G. Dunn, *The New Perspective On Paul* (Tübingen: Mohr Siebeck, 2005). 이 책은 새 관점 및 그와 연관된 21개의 논문을 편집한 것인데, 1장 "The New Perspective On Paul: Whence, What and Whither?"에서 반론들에 관한 대화와 논쟁을 전면적으로 새로이 저술하고 있다. 이 글과 관련하여서 는 이 장만 언급하면 되는데, '새 관점'을 진지하게 탐구 번역하고 있는 최현 만이 이 부분만을 깔끔하게 번역해내었다. Dunn,『바울에 관한 새 관점』, 최 현만 옮김 (평택: 에클레시아북스, 2012).

의를 주장한 바울의 논점을 약화시키지 않는다고 반론한다.[13] 동시에 그는 문제의 대상이 개인이라기보다는 이스라엘이라는 자신의 처음 입장을 견지한다. 즉, 바울에게 있어서 현안 문제는 여전히 유대인과 이방인의 사이의 장벽이라는 것이다. 그리고 김세윤의 주장을 반박하며, "믿음 대(對) 율법"에 관한 바울의 태도는 이방인 선교가 진행되며 정립되었다는 주장을 견지하지만,[14] 개터코울의 반론 역시 적극 수용한다. 그리하여 "언약적 율법주의"가 마지막 심판에 있을 칭의를 포함하고 있었으리라는 것을 인정한다. 하지만 바울의 관심이 이방인의 칭의, 즉 "개종 칭의"(conversion justification)에 있었지 "마지막 칭의"에 있었던 것은 아니라는 주장은 여전히 유지한다.[15]

나는 초기 유대교와 기독교의 구원론에서 종말론적 관점은 매우 중요한 문제라고 생각한다. "온 이스라엘이 장차 올 시대를 유업으로 받게 될 것이다"(『미쉬나』, Sanh. 10.1)라는 유대교의 종말론적 구원론은 보편적 소망이었다. 여기에는 물론 율법을 범하여 심판을 받을 가능성도 내포되어 있었다. 당시 유대교 신학의 중추라 할 수 있는 토라 순종은 종말론적 구원에 이르는 전 과정으로서 영생의 상속을 목표로 하고 있었던 것이다. 사실, 종말론적 관점에서 구원론을 이해한다면, 유대교와 기독교 양자에서 "언약적 율법주의"는 그리 낯설지 않다. 다만 초기 기독교의 경우 언약의 대상을 유대인에게만이 아니라 모든 민족(이방인)에게도 확장시킨 것에 그 특수성을 가지고 있었

---

13. Dunn, 『바울에 관한 새 관점』, 15-44.
14. Dunn, 『바울에 관한 새 관점』, 45-49.
15. Dunn, 『바울에 관한 새 관점』, 81-89.

다 하겠다.

2. 우리말 번역의 문제

오늘날 초기 유대교와 기독교의 구원론에 관한 이런 풍부한 신학적 논쟁은 주로 바울신학에 한정되고 있다. 본 장은 그러한 "언약적 율법주의"가 공관복음서에서 '예수와 부자의 대화'(마 19:16-22/막 10:17-22/눅 18:18-23)는 물론, 누가복음에서 '선한 사마리아인의 비유'와 독특하게 결합되고 있으며, 이는 '가장 큰 계명 논쟁'(10:25-28)에서 드러나고 있음에 착안하고 있다. 무엇보다 이 본문의 우리말 성서번역에 드러나는 '율법을 행함'과 '영생을 얻음' 이 두 관계에 문제의 초점이 있는데, 핵심은 율법 준수와 영생을 "얻는" 관계를 표현하는 중요한 신학적 용어 '클레로노메오'(κληρονομέω)에 있다. "상속하다"를 의미하는 이 단어는 공관복음서에서만 사용되는 것은 아니나, 현재 공관복음서의 우리말 번역은 위에서 고찰한 "언약적 율법주의" 관점에서 볼 때 신학적 한계를 드러내고 있다고 생각한다. 나는 특히 종말론적 관점에서 이 용어의 우리말 번역들의 문제점을 제시하고, 번역 대안을 제시함으로써 구원과 윤리의 상호연관성을 부각시키고자 한다.

먼저 개역개정을 바탕으로 마가복음 10장 17-22절을 살펴보자. 어떤 한 부자가 예수께 "내가 무엇을 하여야 영생을 얻으리이까?"(τί ποιήσω ἵνα ζωὴν αἰώνιον κληρονομήσω;, 10:17b)라고 묻자, 예수께서는 "네가

계명을 알고 있다"라고 대답하신다. 부자는 다시 "이것은 내가 어려
서부터 다 지켰나이다"(10:19-20)라고 응수한다. 이에 마지막으로 예수
께서는, 자신을 따르기 위해는 아직 한 가지 더 필요한 것, 즉 재산을
다 팔아 가난한 자에게 주어야 한다고 말씀하고, 부자는 결국 슬픈
기색을 하며 떠나간다(10:21-22). 여기서 '무엇을 행해야 영생을 얻는
다'는 관념은 예수의 대답에서는 물론 전체 대화에서 하나의 전제가
되고, 영생을 얻는 것은 계명을 지키는 것과 직결되어 있다. 이러한
관점은 마태복음은 물론 누가의 병행본문에서도 동일하게 나타난다.
그러면 이 대화에서 '믿음으로 구원을 얻는다'는 기독교의 구원론이
설 자리는 어디인가?

이번에는 누가복음의 '선한 사마리아인의 비유'의 도입부 10장
25-28절을 보자. 이 본문은 '가장 큰 계명 논쟁'(마 22:34-40/막 12:28-31/눅
10:25-28)에 대한 누가의 판(version)이라 하겠다. 누가만이 독특하게 가
장 큰 계명에 대해 묻지 않고, 예수와 부자의 대화처럼 "내가 무엇을
하여야 영생을 얻으리이까?"라고 묻는다. 물론 이 대화도 영생을 얻
음과 계명을 행함은 불가분의 관계라는 전제에서 진행되는데, 여기
서도 '클레로노메소'(κληρονομήσω)를 우리말 성서는 모두 "얻다"로 번
역한다.

여기서 질문자는 이번엔 부자가 아니라 "율법사"(νομικός)였다. 그
가 선한 의도로 질문을 하는 것은 아니었다(마 22:34f.; 눅 10:25).[16] 율법사
의 도발적 질문에 대하여 예수께서는 "율법에 무엇이라고 쓰여 있는

---

16. 마가복음은 "서기관 중 한 사람"(εἷς τῶν γραμματέων)이, 마태복음(본문비

가? 너는 그것을 어떻게 읽는가?"⁽¹⁰:²⁶⁾라고 반문한다. 누가는 여기
서 '부자 관리와의 대화'(눅 18:18-23)처럼 율법을 대표하는 십계명(출
20:12-16; 신 5:16-20; 24:14. LXX)을 나열하는 것이 아니라, 율법의 본질로
집약되는 사랑의 이중 계명(눅 10:26-27 = 신 6:5; 레 19:18)을 연결하고 있
다. 예수께서는 율법에 나타난 하나님의 뜻과 요구를 '하나님을 사랑
하고 이웃을 사랑하라'는 것으로 요약하며, "이것을 행하라 그러면
살리라"(τοῦτο ποίει καὶ ζήσῃ)고 대답하고 있다. 이렇게 '영생을 얻는 문
제'는 율법의 계명을 지켜 행하는 것과 직결된다. 이어지는 "내 이웃
이 누구니이까?"라는 논쟁에 대한 대답으로 '선한 사마리아인'의 비
유가 제시된다. 이 논쟁도 "가서 너도 이와 같이 행하라"는 요지로
끝나고 있다(눅 10:28, 37). 그렇다면 결국 영생을 얻는 것은 이 '선한 사
마리아인의 비유'에서도 사랑 계명을 행함에 달려 있게 되는 셈이다.

  이렇게 공관복음의 영생에 관한 대화에는, '영원한 생명이 율법
의 해석과 그 계명의 실천에 달려 있다'는 유대인의 "언약적 율법주
의"가 전제되어 있음을 인식해야 한다. 이 사실을 간과할 경우 이 진
지한 대화는 독자들에게 전혀 다른 방향으로 이해되어, 무엇보다도
기독교의 구원론에 혼돈의 여지를 남기게 된다. 왜냐하면 이 대화는
단지 유대인만이 아니라 이방 그리스도인인 우리에게도 적용되기

평으로 확정할 수 없는 상태)과 누가복음은 모두 νομικός가 질문하는 것으
로 되어 있는데, 개역개정은 이 단어를 각각 다르게 "율법사"(마) 및 "율법교
사"(눅)로 번역한다. 나는 이것을 "율법사"로 통일시켜 번역하고, γραμματεύς
는 마가복음은 물론 신약 전체에서 서기관보다는 "율법 학자"로 번역하는 것
이 옳다고 생각한다. 이러한 견해는 내가 번역한 Hengel, 『유대교와 헬레니즘
1』, 역주 216의 ⑩을 보라.

때문이다.

1) '클레로노메오'의 번역

문제가 되는 마가복음과 누가복음 본문의 '클레로노메소'(κληρο-νομήσω)는 유산 혹은 유업이라는 뜻의 '클레로노미아'(κληρονομία)에서 파생된 동사 '클레로노메오'(κληρονομέω)의 가정법 단순과거형이다. 원래 '클레로노미아'는 '클레로스'(κλῆρος)에서 나왔는데, '클레로스'는 구약성서에서 히브리어 "제비"(גורל) 혹은 "소유/유산"(נחלה)을 칠십 인역에서 사용한 번역어다.[17] 총 129회 사용된 이 히브리어 어휘는 "제비, 운명"으로는 62회, "유산/소유"로는 49회가 사용되므로 의미 상 분리될 수 없다. 구약성서에서 이 단어는 주로 가나안 땅의 분배 와 소유에 표현되고 있는데, 두 단어가 공유하는 '땅의 소유'라는 관 념은 하나님과 이스라엘의 계약 관계에서 주어진 것이다. 그러므로 여기서 중요한 의미는 이스라엘이 소유한 땅과 모든 유산은 이스라 엘이 획득한 것이 아니라 주어진 것이며, 동시에 대대로 "유산으로 상속된다"는 의미를 배제할 수가 없다.

신약에서도 이러한 관념은 여전히 유효하다. 동사 '클레로노메 오'(κληρονομέω)는 영어로는 '인헤리트'(inherit), 독일어로는 '에어에르 벤'(ererben)의 뜻으로 신약에는 전체 17번(부정사, 분사 포함)이 나오는데, 우리말 개역개정은 물론 표준새번역도 "상속하다" 혹은 "유업으로

---

17. F. Hermann, "κλῆρος κτλ.," *ThWNT* III, 757-763 (758). 총 129회 중에서 전자 는 62회 후자는 49회가 사용된다.

받다"로 번역한다.[18] 먼저, 고린도전서 6장 9-10절에서 이방 그리스 도인들을 향하여 2번 반복하여 "불의한 자는 하나님 나라를 유업으 로 받지 못하리라"고 번역하고 있다. 이 용어가 사용되고 있는 그 밖 의 모든 본문—고린도전서(15:50, 2회)와 갈라디아서(4:30; 5:21), 히브리서 (1:4, 14; 6:12; 12:17), 베드로전서(3:9) 그리고 요한계시록(21:7)은 물론, 마태 복음(5:5; 19:27, 25:34)—에서 한결같이 "유업을 얻는다" 혹은 "상속하다" 로 번역하고 있다.[19]

그런데 계명 준수와 연결되어 있는 공관복음서의 이 대화들에서 는(막 10:17, 26; 눅 10:25; 18:18) '클레로노메오'(κληρονομέω)를 "얻다"로 번역 하고 있다. 개역개정은 물론 (표준)새번역과 공동번역개정까지도 그렇 다. 하지만 영역본 대부분(KJV이나 NRSV, ESV, NASB 등)은 이 단어를 "상 속하다"(inherit)로 번역하고 있다. 전통적인 독일어 번역을 대변하는 루터성서(LUT)도 "상속하다"(ererben)는 단어를 사용하고 있다. 다만 현 대적 표현을 선호하는 영역 현대인의 성서(CEV)나 독일어 공동번역 (EIN)만이 우리말 성서와 같이 손쉬운 용어를 사용하여 각각 "가지

---

18. 명사로서는 어쩔 수 없이 본래의 뜻 "유산" 혹은 "기업"(κληρονομία)이나 "상 속자"(κληρονόμος)로 번역하고 있다: 마 21:38/막 12:7/눅 20:14 (포도원 품꾼 비유); 눅 12:13; 행 7:5; 20:32; 롬 4:13f; 8:17; 갈 3:18, 29; 4:1, 7; 엡 1:14, 18; 5:5; 골 3:24; 딛 3:7; 히 1:2; 6:17; 9:15; 11:7f.; 약 2:5; 벧전 1:4 등.

19. 참고로, 현재 신약성서에서 이 단어의 명사 혹은 동사가 유업 대신 기업(基 業. 우리말 의미로 "기초가 되는 사업" 혹은 "대대로 물려 내려오는 재산과 사 업") 혹은 "기업으로 받다"로 번역되는 14번의 연관된 용어(개역개정 기준)도 가능하면 "유업"(遺業) 혹은 "유산"(有産)으로 통일하는 것이 바람직하다(마 5:5; 행 13:19; 20:32; 26:18; 엡 1:11, 14, 18; 5:5; 골 1:12; 3:24; 히 1:4; 6:12, 17; 9:15).

다"(have)와 "얻다"(gewinnen)로 번역하고 있다. 하지만 "가지다" 혹은 "얻다"라는 일반적인 표현으로는 이 고도의 신학적 용어 '클레로노메오'(κληρονομέω)의 의미를 담아내기 어렵다. 우리말 의미로도 내가 노력하여 얻거나 버는 것과 부모로부터 상속받는 것은 분명히 다르다. 얻는 것은 모든 사람에게 가능하지만 상속받는 것은 정해진 상속 대상자에게만 가능하기 때문이다. 그렇다면 왜 마가복음 10장 17절과 누가복음 10장 25절 및 18장 18절에서만 "얻는다"고 번역했을까?

우선 "영생을 얻으리이까?"라는 질문에 대한 공관복음 병행구(마 19:16/막 10:17/눅 18:18)의 원문 번역을 비교 분석해 보면, 마태복음의 번역이 마가복음과 누가복음에 직접적으로 영향을 주고 있음을 확인할 수 있다. 그래서 아래에서는 마태복음 본문을 마가 및 누가복음과 대조하며 질문 자체의 의미를 밝혀보려 한다.

2) 마태복음의 '클레로노메오'의 사용

(1) '클레로노메오'(κληρονομέω)와 '에코'(ἔχω)

정작 마태복음의 부자의 질문에서는 논쟁이 되는 용어 '클레로노메오'가 사용되지 않는다. 하지만 마태는 사실 복음서 가운데서 가장 자주, 그리고 의미심장하게 이 용어를 사용한다. 우선, 산상수훈의 도입부 5장 5절에서 이 단어가 사용되는데, 개역개정은 이를 "(온유한 자는 땅을) 기업으로 얻을 것이라"로 번역한다. 다음으로 예수와 부자 청년의 대화(19:16-22)에 이어지는 제자도에 관한 담화(19:23-30)의 종결구 19장 29절에서도 "상속하다"로, 그리고 마지막으로 종말강화의 '최후심판의 비유'의 종결구 25장 34절에서도 "(예비된 나라를) 상속하

라"로 번역한다. 모두가 원래의 의미를 놓치지 않고 번역하는 셈이
다.

다음으로 개역개정의 공관복음 병행본문(마 19:16-22/막 10:17-22/눅
18:18-23) 가운데 문제가 되는 도입부의 대화만을 비교해보자.

마태복음 19:16f.	마가복음 10:17f.	누가복음 18:18f.
어떤 사람이 주께 와서 이르되 선생님이여	예수께서 길에 나가실새 한 사람이 달려와서 꿇어 앉아 묻자오되 선한 선생님이여	어떤 관리가 물어 이르되 선한 선생님이여
내가 무슨 선한 일을 하여야 영생을 얻으리이까(τί ἀγαθὸν ποιήρω ἵνα σχῶ ζωὴν αἰώνιον;)	내가 무엇을 하여야 영생을 얻으리이까(τί ποιήρω ἵνα ζωὴν αἰώνιον κληρονομήρω;)	내가 무엇을 하여야 영생을 얻으리이까(τί ποιήσας ζωὴν αἰώνιον κληρονομήρω;)
예수께서 이르시되 어찌하여 선한 일을 내게 묻느냐 선한 이는 오직 한 분이시니라 네가 생명에 들어가려면 계명들을 지키라	예수께서 이르시되 네가 어찌하여 나를 선하다 일컫느냐 하나님 한 분 외에는 선한 이가 없느니라	예수께서 이르시되 네가 어찌하여 나를 선하다 일컫느냐 하나님 한 분 외에는 선한 이가 없느니라

위의 표에서 공관복음 가운데 마가복음이 원래적인 표현을 보존
하고 있고, 마태복음 본문의 밑줄 친 부분은 마태의 독자적인 표현이
라는 것이 뚜렷하게 나타난다.[20] 이 중에서 우선 마태는 독특하게 우
리의 핵심 용어 '클레로노메소'(κληρονομήσω) 대신 '스코'(σχῶ: ἔχω의 가정

---

20. U. Luz, *Das Matthäusevangelium nach Matthäus* 3, EKK I (NeukirchenVlyen: Neukirchener Verlag, 1997), 120f.; Donald A. Hagner, 『마태복음』, 채천석 옮김, WBC 33상 (서울: 솔로몬, 2000), 879-81; W. D. Davies and Dale C. Allison, *The Gospel according to St. Matthew* 3, ICC (Edinburgh: T and T Clark, 1997), 38-43; E. Schweizer, *Das Evangelium nach Matthäus* (Göttingen, Zürich:

법 단순과거형)를 사용한다. '에코'(ἔχω)는 특별한 신학적인 용어가 아니라 광범위하게 사용되는 일반적인 동사로 "가지다, 소유하다, 있다"(have)의 뜻이다. 문자적으로만 본다면 일단 마태복음의 현재 우리말 번역 "얻다"가 완전히 오역은 아닌 셈이다.

하지만 마태복음의 "얻다"(σχῶ)에 동화되어 마가복음과 누가복음의 '클레로노메소'도 "얻다"로 번역하는 데서 문제가 발생한다. 본문비평을 예로 들자면, 의도하지 않게 공관복음 병행 문장에 영향을 받아 필사 오류가 생기는 경우가 있는데, 말하자면 이런 현상이 번역에서 일어났다고 추측할 수 있다. 다시 말해, 본문비평에서 교리적 숙고로 인한 의도적인 이독(異讀) 현상이 일어나는데, 이것이 번역에서 일어날 수 있다는 말이다.[21] 사실 '영생을 상속한다'는 어감이나 표현이 그렇게 부드럽지 못할 뿐만 아니라, 교리적인 거리낌도 있을 수 있기 때문이다. '영생을 상속한다'는 신학적 개념은 요한복음 3장 16절로 대표되는 믿는 모든 자는 "영생을 얻는다/갖는다"(ἔχειν τὴν ζωήν)라는 보편적인 진술과[22] 대립된다고 생각할 수도 있다. 그래서 오히려 이 보편적인 진술과 부합되는 마태복음 번역을 그대로 마가 및 누

Vandenhoeck and Ruprecht, 1986), 251f.

21. Bruce M. Metzger and Bart D. Ehrman, 『신약의 본문』, 장성민, 양형주, 라병원 옮김 (서울: 한국성서학연구소, 2009), 368f.

22. 신약에서 "생명을 가짐"(ἔχειν τὴν ζωήν)이라는 표현은 거의 압도적으로 요한전승에서 사용된다. 총 34번 중 요한복음에는 19번, 요한일서에 10번이나 사용되는데, 여기서 우리말 개역개정 성서는 거의 "생명이 있음"으로 번역하지 "생명을 얻음"으로 번역하지 않는다. 이는 우리말 표현도 그렇지만 요한전승의 강조점이 종말론적 현재에 있기 때문이다.

가복음 번역에 사용했을 수 있다. 하지만 앞서 언급한 대로, 현재 대부분의 영어 번역(ASV, KJV, NASB, NIV, NRSV) 마태복음은 "갖다"(have)로, 마가 및 누가복음은 "상속하다"(inherit)로 번역한다(독일어 LUT도 참조).

네스틀레-알란트(Nestle-Aland) 27판에는 16절 '히나 스코 조엔 아이오니온'(ἵνα σχῶ ζωὴν αἰώνιον)의 몇 가지 이문(異文)들이 본문 하단의 비평장치에 제시된다. 먼저 단순과거형(σχῶ) 대신 현재형(ἔχω)를 사용하는 사본들은 서방계 사본(W: ζωην εχω의 어순만 바뀜) 및 1과 13족, 소문자 사본들(f.13 M)이 있다. "만일"(ἵνα) 다음에 직설법 현재형이 사용되는 것은 비평장치에만 나오는데, 이런 경우 신약에서는 대부분 필사자들의 오류로 간주된다.[23] 하지만 ἔχω의 경우 가정법 현재형과 직설법 현재형이 일치한다는 사실을 유념해야 한다(!).[24] 본문의 비평장치의 많은 사본이 간직하고 있는 이문이 단지 필사오류가 아니라, 가정법 현재형으로 옳게 쓰였다면, 그 뜻은 영생의 소유가 일회적인 행위(단순과거)보다는 지속(현재)의 의미를 강화하는 셈이 된다. 이렇게 되면 이본(異本)의 뜻은 "무슨 선한 일을 하여야 내게 영생이 있으리이까?"(τί ἀγαθὸν ποιήσω ἵνα ἔχω ζωὴν αἰώνιον;)의 어감을 갖는다. 다른 한편으로 '스코'(σχῶ) 대신 아예 '클레로노메소'(κληρονομήσω)를 사용하는 사본들도 소수이기는 하지만 존재한다. 이는 병행본문 특히 누가복음(ποιησας ζ.

---

23. F. Blass, A. Debrunner und F. Rehkopf, *Grammatik des Neutestamentlichen Griechisch* (Göttingen: Vandenhoeck and Ruprecht, 2001. 18 Auf.), 299 (6번).

24. Blass, Debrunner und Rehkopf, *Grammatik des Neutestamentlichen Griechisch*, 300 (12번)에 나오는 이런 종류의 목록에도 마 19:16은 나오지 않는다.

αι. κληρονομησω)의 영향이라고 보아야 한다.[25] 또한 마태복음 21장 38
절 하반절에는 '스코'와 '클레로노메소'의 명사 어원 "유산"(κληρονομία)
이 함께 사용되고 있다(σχῶμεν τὴν κληρονομίαν). 이 모든 본문들은 결국
상속이라는 의미를 부각시킨다. 하지만 '스코'를 사용하는 현재 본문
을 무시할 수는 없다. 이는 아마도 행함의 신학을 강조하는 마태가
특별히 상속의 행위를 강조하는 측면에서 '스코'를 사용한다고도 볼
수도 있다. 그러므로 본문과 비평장치를 종합하면, 마태의 본문에서
부자 청년은 자신의 행위를 통해서 지금(!) 영생을 소유하려는 의지
로 예수에게 질문을 던지고 있다고 볼 수 있겠다.

물론 마태복음의 본문에서 '하나님의 나라에 들어감'은 계명을
지키는 것과 충돌되지 않는다. 마가 및 누가의 본문("네가 계명을 아나니",
막 10:19/눅 18:20)과는 달리 마태는 "네가 생명에 들어가려면 계명들을
지키라"(εἰ δὲ θέλεις εἰς τὴν ζωὴν εἰσελθεῖν, τήρησον τὰς ἐντολάς. 19:17b)라는 독
특한 표현을 부가하고 있다. 생명과 계명 준수를 직접 연관시키는 것
은 당시 유대교의 통념과 다르지 않다. 마태는 처음부터 율법에 순종
하는 것을 선을 행하는 것으로 이해하면서 이것이 영생을 소유하는

---

25. 이러한 경향은 ℵ L 33 (579)에서는 이들과 약간 다른 형태로 다시 ποιησω ζ.
αι. κληρονομησω가 나타남) 892와 성구집 2211과 시리아와 북아프리카 이집
트의 소수의 번역본들의 변형된 형태(syls.c.hmg sams bo)에서 나타난다. 이러한
판단은 바로 앞 διδασκαλε에 αγαθε를 첨가하는 이본들(C W Q f¹³ 33 M lat sy
sa mae boᵖᵗ)에서 이미 누가복음과 동일하기 때문에 부인하기는 어렵다. 이런
견해에는 대부분의 주석가들이 동의한다. J. W. Wenham, "Why Do You as
Me about the Good?," *NTS* 28 (1983), 116-25; Hagner, 『마태복음 14-28장』,
877.

길임을 강조한다. 그래서 예컨대 마태복음에서 부자는 질문도 "무엇을 하여야"가 아니라 구체적으로 "무슨 선한 일을 하여야"(τί ἀγαθὸν ποιήσω) 라고 한다.[26] 또한 "하나님 한 분 외에는 선한 이가 없느니라"를 "선한 이는 오직 한 분이시니라"로 에둘러 표현한다. 이는 오직 하나님만이 선하시며(암 5:14; 미 6:8), 더 나아가 기록된 하나님의 뜻, 즉 율법(토라)이 선하기에 "토라 이외에는 선한 것은 없다"(『미쉬나』, Abot. 6.3; b. Ber. 28b)는[27] 유대교의 통념을 마태가 공유하고 있는 것이라 할 수 있다.

(2) '클레로노메오'(κληρονομέω)의 신학적 의미

이제 마태복음 전체에서 '클레로노메오'를 어떤 의미로 사용하고 있는지 살펴보자. 우리의 주제와 관련된 공관복음 본문은 모두 동일하게 세 단락, 즉 ① 영생에 관한 부자와 예수의 대화(마 19:16-22/막 10:17-22/눅 18:18-23), ② 부자가 하나님의 나라에 들어가는 것과 낙타가

---

26. 반면 누가는 마태나 마가와는 달리 목적절(ἵνα)을 사용하지 않고 분사 ποιήσας(직역하자면, "행한 후에")를 사용하여 문장을 좀 더 윤색할 뿐이다.
27. *Berakh* 28b에는 이렇게 기록되어 있다. "랍비 엘레아잘(기원후 90년경)이 병들었을 때 그의 제자들이 그를 문병하러 와서 이렇게 말했다. '선생님이여 우리에게 생명의 길을 가르쳐 주셔서 우리가 그 길에서 장차 올 세상의 생명에 이르게 하소서(אבה מליעה ייהב הכזנו).' 그는 이렇게 대답했다. '너희의 동료들의 영광을 함께 누리라. 너희의 자녀들이 (성서를 헛되이) 읽지 않게 하고 학자의 제자들과 무릎을 맞대고 앉게 하라.'" Hermann L. Strack und P. Billerbeck, *Das Evangelium nach Matthäus. Kommentar zum Neuen Testament aus Talmud und Midrasch 1* (München: C. H. Beck, 1978. 7 Auf.), 808; Hagner, 『마태복음 14-28장』, 881; U. Luz, *Das Matthäusevangelium nach Matthäus 3*, 122를 참고하라.

바늘귀로 들어가는 비유(마 19:23-26/막 10:23-27/눅 18:24-27) 그리고 ③ 모두 모든 것을 버리고 예수를 따른 제자들에 대한 종말론적 축복 선언(마 19:26-29/막 10:28-30/눅 18:28-30)으로 구성되어 있다.[28] 그런데 마태복음의 경우 24절의 '하나님의 나라에 들어감'은 본문의 정중앙에 자리할 뿐만 아니라 전체의 주제가 된다. 이렇게 마태는 예수와 부자 청년의 대화를 종말론적인 구원이라는 주제로 승화시켜가고 있다. 그래서 첫 질문(16절)과 대화의 종결부의 선언(29절) 사이, 그 중심에 "하나님의 나라(천국)에 들어감"(εἰσελθεῖν εἰς τὴν βασιλείαν τοῦ θεοῦ. 19:23f. 비교, 19:17b)이 정교하게 자리잡고 있다. 마태는 24절에서 자신의 전형적인 강조 문구 "다시 너희에게 말하노니"(πάλιν δὲ λέγω ὑμῖν)를 사용하여 이 주제를 부각시킨다. 그러니까 마가복음과 누가복음은 전체 대화의 소재가 되는 재물 포기를 전적으로 제자도의 관점에서 다루고 있지만, 마태는 처음부터 영생의 상속을 위한 행위에 관심을 두는 부자의 질문을 "(하나님의 나라 혹은 영생)에 들어감"(εἰσελθεῖν εἰς)이라는 차원으로 고양시키는 구조를 취하고 있다.

마태는 세 번째 단락의 제자 담화를 맺는 19장 29절에서 다시 "영생을 상속하리라"(ζωὴν αἰώνιον κληρονομήσει)는 표현을 사용한다. 반면 마가와 누가의 경우 여기서는 "상속하다"는 표현을 사용하지 않고, 일반적인 동사(take)의 단순과거 가정법 λάβῃ(취하다)를 사용한다.

---

28. 대부분의 주석가들도 이렇게 구분한다. U. Luz, *Das Matthäusevangelium nach Matthäus* 3, 120; W. D. Davies and Dale C. Allison, *The Gospel according to St. Matthew* 3, 38; E. Schweizer, *Das Evangelium nach Matthäus* (Göttingen; Zürich: Vandenhoeck and Ruprecht, 1986), 251f.

마 19:29	막 10:30	눅 18:30
λήμψεται καὶ ζωὴν αἰώνιον κληρονομήσει	ἐὰν μὴ λάβῃ ... καὶ ζωὴν αἰώνιον	ὃς οὐχὶ λάβῃ καὶ ζωὴν αἰώνιον
...받게 되고 영생을 상속하리라	...와 영생을 받지 못한다면	...와 영생을 받지 못할 자

그러니까 마태는 일시적인 소유 행위를 나타내는 표현(σχῶ)으로 부자의 질문의 한계를 드러내고, '클레로노메오'를 종말론적 심판의 관점에서 제자들이 누릴 축복 선언에 의미심장하게 사용하는 셈이다. 그래서 마태는 '클레로노메소'(미래형)를 사용하여 종말론적인 미래를 표현한다. 마태복음에서 '클레로노메오'는 모두 3번 사용되는데, 산상수훈의 서막 5장 5절에서도 이 용어(미래형)는 제자들의 종말론적인 축복을 선언하는 데 사용되었다. 그뿐만 아니라 마가복음 10장 30절이나 누가복음 18장 30절은 이 세상에서 누릴 백 배의 집과 가족과 땅을 "현세에 있어"(ἐν τῷ καιρῷ τούτῳ)라고 표현하지만, 마태는 이를 생략하면서 종말론적인 축복을 언급한다(마 19:29).[29] 그런데 이 문장 바로 앞에는 마태만이 간직하고 있는 종말론적인 심판에 관한 '말씀 자료'(Q)가 담겨 있다.

세상이 새롭게 되어 인자가 자기 영광의 보좌에 앉을 때에 나를 따르

---

29. 마가복음에서도 이 용어의 종말론적 특징은 분명하다. J. H. Friedrich, "κληρονομέω κτλ.," H. Balz and G. Schneider, Hrg. *Exegetisches Wörterbuch zum Neuen Testament* 2 (Stuttgart, Berlin, Köln, Mainz: Kohlhammer, 1981), 298f.

는 너희도 열두 보좌에 앉아 이스라엘 열두 지파를 심판하리라(마 19:28).

이는 인자가 이스라엘을 심판할 때 예수를 따르는 자들은 이스라엘을 심판하는 자리, 이를테면 '배심원'과 같은 역할을 맡게 된다는 말이다. 여기서 이스라엘 전체가 유산을 상속한다는 유대교의 통념은 뒤집어지고, 도리어 이스라엘이 심판대에 세워진다. 이미 세례 요한의 메시지에서도 이러한 심판의 관념이 표현되어 있었다(마 3:8f.). 마태복음 19장 28절은 누가복음 22장 30절과 병행을 이루고 있는 예수의 말씀 전승에 속한다. 이 말씀과 관련된 마태복음의 특수 전승들은 마태 심판 사상의 다른 차원을 열어준다.

동서로부터 많은 사람이 이르러 아브라함과 이삭과 야곱과 함께 천국에 앉으려니와 그 나라의 본 자손들은 바깥 어두운 데 쫓겨나 거기서 울며 이를 갈게 되리라(8:11f.).

그러므로 내가 너희에게 이르노니 하나님의 나라를 너희는 빼앗기고 그 나라의 열매 맺는 백성이 받으리라(δοθήσεται ἔθνει, 21:43).

두 말씀은 모두 하나님의 나라가 이스라엘에게 상속되지 않는다는 것을 표현한다. 더 나아가 "그 나라의 열매 맺는 민족에게 주어지리라"(δοθήσεται ἔθνει)는, 말하자면 불특정 민족(ἔθνος)에게[30] 주어진다는 선언이다. '클레로노메오'는 마지막으로 '인자의 종말론적 심판'을 묘사하는 종말강화에서 양과 염소를 구별하듯이 이번엔 "모든 민족"(πάντα τὰ ἔθνη, 25:32)을 심판하는 장면에서 사용된다.

> 내 아버지께 복 받은 자들이여 나아와 창세로부터 너희를 위하여 예비
> 된 나라를 상속받으라(κληρονομήσατε τὴν ἡτοιμασμένην ὑμῖν βασιλείαν,
> 25:34).

"모든 민족들"은 앞서 설명한 대로 이방인으로서, 본문에서는 불특정 대상을 지시한다.[31] 이번엔 유대인이나 이방인 모두가 심판의 대상이 되는 셈이다. 물론 여기서 예수를 따르는 자들에게도 심판이 제외되지 않는다.[32]

---

30. 이스라엘이 심판 아래 있다는 사상은 마태복음에 가장 뚜렷하게 드러난
    다. 이를 가장 잘 보여주는 중요한 사실은 "백성"으로 번역된 ἔθνος가 복수
    (τὰ ἔθνη)로 사용될 때는 유대인이 아닌 이방인의 의미로 사용된다는 점이
    다. 하지만 단수로 쓰여도 "민족이 민족을 나라가 나라를 대적하여 일어나겠
    고…"(24:7)라는 표현이나, "이방인과 세리처럼 여기라"(18:17)처럼 이방인을
    의미할 수 있다. 그러므로 마태복음에서 이 단어는 이방인을 의미한다 해도
    무방하다.

31. U. Luz, *Das Matthäusevangelium nach Matthäus* 3, 521-525; Hagner, 『마태복
    음 14-28장』, 1134f.; 여러 가지 해석에 대한 학자들의 분류에 대해서는 참조:
    W. D. Davies and Dale C. Allison, *The Gospel according to St. Matthew* 3, ICC
    (Edinburgh: T andT Clark, 1997), 422.

32. 마태복음 13:24-30, 36-43에서 가장 잘 나타나는, 이른바 "혼합된 몸"(corpus
    mixtum)이라는 마태의 교회론은 예수를 따르는 공동체도 심판을 통과해야

결국, 마태가 사용하는 '클레로노메오'는 하나님과 이스라엘의 역사적 선택과 언약 관념을 가지고 있으면서("상속하다"), 예수를 따르는 결단을 통과하여 마침내 영생에 이르는, 종말론적 구원의 전 과정이 표현되어 있는 독특한 신학 용어라 하겠다. 물론, 언약의 유산을 받은 유대인이나 "그 나라의 열매 맺는 민족"(이방인) 그 누구에게나 종말의 때에 심판을 통과해야 할 '상속의 완성'이 남아 있게 된다. 여기에는 종말론적 구원에 이르는 필연적 긴장이 존재하는데, 유대인에게나 이방인에게나 계명의 준수 여부는 그 긴장의 본질에 해당한다. 마태의 경우 그러한 긴장은 산상수훈에서 보이듯이 사랑의 계명으로 집약되고 개별적인 행위로 구체화된다(마 19:17b).

3. 영생과 하나님의 나라

그러면 '영생의 상속'이라는 유대교적 관념은 신약의 보편적인 주제인 '하나님의 나라에 들어감'과 어떤 신학적 연관 관계를 가지고 있는가? 초기 유대교에서 토라는 단지 성문화된 율법이라는 개념을 넘어서 하나님과 이스라엘의 계약 관계에서 하나님의 뜻을 계시하는 살아있는 '실체'였다. 토라의 본질은 계약이요, 계약은 생명의 근원이 된다. 이를테면, 쿰란 공동체에서는 계약 사상이 "생명의 물의

한다는 사상이다.

원천"과 동일시되었다(CD 4.8; 7.16; 19.33-35).[33] 그래서 토라는 구원과 생명의 길이었고, 인격화된 토라 존재론(Torah-Ontologie)으로까지 발전된다.[34] 자신들을 종말론적인 계약 공동체로 생각하는 그들의 정체성의 중심에는 토라가 영원한 생명을 부여한다는 신앙이 자리 잡고 있었다. 새로이 공동체에 가입하는 사람은 새로운 계약 안에 사는 것이고 생명의 기원이신 하나님의 구원을 경험한다.[35]

신약은 유대교의 이런 생명 사상을 공유하면서도 본질적인 차이를 갖는다. 그것은 바로 하나님이 종말에 일으키실 부활의 행위가 이미 죽은 자들로부터 예수 그리스도를 살리신 사건에 터 잡고 있다는 사실이다.[36] 이때 영생에 들어가는 것은 예수의 하나님 나라 선포를

---

33. 배재욱, "신약성서의 생명 사상에 대한 고찰,"『선교와 신학』22 (2008), 45-78 (54); "초기 유대교, 예수와 바울의 생명 사상,"『신약연구』11/1 (2012), 131-59.

34. Hengel,『유대교와 헬레니즘 3』, 167f.

35. 배재욱, "신약성서의 생명 사상에 대한 고찰," 55; Simon J. Gathercole, *Where is Boasting?*, 91-96.

36. 육체적인 생명과 죽음의 근원에 대한 신약의 관점은 근본적으로 유대교의 사상에 기초하고 있다. 즉 생명과 죽음은 하나의 자연 현상으로서 이해될 수 있기에 하나님께 속한다. 이 생명은 죽음에 지배된 육체에 사는 것으로서, 죽음 이후의 세계에 속한 참된 생명과 구분된다. 하지만 미래적인 생명이 참되고 본래적인 것이기에 유대교에서 생명이라 함은 "불멸의"라는 수식어 없이도 종종 "영원한 생명"이라 특징지어진다. 신약에서도 영생은 죽음으로부터의 구원과 결합되어, 인간은 영생을 상속하고 받고 얻고 들어가게 된다. 생명이 하나님의 창조 행위를 통해서 인간에게 수여된 것처럼, 영원한 생명도 종말의 때 부활 사건을 통해서 인간에게 수여된다. 그래서 구원은 인간의 능력이 아니라 본질적으로 하나님의 능력에 속한다(마 19:26 병행본문). 그러므로 미래의 생명, 즉 영생의 소유와 보존에 대한 믿음은 하나님의 종말론적 구원 행위에 근거하게 된다. 신약의 예수 그리스도와 연관된 생명에 관한 온

통해 판가름 나기에,[37] 그 선포의 주제인 하나님 나라는 미래적 생명으로 대치될 수 있다. 이런 의미에서 공관복음에서 영생은 곧 생명과 동일어로 사용되고, 양자(兩者) 모두 종말론적인 심판과 구원의 배경에서 "들어가다"라는 표현과 어울려 사용된다(마 18:8f./막 9:43, 45). 이렇게 공관복음에서 생명 개념은 영생, 그리고 하나님의 나라와 동일시되고 만다.[38] 또 그 영원한 생명은 하나님 나라를 선취(先取)하는 종말론적 현재 사건에서 복음으로 선포되어 드러난다. 즉, 마태는 부자 청년의 '일회적인' 행동(σχῶ)보다는, 미래적 심판의 관점에 서서 하나님 나라에 들어가는 시금석을 현재의 예수 추종 결단에 두고 있는 셈이다.[39] 최종적 칭의는 이 순종의 행위와 분리될 수 없다.

　우리가 다룬 본문들인 공관복음의 부자와 예수의 대화를 바르게 이해하고 번역하는 출발은, 그 저변에 당시 유대교와 기독교의 구원론이 교차되고 있음을 인식하는 데서 시작된다. 그 진지한 질문의 당사자는 분명히 유대인이었다. 이것은 누가복음의 율법사와 예수의 대화(눅 10:25-28)에서도 마찬가지였다. 그의 진지한 질문의 전제는 어떻게 하나님의 백성이 되는가(become)의 문제가 아닌, 현재 하나님의

갖 다양한 표현은 여기서 나온다(요 3:15f.; 행 3:15; 11:18; 15:7-9; 13:48; 롬 5:10; 6:8ff.; 8:2; 10:9; 엡 3:2; 7:2; 골 3:3f.; 딤전 1:16; 딤후 1:10; 딤후 1:1; 요일 5:11; 요일 5:20 등). R. Bultmann, "ζάω κτλ.," *ThWNT* II, 856-874 (864f.).

37. Bultmann, "ζάω κτλ.," 867; G. Dalman, *Die Worte Jesu* (Leipzig: J. C. Hinrichs Buchhandlung, 1930), 127-32.

38. 배재욱, "신약성서의 생명 사상에 대한 고찰," 57f.

39. 막 10:29 "나와 복음을 위하여", 눅 18:29 "하나님의 나라를 위하여", 마 19:28f. "인자가 자기 영광의 보좌에 앉을 때에 … 나의 이름을 위하여".

백성으로서의 삶(being)에 관한 문제였다. 계약 백성 이스라엘의 "자격"(status) 유지는 토라의 계명을 준수하는 것에 달려 있다.

그것은 동시에 마지막 심판의 때에 이스라엘은 영원한 생명에 들어가는 과제를 남겨두고 있다는 사실을 의미한다.[40] 초기 기독교는 예수가 선포한 종말론적인 하나님 나라의 영생이 예수 그리스도의 부활을 통해서 지금 이 세계로 돌입했다고 확신하고 있었다. 마태는 '클레로노메오'(상속하다)라는 용어를 부자 청년의 질문(19:16)에서 사용하지 않고, 모든 것을 버리고 예수를 따른 제자들에게 종말론적 상급으로 수여하는 데 사용한다(19:29). 여기에는 초기 기독교가 유대교의 유산을 공유하면서도 정작 종말론적인 구원은 예수와 관계된 새로운 차원에서 이해함을 보여준다. 이제 하나님의 선택은 유대인 가운데서도 예수와 그를 따르는 제자들에게 수여되고, 더 나아가서 이방인에게로 확장될 수 있게 되었다.

여기서 예수를 믿은 새로운 하나님의 백성, 즉 이방인들도 토라의 계명을 저버릴 수 없음은 분명하다(마 5:17-19). 하나님의 백성이라면 유대인이나 이방인이나 율법에 나타난 하나님의 본뜻을 추구하

---

40. 바울은 로마서 9-11장에서 이런 자신의 고뇌를 표현하고 있는데, 그는 최종적으로 "그리하여 온 이스라엘이 구원을 받으리라(καὶ οὕτως πᾶς Ἰσραὴλ σωθήσεται) 기록된 바 구원자가 시온에서 오사 야곱에게서 경건하지 않은 것을 돌이키시겠고 내가 그들의 죄를 없이 할 때에 그들에게 이루어질 내 언약이 이것이라 함과 같으니라"(11:26-27)고 선언한다. 하지만 '어떻게 구원을 받는가'에서 의견이 나뉜다. 그리스도를 통해서인가? 아니면 그리스도를 통하지 않고 가능한가? 물론 기독교 신학자들은 전자에 서 있지만, 그럼에도 불구하고 '어떻게'라는 세부 각론은 다양하다.

고 "이것을 행함으로 산다"(τοῦτο ποίει καὶ ζήσῃ, 눅 10:28). 이 신앙이야말로 1세기 유대교와 기독교가 서 있었던 공통의 토대였다.

* * *

그러므로 "내가 무슨 선한 일(무엇)을 하여야 영생을 얻으리이까?"라는 유대인의 질문에 대한 예수의 대답을 우리는 이렇게 이해할 수 있다. 율법에 나타난 하나님의 뜻을 행함은 영원한 생명을 (새로이) 획득하는 문제가 아니라, 하나님의 백성으로서 현재적 생명(구원) 안에서 살아가려는 **윤리적 삶의 문제**이다. 동시에 이 대화는 이방인에게도 유효하게 된다. 예수 그리스도를 따르는 결단에 들어선 모든 사람에게 율법의 본질적 요구는 영생을 이어가는 삶의 과제가 된다. 이와 같은 복잡한 신학적 의미를 놓치지 않고 적절하고 바르게 그 뜻을 전달하기 위해서, 나는 현재의 번역 "영생을 얻으리이까"(마 19:16/막 10:17/눅 18:18. 비교, 눅 10:25)를 다음과 같이 번역할 것을 제안한다.

성서원문	개역개정	제안
	새번역	제안
마 19:16 τί ἀγαθὸν ποιήσω ἵνα σχῶ ζωὴν αἰώνιον;	내가 무슨 선한 일을 하여야 영생을 얻으리이까	무슨 선한 일을 하여야 내게 영생이 있으리이까
	내가 영원한 생명을 얻으려면 무슨 선한 일을 해야 합니까?	내게 영원한 생명이 있으려면 무 슨 선한 일을 해야 합니까?
막 10:17 τί ποιήσω ἵνα ζωὴν αἰώνιον κληρονομήσω; (참조, 눅 18:18; 10:25 τί ποιήσας ζωὴν…)	내가 무엇을 하여야 영생을 얻으리이까	내가 무엇을 하여야 영생을 상속하리이까 (유업으로 받으리이까)
	내가 영원한 생명을 얻으려면, 무엇을 해야 합니까?	내가 영원한 생명을 상속하려면 (유업으로 받으려면) 무엇을 해야 합니까?

부수적으로 개역개정의 몇몇 곳에서 이 동사를 "기업 및 유업으로 받다"로 번역하는 경우도 '유업으로 받다'로 통일하는 것이 좋겠다(마 5:5; 고전 15:50; 히 1:4). 마지막으로 히브리서 12장 17에서도 "축복을 이어받으려고" 대신 "축복을 상속받으려고"라는 표현을 사용하면 되겠다. 이 외에도 표준새번역개정판은 마태복음 5장 5절과 25장 34절의 '클레로노메오'를 "차지하다"로 번역하는데, 다른 곳에서와 같이 "상속하다," 혹은 "유업으로 받다"(갈 4:30; 5:21; 고전 6:9f.)로 통일적으로 번역하여야 하겠다.

유대교와 기독교의 구원론에 관한 미묘한 차이를 나타내는 신학적 용어 '클레로노메오'는 비록 하나의 단어일지라도, 그리스도인들의 윤리와 구원에 지대한 영향을 줄 수 있는 신학 용어라고 나는 생각한다. 이 용어는 공관복음서에서 영생에 관한 진지한 질문에 대한 대답의 술어(述語)가 될 뿐만 아니라, 누가복음에서는 독특하게 예수의 지고한 부름이 담긴 '사랑의 이중 계명'과 '선한 사마리아인의 비유'까지 결합되어 있다. 제시된 번역의 차이가 비록 작고 미묘한 것 같지만, 이러한 번역은 구원을 향한 삶에서 믿음과 행함, 신앙과 윤리의 딜레마를 경험하고 고민하는 진지한 독자들에게, 믿음과 행함의 신학적 긴장을 유지하여 "두렵고 떨림으로 너희 구원을 이루어가는"(빌 2:12) 계기가 되기를 소망한다.

4. 사랑의 윤리와 구원

이러한 신학적 결론을 쉽게 풀어 누가복음의 '선한 사마리아인 이야기'(눅 10:25-37)에 적용시켜보자. 이 이야기에서 우리는 예수가 전한 구원의 소식 안에서 하나님이 인간에게 어떤 윤리적 삶을 요구하는가를 발견할 수 있다.

1) 사랑의 이중 계명

어떤 율법교사가 일어나 예수를 시험하여 이르되 선생님 내가 무엇을 하여야 영생을 상속하리이까 예수께서 이르시되 율법에 무엇이라 기록하였으며 네가 어떻게 읽느냐 그가 이르되 네 마음을 다하여 목숨을 다하여 힘을 다하며 뜻을 다하여 주 너의 하나님을 사랑하고 또한 네 이웃을 네 자신 같이 사랑하라 하였나이다 예수께서 이르시되 네 대답이 옳도다 이를 행하라 그러면 살리라 하시니(눅 10:25-28).

비유의 도입은 이렇게 시작된다. 사실 이 이야기는 우리의 신앙 생활에 가장 핵심적이고도 인생의 진지한 내용을 다루고 있다. 우선 이 대화에서 질문하는 사람은 유대인, 그것도 율법에 정통한 율법 교사였다는 사실에 주목할 필요가 있다. 그에게 "영원한 삶"(eternal life)은 이미 조상들을 통해서 주어졌다고 깊이 확신하고 있었다.[41] 중요

---

41. 유대인들은 초기 기독교적 의미로서 "구원"을 새로이 얻을 필요는 없었다고

한 것은 어떻게 그것을 "상속하여 지속하느냐"(inherit)였다. 이것을 유대인이 아닌 이방 그리스도인, 그러니까 오늘날의 그리스도인들에게 적용시켜 본다면, '어떻게 하여야 영생을 얻겠는가(get)'의 문제가 아니라, '어떻게 하여야 지금 내가 소유하고 있는 이 영생이 머무르겠는가(stay)'라고 할 수 있겠다. 신앙은 인생의 한 정점에서 일어난 놀라운 한 사건의 단면이 아니라 계속되는 삶의 과정이라고 본다면 이 문제는 의미심장하다.

두 번째로 그 질문에 대한 대답은 오직 율법 즉, 하나님의 말씀에만 의존되어 있다. 예수는 우리에게 영원한 삶은 오직 하나님이 우리에게 요청하고 있는 말씀에 달려 있다고 가르치셨다. 만일 우리가 예수께 '왜 살아야 하는 것입니까?'라고 묻는다면, 그는 아마 이렇게 대답하실 것이다. '삶은 하나님의 명령이다.' '그러면 어떻게 살아야 하는 것입니까?'라고 묻는다면, '하나님이 말씀하신 대로 살면 된다'라고 대답하시리라. 신앙인으로 산다는 것은 오직 하나님과 그 분의 요청을 대면하는 바로 이것이다. 기독교 신앙 윤리는 여기서 시작된다고 할 수 있겠다.

세 번째, 이 대화에서 예수께서는 하나님이 요구하시는 삶, 즉 우리 인간이 살아가야 할 길은 '오직 사랑하며 사는 삶'이라고 말하고

생각했을 수 있다. 왜냐하면, 그들은 이미 그 "구원"을 받았다고 생각했기 때문이다. 그들에게 문제는 이미 소유하고 있는 구원을 '어떻게 이어가느냐'였다. 그러니까 해석을 1세기 유대교에서 현재로 옮기자면, 이 본문은 예수를 아직 믿지 않는 자들 보다는 구원에 들어간 그리스도인들을 위한 본문으로 전제하고 읽는 것이 좋겠다는 말이다.

있다. '왜 꼭 그렇게 살아야 합니까?'라고 다시 묻는다면, 예수는 여전히 이렇게 대답하실 것이다. '하나님이 말씀하셨다!' 신앙은 어느 시인의 표현처럼 "사랑으로 눈뜨는 것"이라고 할 수 있다. 그래서 예수는 구약성서 전체를 '사랑의 명령'으로 이해하기를 주저하지 않으셨다.

마지막으로 예수는 이 사랑을 '하나님에 대한 사랑'과 '인간에 대한 사랑'으로 요약하셨다. 흔한 사람들은 '무엇이 먼저인가'라는 논쟁으로 본뜻을 흐리고 만다. 그러나 성서는 가장 '첫째' 되는 계명이 '하나님 사랑과 이웃 사랑'이라고 분명히 기록한다(막 12:28-31). 그리고 이와 비슷한 대화가 진행되는 다른 본문에서도 예수는 "둘째도 그(첫째)와 같다"고 말씀하시고 있다(마 22:39). 사실 이 이야기의 흐름대로라면 예수께서는 이웃 사랑에 하나님 사랑을 의존시켰다고 해야 한다. 왜냐하면 하나님이(!) 이웃을 사랑하라고 하셨고, 그 명령에 순종하는 것이 하나님을 사랑하는 것이기 때문이다. 그리하여 이제 이야기는 선한 사마리아인의 이야기에 하나님 사랑이 달렸다고 보고 있다. 그렇다면 이 이야기는 무엇을 의미할까?

2) 선한 사마리아인 이야기

그 사람이 자기를 옳게 보이려고 예수께 여짜오되 그러면, 내 이웃이 누구니이까 예수께서 대답하여 이르시되, 어떤 사람이 예루살렘에서 여리고로 내려가다가 강도들을 만나매 강도들이 그 옷을 벗기고 때려 거의 죽은 것을 버리고 갔더라 마침 한 제사장이 그 길로 내려

가다가 그를 보고 피하여 지나가고 또 이와 같이 한 레위인도 그 곳
에 이르러 그를 보고 피하여 지나가되 어떤 사마리아 사람은 여행하
는 중 거기 이르러 그를 보고 불쌍히 여겨 가까이 가서 기름과 포도
주를 그 상처에 붓고 싸매고 자기 짐승에 태워 주막으로 데리고 가서
돌보아주니라 그 이튿날 그가 주막 주인에게 데나리온 둘을 내어주
며 이르되 이 사람을 돌보아주라 비용이 더 들면 내가 돌아올 때에
갚으리라 하였으니 네 생각에는 이 세 사람 중에 누가 강도 만난 자
의 이웃이 되겠느냐 이르되 자비를 베푼 자니이다 예수께서 이르시
되 가서 너도 이와 같이 하라 하시니라(눅 10:29-37).

예수께서는 '하나님 사랑과 이웃 사랑'을 가장 으뜸 되는 하나님
의 명령으로 받아들이셨다. 신앙이란 이렇게 하나님과 인간, 인간과
인간이라는 두 관계를 중심으로 한다. 물론 여기에서 인간이란 단순
히 불특정 인간을 의미하지는 않는다. 예수는 무슨 보편적인 인간애
혹은 사해동포주의를 말씀하시지는 않았다. 인간이 인간을 사랑하는
것은 바로 이웃으로서의 관계에서 일어나야 할 일이다. 독일말로 이
웃이란 "가장 가까이 있는 자"(der Nächste)인데, 그런 의미에서 참 적절
한 단어이다. 예수가 원수 사랑을 말했을 때도, 구체적으로 매일 코
앞에서 내가 마주 대하며 나를 거슬리게 하는 '원수 같은 이웃'을 사
랑하라는 것이지, 무슨 생전 만나보지도 못했던 악당을 사랑하라는
요구가 아니리라. 또 이웃이란 그저 스쳐가는 사람들이 아니다. 옆에
서 사람이 죽어가는 줄도 모르고 살아가는 옆집 사람을 이웃이라고
할 수 없다. 아무리 멀리 있어도 그 멀리 있는 사람과 구체적인 관계

를 맺게 되었다면, 그는 비로소 나의 이웃이 된다.

그러나 이 선한 사마리아인 이야기에서 정말 중요한 반전은 "누가 내 이웃입니까"라는 율법 교사의 질문에 되돌아오는 예수의 날카로운 반문, "누가 강도 만난 자의 이웃이냐"에 있다. 여기서 나를 중심으로 구축된 세계는 여지없이 무너지고 만다. 분명히 이웃 사랑은 율법 교사가 찾는 것처럼, '내'가 그것을 이해한 후에 행동할 수 있는 그런 '개념'이 아니다. 이는 지식을 가지고 있는 사람들이 쉽게 걸려들 수 있는 덫이다. 이웃 관계에 역동적으로 참여함으로써만 일어나는 사건이 바로 이웃 사랑이다. 예수는 최후로 그에게 "가서 너도 이와 같이 하라"고 대답하셨다. 지금 도움을 필요로 하는 자에게 '이웃이 되라'는 것이다. 삶 속에서 도움이 필요한 어떤 사람과 우연한 만남에서 우리는 하나님을 만난다. 그가 하나님이거나 예수라는 말이 아니다. 단지 우리는 역동적으로 맺어야 할 그 사람과의 관계 안에서 구체적인 하나님의 '요청'을 듣는다. 인간은 이 다가오는 말씀 속에서 하나님을 대면할 수 있는데, 이웃을 사랑하라는 하나님의 구체적인 명령을 수용하고 순종함으로써만 하나님을 사랑하게 된다. 이것이 '사랑의 이중 계명'이 두 계명이 아니라 하나의 이중 계명이라는 말이겠다.

우리는 예수께서 하나님을 사랑하고 이웃을 사랑하는 것에 모든 것을 걸었다는 것을 안다. 예수에게 있어서 하나님을 사랑하는 것은 하나님이 말씀하신 '이웃을 사랑하라'는 요청을 따르는 것이었다. 이 요청에 눈뜨는 것이야 말로 나를 해방하고 생명으로 살리는 거룩한 은총이자 삶의 지고(至高)한 과제이다. 구원에 이르는 신앙과 윤리적 삶은 여기에서 만난다. 하나님의 뜻은 하늘에서 이루어졌고, 이제 '사랑의 수고'를 통해서 이 땅에서 이루어지기 때문이다. 이것이 바로 감격적인 구원을 선물로 받은 그리스도인의 삶이다. 그리스도인에게 사랑의 순종은 율법의 요구에 대한 최소한의 응답이 아니라, 하나님을 향한 충만한 자유이기 때문이다.

제3장
자살과 죽음에 관한 신학적 사색

　　우리나라의 한 전직 대통령의 죽음은 우리 국민들에게 한편으로는 충격과 당혹감을, 다른 한편으로는 큰 파문과 짐을 던져주었다. 사실 우리 사회는 하루에 무려 30여 명 이상이 스스로 죽음을 선택하고 있는 매우 불안하고 위험한 사회다. 대통령이든 평범한 보통 사람이든 한 인간의 죽음을 단지 죽음의 외양(外樣)으로만 판단할 수 없다. 문제는 그의 죽음이 생(生)이라는 나무와 뿌리에 얼마나 견실하게 연결되어 있는가이다. "삶과 죽음이 모두 자연의 한 조각"이라는 그의 생사관, 운명에 대한 냉철함, 그리고 슬퍼함과 미안함, 원망과 같은 일체의 인간적 의향을 배제하는 이 모든 태도는 죽음을 주체적으로 수용하려는 스토아적 의지에 비견될 수 있을 것 같다. 생사의 기로에서 '스토아적 용기'가 발휘된 것일까? 그런가 하면, 자신의 명예와 이상을 포함하여 사회의 전체 선(善)을 계산하며 어쩌면 그는 공리주의적 선택을 함으로써 자발적 죽음을 선택했을지도 모른다.

생각해보면 죽음이란 가장 보편적인 것이다. 권력을 가진 자나 못 가진 자, 부자나 가난한 자, 종교인이나 비종교인, 현대인이나 고대인 모두에게 죽음이란 필연적인 인간의 현실이다. 그래서 인간에게는 '죽음이란 무엇인가'라는 추상적인 질문보다는, 죽음을 삶의 일부로 여기고 죽음과 친숙해지려는 수많은 시도가 있었다. 그렇게 인간은 '어떻게 죽을 것인가'라는 더 현실적인 문제를 가지고 씨름해왔다. '어떻게 살 것인가'라는 질문은 '어떻게 죽을 것인가'를 성찰하지 않고서는 대답할 수 없는 문제가 분명하다. 게다가 오늘날 의학의 발달로 인해 인간 수명의 한계가 모호해지고 있는 실정이다. 안락사나 존엄사에 대한 논쟁은 쉽게 정리될 수 없다. 심한 우울증으로 자살을 선택하였거나, 병약한 노인이 자식들에게 폐를 끼치지 않기 위해서 스스로 죽음을 선택하였을 때 우리는 그것을 어떻게 판단해야 하는가?

이번 장에서는 우선 자살을 "고귀한 죽음"이라는 그리스-로마 문화의 죽음에 대한 일반화된 관념과 성서와 초기 유대교 문헌에 나오는 관련 본문들을 간략히 살펴보고, 그것이 어떻게 해석되어 왔는가를 서론적으로 살피고자 한다. 다음으로 좀 더 폭넓게 자발적 죽음의 형태로 해석될 수 있는 예수 그리스도의 십자가의 죽음과 그러한 죽음에 대해 고뇌하는 바울의 죽음에 대한 신학적 사색을 공리주의적 관점에서 검토하게 된다. 나는 이러한 사색을 통해서 우리 사회와 기독교 공동체가 자살과 죽음을 좀 더 포괄적인 관점에서 이해할 수 있게 되기를 기대한다.

1. 자살과 죽음에 대한 고대인의 사색

1) 그리스-로마 세계의 고귀한 죽음

일찍이 그리스-로마 세계에서 현인과 철학자들은 이른바 "고귀
한 죽음"(noble death)에 대한 사상을 몸소 실행하려 했다.[1] 소크라테스
의 죽음은 인간이 죽음을 주체적으로 수용했던 고귀한 죽음의 고전
적 형태였다. 소크라테스나 플라톤에게서 자살은 시민으로서의 책임
과 의무를 저버리는 행위이기에 비난받아야 할 것이었다. 더욱이 아
리스토텔레스는 자살을 개인이 아니라 국가에 대한 범죄요, 폴리스
의 터전을 오염시키는 "종교적 범죄"로까지 보았다.[2] 자살에 대한 사
회적 터부는 이토록 오랜 뿌리 속에서 배양되었다. 플라톤은 소크라
테스의 죽음에 대한 관점을 자세히 묘사한다. 소크라테스는 인간이
자신의 생명을 스스로 취할 권리는 없다고 보았다. 그러나 그는 단
한 가지의 예외를 남겨두었다.

> 그러면 이러한 관점에서 한 개인은 신이 어떤 필연(ἀνάγκη)을 그에게
> 보내기까지는 자신의 생명을 취해서는 안 된다고 말하는 것이 부당
> 한 것은 아니다. 그 필연이 이제 내게 왔다(Phaedo 62C).

---

1. 이 주제에 관한 광범위한 논의를 위해서는 Arthur J. Droge and James D.
    Tabor, *A Noble Death: Suicide and Martyrdom among Christians and Jews in
    Antiquity* (San Francisco: Harper San Francisco, 1991)를 보라.

2. A. W. Mair, "Suicide: Greek and Roman," edited by J. Hastings, *The
    Encyclopedia of Religion and Ethics.* 12 (New York: Schribner's, 1992), 26-33
    (30).

바로 "필연"으로서의 숙명이다. 플라톤은 이 필연적 상황을 세 가지로 분류했다. 폴리스에 의해 부과되었거나, 엄청난 재앙을 만났을 때, 그리고 참을 수 없는 수치에 직면할 때이다(Laws 373C).[3] 에피쿠로스 철학자들도 자살을 정죄하기보다는, 사소한 이유에서나 육체의 연약함, 혹은 죽음에 대한 공포에서 시도된 자살을 어리석은 것으로 보았다. 이들과는 달리 스토아 철학자들은 "어떤 필연"의 상황과 때에 있어서 인간의 자살 선택을 오히려 인간의 권리로 여겼다.[4] 여기서 자발적 죽음의 또 다른 형태가 소크라테스의 그런 "여지"에서 자라난다. 이른바 영웅적 자살이란 명예가 심하게 훼손되거나, 수치를 강요당하는 고통의 상황에서 스스로 목숨을 끊음으로서 당당하게 영웅적인 최후를 자발적으로 맞이하는 것이다. 물론 스토아주의가 이러한 자살을 수용한다 해도, 어디까지나 합리적 이유하에서만 가능했다.

> (스토아는) 우리에게 말한다. 현자는 합리적인 원인 때문에, 즉 조국을 위하여 혹은 친구를 위하여, 혹은 그가 참을 수 없는 고통이나 베임 혹은 불치의 병을 겪고 있을 때 자신을 생으로부터 탈출시킬 것이라고(Diogenes Laertius 7.130).

---

3. Arthur J. Droge, "Mori Lucrum: Paul and Ancient Theories of Suicide," *Novum Testamentum* XXX, 3 (1988), 263-86 (266).

4. Marilyn J. Harran, "Suicide," edited by Mircea Eliade, *The Encyclopedia of Religion* (New York: Macmillan, 1987), 125-31 (126).

이처럼 죽음을 주체적으로 수용하고자 하는 인간의 의지는 자살을 터부시하는 사회적 경향 속에서도 억센 생명력을 발휘하였던 것이다.

그러나 죽음을 주체적으로 수용하는 데 있어 가장 큰 장애는 죽음에 대한 공포였다. 아리스토텔레스는 죽음을 정면으로 대면함으로 죽음에 대한 공포를 보완하고자 했다. 그런가 하면 에피쿠로스주의 철학자 디오게네스는 죽음의 공포를 이렇게 극복하려 했다.

> 그러므로 살펴보건대 가장 놀라운 악인 죽음은 우리에게 아무것도 아니다. 우리가 존재할 때 죽음은 아직 온 것이 아니고, 죽음이 왔을 때 우리는 존재하지 않기 때문이다(Diogenes Laertius 10.125).

죽음에 대한 스토아적 용기는 이 두 태도 사이에서 나온다. 스토아 사상의 중심에 있는 "의지"(προαίρεσις)란 다름 아닌 인간의 선택을 실행 가능하게 하는 힘을 말한다. 이는 인간이 통제할 수 있는 것으로서, 이른바 자발적 죽음이란 그러한 결단에서 가능했다. 이를테면 세네카나 키케로, 카토와 같은 스토아의 영웅들은 불가피한 죽음의 운명 앞에서 구차한 말이나 행동을 하지도 두려워하지도 않으며, 슬픈 내색도 보이지 않는다.[5] 그들은 도리어 죽음의 운명을 받아들일 뿐만 아니라, 죽음을 능동적으로 선택하거나 자살을 실행하여 운명

---

5. 세네카에 대해서는 Tacitus, *Annals* 15.59-63; 키케로와 카토는 Plutarch, *Lives* 7.47-48; 8.67-70을 보라. 참고. 차정식, 『예수는 어떻게 죽었는가』 (서울: 한들출판사, 2006), 249-53.

의 주인이 자신들임을 과시한다. 여기서 자발적 죽음을 실행하는 방식은 문제시되지 않는다. 자살을 포함한 자발적 죽음은 이성적이고 명예로운 행동으로 죽음을 완성하는 행위가 된다.

2) 성서와 초기 유대교의 자살과 명예

반면 구약성서와 초기 유대교 문헌에서 자발적 죽음을 실행했던 사람들의 이야기는 많지 않다. 왜냐하면 생명과 현실적 삶에 대한 긍정은 뿌리 깊은 구약의 전통인 반면, 죽음이란 환영할 만한 것이 아니라 피해야 할 것이었기 때문이다. 그래서 죽음은 불가피하게 인간에게 엄습해 오는 "그늘"(욥 3:5; 10:21 등)이요 "스올"로 내려가는 두려운 이미지가 드리워져 있었다(창 37:35; 삼하 22:6; 욥 17:16; 시 30:3; 잠 5:5; 7:27 등). 그러므로 구약에서 자발적 죽음이 수용되는 것은 하나님의 백성이나, 왕 혹은 지도자로서 존엄을 상실할 극단적인 상황에서 영웅적인 죽음을 선택하는 경우였다. 이를테면, 전쟁에서 패한 사울이 이방인에게 죽느니 차라리 자살을 시도했고, 이를 본 그의 병사 역시 자결한다(삼상 31:1-13; 삼하 1:1-16). 또 삼손은 블레셋 진중에서 자신의 목숨을 던져 적과 함께 장렬히 전사하였고(삿 16:28-31), 아비멜렉은 장수로서 여인에게 급습을 당하여 죽게 되자 차라리 조력자살을 택한다(삿 9:52-54).

그러나 나머지 사례들은 꼭 그렇게 볼 수만은 없다. 아히도벨은 다윗을 죽이려는 음모를 꾸몄지만 자신의 계략이 실패로 돌아가자 목매달아 죽었다(삼하 17:23). 시므리는 왕위를 7일 만에 찬탈당하며 왕궁에 불을 놓아 그 속에서 죽음을 택했다(왕상 16:18-19). 이들 모두가 반란의 실패라는 상황에서 자신의 구차한 목숨을 연명하기보다는 차라리 죽음을 선택한 것이라면, 이는 자신의 명예를 위한 것으로 볼 수 있을 것이다.

사울의 자살과 다윗의 애도 이야기(삼상 31:1-13; 삼하 1:1-16)는 다윗의 왕위 등극 이야기(삼상 16:14-삼하 5장)의 중요한 고리가 되는데,[6] 길르앗 야베스 주민들은 사울의 명예를 회복하기 위하여 장례를 치르고 7일간 금식한다(삼상 31:12-13). 이어지는 사무엘하의 이야기(1:1-16)는 사울이 조력자살을 하였다는 이야기를 담고 있다. 그럼에도 다윗은 죽은 사울을 깊이 애도하는 조가를 바치고, 이를 유다 족속에게 가르치게 함으로써 그의 명예를 회복하는 조치를 취한다.[7]

> 이스라엘아 네 영광이 산 위에서 죽임을 당하였도다. … 이스라엘 딸들아 사울을 슬퍼하여 울지어다. 그가 붉은 옷으로 너희에게 화려하게 입혔고 금 노리개를 너희 옷에 채웠도다(삼하 1:19-24).

정경 이외의 외경이나 초기 유대교 문헌에서 나오는 자살에 대한 보도 역시 주로 영웅적인 인물이 전투에서 패배하자 스스로 목숨을 끊었다는 이야기가 주류를 이룬다. 이방인들과 싸우며 죽음을 결심하고 뛰어들어 용맹스럽게 전사한 자살 특공 요원 엘리아잘(마카상

---

6. Ralph W. Klein, 『사무엘상』, WBC 10, 김경열 옮김 (서울: 솔로몬, 2004), 29, 482-89.

7. 비교, A. A. Anderson, 『사무엘하』, WBC 11, 권대영 옮김 (서울: 솔로몬, 2001), 33-47, 57-83.

6:43-47)의 이야기, 또 유대 전통과 "유대인의 아버지"라는 명예를 지키기 위해 이방인들에게 포위를 당하자 스스로 목숨을 버린 명망가요 원로였던 라지스(마카하 14:37-46)의 이야기, 그리고 이와 동일한 상황에서 죽음을 선택한 요세푸스를 제외한 그의 동료들에 대한 묘사(『유대전쟁사』 3.361-382)를 들 수 있겠다.

물론 어느 민족이든 전투에서 적에게 패한 장수가 자발적 죽음을 선택했다는 주제는 흔히 나오는 이야기이다. 그러나 구약과 초기 유대교의 문헌들이 갖는 독특성은 유대인들은 이방인들에게 죽임을 당하는 것을 더욱 수치스럽게 여겼다는 점이다. 그러한 상황에서 그들은 자발적인 죽음으로써 자신들의 명예를 지키고자 했다. 유대 전쟁의 와중에 요세푸스가 이끄는 저항군은 요타파타에서 로마의 장군 베스파시아누스에게 포위되었다. 최후의 생존자로 남은 20명의 유대인들은 투항할 것인가 스스로 목숨을 끊을 것인가라는 기로에 서게 된다. 모든 부대원들은 자살을 종용했지만, 그는 대항군의 지휘관으로써 부하들이 자살을 하겠다는 것을 끝까지 반대했다. 자살은 "모든 생명체의 본성에 어긋나는 것이며 창조주 하나님께 불경한 행위가 된다"(『유대전쟁사』 3.369)는 것이다. 게다가 그는 하나님은 인간에게 불멸의 영혼을 주셨기에 이것을 임의로 사용해서는 안 되고 하나님께 온전히 되돌려 드리는 자들이 명예를 얻게 된다는 플라톤주의적인 사상을 설파한다(3.372ff.). 그는 자살이 모세의 율법을 어기는 것이라고 하지만 이는 구약성서의 근거를 찾을 수 없는 주장이었다(3.376ff.). 그들은 결국 타협책으로 생존자들이 제비를 뽑은 동료에 의해 "하나씩" 죽어가는 조력자살 행동을 선택하게 되지만, 마지막으

로 자신과 한 명만이 살아남게 된다.[8] 마사다의 항전에서도 유대인들
은 여러 번 이러한 상황에 직면했고, 그들은 종종 장렬하게 자결하기
를 택했다.

더 나아가서 전투가 아니라 박해의 위협에서 끓는 솥, 혹은 불속
에 몸을 던져 신앙을 지킨 어머니와 일곱 형제의 마지막 아들의 자발
적 죽음 이야기는 이방인에 대항한 유대인들의 신앙을 더욱 극대화
한다(마카4서 12:19; 16:24-17:1). 순교자(μάρτυς)라는 단어가 여기서 유래한
이유는, 말 그대로 죽음을 선택함으로써 자신들의 신앙을 "증언"하
는 자의 행동을 말하기 때문이다.

전쟁의 상황이든 박해의 상황이든 유대인은 필연적으로 죽음을
맞이해야 하는 상황에서 스스로 죽음을 선택함으로써 도리어 하나
님의 백성으로서 자신들의 명예가 회복된다는 신앙을 가졌다. 더욱
이 그들은 만일 그 명예가 이 세상에서 회복되지 않는다면 오는 세상
에서라도 회복될 것이라고 믿게 되었는데, 이 신앙이야말로 신정론
(神正論)이 지배하던 유대교의 세계관이 새로운 차원으로 발전하는 계
기가 된다. 초기 유대교에서 의로운 자의 부활에 대한 관념은 이렇게
심어질 수 있었다(단 12:2).[9]

---

8. 요세푸스는 결국 베스파시아누스에게 투항하고, 게다가 그가 로마의 황제가
   될 것이라는 예언을 한다. 후에 그는 로마 황실의 역사가로서 유대인 디아스
   포라 지식인의 범주에 우뚝 서게 된다. 유대인 제사장 신분으로서 이러한 자
   신의 이력은 두고두고 자신의 명예의 시금석이 되었을 것이다. 이에 대해서
   는 요세푸스, 『유대전쟁사』, 박정수, 박찬웅 옮김 (파주: 나남출판사, 2008)
   의 서문(1.1-30)과 "옮긴이 해제"(633-68)를 보라.
9. 비교, M. Hengel, *Judentum und Hellenismus: Studien zu ihrer Begegnungunter*

여기서 우리는 잠시 성서가 과연 자살이라는 죽음의 방식 때문에 자살한 자를 정죄하고 있는가를 판단해 볼 필요가 있다. 먼저 사무엘상은 무덤덤한 필치로 사울의 시대는 그가 죽음으로 끝났음을 묘사할 뿐이다(31:6). 그러나 이 이야기는 역대상 10장 1-12절에서 동일하게 기록되는데, 여기서 역대기 사가(史家)는 신학적으로 다윗 왕조와 다윗을 높이 평가하기에 사울을 비난하는 관점을 부각시킨다. 사울이 야웨의 말씀을 지키지 않았고, 야웨의 의견을 구하지 않았다는 것이다(대상 10:13-14).

그런데 여기서 사울은 그런 죽음의 방식 때문에 정죄되지는 않는다. 이는 아히도벨이나 시므리, 아비멜렉의 자살의 경우에도 마찬가지다. 아히도벨에 대하여는 자살의 구체적인 동기나 평가도 없으며 목을 매어 죽은 그의 자살의 방식에 대한 정죄도 없고, 단지 "조상의 묘에 장사되었다"는 짧은 보도만을 한다(삼하 17:23). 시므리에 대하여는 전형적인 신명기적 관점 즉, 악을 행하여 죄를 범하였고, 왕으로서 이스라엘을 악으로 인도한 여로보암을 따랐기 때문이라고 평가한다(왕상 16:15-20). 아비멜렉의 경우에도 사사기의 저자는 신명기적 역사관에서, 그가 살았을 때 70명의 형제들을 죽였기에 그에 대한 하나님의 심판을 받았다고 해석한다(삿 9:56).[10]

신약에서는 유일하게 예수를 팔았던 행위를 자책하는 가룟 유다

---

besonderer Berücksichtigung Paläatinas bis zur Mitte des 2. Jh. v. Chr. (Tübingen: Mohr Siebeck, 1973), 351.

10. James T. Clemons, *What does the Bible say about Suicide?* (Minneapolis: Fortress Press, 1990), 16-25.

의 자살(마 27:3-5; 비교, 행 1:18)을 보고한다. 그러나 여기서도 그의 죽음
의 방식을 정죄하는 언급은 찾아볼 수 없다. 마태복음이나 사도행전
은 단지 사실적 묘사를 하고 있을 뿐이다. 사도행전 1장 18-19절로만
본다면 그는 사고, 즉 "낙상으로 머리가 땅에 떨어져"(πρηνὴς γενόμενος)
죽었을 수도 있다. 그에 대한 평가 역시 신명기적 관점으로 "불의에
대한 보응"을 받았다고 내려졌다. 그러나 마태복음은 다윗을 배신한
아히도벨처럼(삼하 17:23) 예수를 배신한 유다도 목매달아 자살했다고
기록한다. 그러나 이 경우에도 그가 배신자라는 정죄를 받기는 하지
만 죽음의 방식 때문이라는 언급은 찾아볼 수 없다.[11]

유다의 자살은 "나무에 달린 자는 하나님께 저주를 받았다"는 신
명기 21장 23절의 규정과 연관될 수 없다. 왜냐하면 유다는 스스로
목을 맨 것이지, 신명기서에서처럼 죄를 범하여 타인이 그를 나무에
매단 것은 아니기 때문이다. 마태복음에 따르면 유다가 정죄를 받은
이유는 "무죄한 자를 죽이려고 뇌물을 받는 자는 저주를 받을 것이
라"(신 27:25)는 율법에서 추론되어야 한다.[12]

그러므로 자살에 대한 성서의 모든 본문들을 편견 없이 읽는 사
람은 누구나가 스스로 목숨을 끊은 죽음의 방식 자체에서—후대의 교
회가 공식적인 입장으로 취한—정죄의 근거를 취할 수는 없음을 인식

---

11. 오늘날도 흔히 발생하는 이 자살 방식은 고대 세계에서 자기를 죽여 줄
    조력자를 갖지 못하는 평민들에게서 흔히 사용되던 방식이었다. U. Luz,
    Das Evangelium nach Matthäus (EKK I/4; Neukirchen-Vluyn: Benzige,
    Neukirchener Verlag, 2002), 237.
12. Luz, *Das Evangelium nach Matthäus*, 238.

하게 된다.[13] 그럼에도 성서에서 자살은 종종 삶의 실패나 비참한 상황에서 비롯되었다는 엄정한 현실은 부인할 수 없다. 즉, 성서에서 자살은 부정적인 의미에서 그의 삶의 내력과 연관되고 있다. 그러나 삶과 죽음의 연관성은 비단 자살만이 아니라, 긍정적이든 부정적이든 생을 마감하는 모든 형태의 죽음과 연관되어 있다. 그러므로 만일 인간이 죽음에 이르러서 생의 이력을 평가받아야 한다면, 죽은 자는 그가 '어떻게 죽었느냐'가 아니라, '어떻게 살았느냐'로 평가받을 뿐이다. 삶이 죽음을 결정하지, 죽음이 삶을 결정할 수는 없기 때문이다.

2. 신약의 자발적 죽음과 공리주의적 사색

1) 예수의 죽음과 명예

신약성서의 복음서에서 예수의 죽음 묘사는 고대 세계의 이러한 사상적·문화적 배경과 무관하지 않다. 복음서의 강력한 모티브인 예수의 수난은 죽음의 주체적 수용의 과정으로서 "죽어감"(dying)과 깊은 연관을 맺고 있다.[14] 그래서 예수의 생애는 수난과 죽음을 향해서

---

13. 이에 대한 단호한 주장은 Clemons, *What does the Bible say about Suicide?*, 15-74를 참조하라. 클레몬스는 위에서 언급한 자살에 대한 "직접적인" 이야기 외에도 "간접적인" 언급들을 망라하여 그러한 결론에 도달한다.

14. 우리 학계에서 고귀한 죽음의 전통에서 예수의 죽음을 해석하는 진지한 탐구는 차정식, 『예수는 어떻게 죽었는가』에서 볼 수 있다. 이 부분에서 나는 그와의 대화와 특히 그의 책 제9장 예수의 수난과 고귀한 죽음의 유산(233-302)에 빚을 지고 있다.

나아가는 강한 인상을 준다. 죽음의 그림자는 일찌감치 그의 생애에 드리운다. 종교적 적대자들이 그를 위협하고, 정치 지도자 헤롯은 그를 죽이려 한다. 그리하여 십자가의 그림자는 점점 그에게 다가온다. 그러나 그럴수록 죽음을 한계로 수용하면서도 현재의 삶을 긍정하는 그의 의지는 확고해진다.

> 그러나 오늘과 내일과 모레는 내가 갈 길을 가야 하리니 선지자가 예루살렘 밖에서는 죽는 법이 없느니라(눅 13:33).

무엇이 죽음 앞에 선 예수의 의지를 그렇게 고양시키고 있는 것일까? 예수의 "죽어감"에 있어 결정적인 역할을 하는 것은 하나님의 섭리의 수용이다. 그는 "죽어야" 했다는 말이다. 그에게 있어 죽음이 공포의 대상이라거나 아무것도 아닌 것이 아니었다. 그렇다고 죽음이 처연한 운명으로 던져져 냉철한 의지로 수용해야 할 하나의 대상도 아니었다. 죽음은 죽음의 현실에서 하나님을 직면하게 하는 삶의 일부였다.

이 과정에서 나타나는 두드러진 특징은 침묵이다. 예수에게 침묵은 회피나 체념이 아니라 죽음과의 대면 형식이라고 해야겠다. 타인과의 소통으로 인하여 오히려 증가될 고통을 중단하고 생명의 기운을 자신 안으로 내면화함으로써 죽음과 화해하는 것이다.[15] 그러한

---

15. 차정식은 『예수는 어떻게 죽었는가』, 281-99에서 이러한 사색을 탁월하게 전개하고 있다.

태도는 죽음의 현실에서 하나님께 소통의 기도를 드리는 행위에서 가장 깊게 배어나온다. 겟세마네에서의 일사각오의 기도에서 말이다. 그러나 그 격정 어린 기도는 일상의 기도였던 주기도와 본질상 다르지 않았다. 그 모두는 하나님의 뜻을 구하여 수용하는 삶의 성실한 과정이었다.

만일 한 인간이 죽음을 주체적으로 수용할 수 있다는 것을 받아들인다면, '무엇이 그를 죽게 했는가?'라는 질문은 적당하지 않다. '그는 무엇을 위해 죽었는가?'라고 물어야 한다. 고대 그리스-로마 사회에서 죽음의 주된 명분은 '명예와 수치'였다. 이는 비단 죽음과 관계된 가치만이 아니라 고대 사회의 근본 가치였다.[16] "명예란 가치에 대한 주장이며, 그 가치에 대한 사회의 인정이다."[17] 명예란 그 밖의 사회적 가치들, 이를테면 권력, 우월, 부, 관대함, 수치감, 명성, 용기의 중심에 자리한다. 세네카는 "명예로운 것이 소중하게 간직되는 것은 그것이 명예로운 것이기 때문이라는 것 말고 다른 이유는 없다"(De Ben. 4.16.2)고 말했다. 현대사회의 근본 가치가 "이로움"(profitable)이라면, "명예로움"(honorable)이란 고대 사회에서 모든 가치의 근원이 되었다고 할 수 있다.

16. 이에 관해서는 성서의 사회과학적 해석(social-scientific interpretation)을 이끄는 이른바 '콘텍스트 그룹'(context group)의 선두 주자 말리나(Bruce J. Malina)의 이론을 보라. Bruce J. Malina, 『신약의 세계: 문화 인류학적인 통찰』, 심상법 옮김 (서울: 솔로몬, 1999), 2장과 4장. 또한 David A. deSilva, *Honor, Patronage, Kinship and Purity: Unlocking New Testament Culture* (Illinois: InterVarsity Press, 2000), Ch. I, III.
17. Malina, 『신약의 세계』, 68.

한편 고대 사회에서 명예란 사회적인 부(富)와 같이 측정 가능한 것일 뿐만 아니라, 한정된 자원이었다.[18] 한 사람이 태어나면서부터 가지게 된 명예보다 더 많은 명예를 획득한다는 것은 타인이 가지고 있는 명예를 위협하는 것이었다. 말하자면, '명예의 경제학'에 관한 한 고대 사회는 '제로섬 사회'(zero-sum society)였다. 한 사람이 명예를 잃는다는 것은 단지 자신의 존엄성을 빼앗기는 것만을 의미하지 않고, 사회적 관계에서 자신의 영향력을 잃는 것을 의미했다. 이를 뒷받침해주는 것이 '후원제'(patronage)였다. 고대 사회의 인간의 관계는 근본적으로 이 후원제로 이루어져 있었다. 이는 후견인-피후견인 관계, 예를 들면 가부장과 가족, 도시와 시골, 중앙과 지방을 연결하는 일종의 사회경제적 네트워크와 같은 것이었다.[19] 고대 사회에서 명예란, 말하자면 후원제의 관계에서 발휘되는 일종의 '한정된 자산'이었다.

이런 명예의 경제학으로 예수의 죽음을 설명해보자. 고대 사회에서 그의 죽음이란 일개 촌부(村夫) 나사렛 예수에게 허락될 수 없었던 명예가 주어짐으로 초래되었다고 볼 수 있다. 그래서 예수가 하나님의 아들이라는 명예를 주장할 때마다 마을과 도시에서 심각한 충돌을 겪어야 했고, 그 결과 예수는 수치스러운 종말을 맞이하게 되었다.[20] 이것은 이를테면, 누가복음 4장 16-30절의 나사렛에서의 예수

---

18. Malina, 『신약의 세계』, 157-90.
19. 고대 사회의 후원제(patronage)에 대한 기본 연구서로는 A. Wallace-Hadrill, *Patronage in Ancient Society* (London/New York: Routledge, 1989)를 보라.
20. 고대 사회의 이러한 명예와 패트로니지에 의해 예수의 사역과 죽음, 부활

의 설교와 그에 대한 반응에서 잘 나타난다.[21] 이 본문에 앞서 나오는 예수의 계보(눅 3:23-38)는 다름 아닌 하나님의 아들인 예수에게 돌려진 명예의 정당성을 주장하는 것이다.

이어지는 사탄의 시험 이야기(눅 4:1-13) 역시 하나님의 아들의 명예에 대한 사탄의 도전과 이에 대한 예수의 성공적인 방어를 표현한다. 말하자면, 이 이야기는 하나님의 아들 나사렛 예수에게 일어나는 명예의 경제학이다. 그러나 이어지는 예수의 갈릴리 사역의 시작에서부터 그의 명예는 현실 사회에서 어떻게 충돌을 일으키는가를 보여준다. 예수는 자신이 자라난 갈릴리의 나사렛 회당에서 설교를 하자, 청중들은 놀라운 찬사를 보낸다. 그러나 동시에 "이는 요셉의 아들이 아닌가"라는 반문을 불러일으켰다(눅 4:22). 지금 예수에게 돌아간 명예는 요셉 가문에게 주어진 명예의 총량을 넘어선 셈이다. 군중들은 예수에게 그의 고향 밖 가버나움에서 행한 일을 이 나사렛에서도 행하라고 요구하지만, 예수는 그들에게 엘리야와 엘리사가 이스라엘이 아닌 이방인에게 보내어졌던 것을 회고시키며 거절한다. 이는 "어떤 선지자도 고향에서는 환영받을 수 없기 때문이다"(눅 4:24). 결국 예수는 나사렛 마을 밖으로 추방될 수밖에 없었다(눅 4:29-30).

예수의 죽음을 해석하는 초기 기독교의 관점은 이러한 명예의

을 해석한 복음서 주석은 Bruce J. Malina and Richard L. Rohrbaugh, *Social-Science Commentary on the Synoptic Gospels* (Minneapolis: Fortress Press, 2003)을 보라.

21. Malina and Rohrbaugh, *Social-Science Commentary on the Synoptic Gospels*, 239-49.

경제학으로 분석될 수 있다. 그의 가르침과 치유, 이적의 카리스마는 하나님의 아들에게나 귀속된 것이었기에 유대교에서는 나사렛 예수에게 수여될 수는 없었다는 말이다. 그래서 유대 사회에서 예수의 죽음은 "나무에 달린 저주받은" 죽음이었다(갈 3:13; 비교, 신 21:23). 그런데 기독교의 비교적 이른 시기의 전승, 빌립보 송가(빌 2:6-11)에는 십자가 죽음에서 실추된 예수의 명예를 하나님이 높이셨다는 메시지가 담겨 있다.

> (그가) 자기를 낮추시고 죽기까지 복종하셨으니 곧 십자가에 죽으심이라. 이러므로 하나님이 그를 지극히 높여 모든 이름 위에 뛰어난 이름을 주시고(빌 2:8f.).

이 명예의 경제학은 결국 예수의 부활을 통해서 완성된다. 사회적 가치의 측면에서 보자면 예수의 부활이란 의로운 자의 죽음을 보상하는 일종의 명예였다. 구약의 다니엘서와 유대교적 순교의 토양에서[22] 자라난 이 부활 신앙은 하나님의 공의(公義)에 근거하고 있다. 하나님은 예수를 다시 살림으로써 그 죽음이 명예로운 죽음이었음을 밝히며, 또한 하나님의 공의를 실현한다. 초기 기독교는 이 예수의 죽음이 타자(他者)와 세상을 위한 의로운 죽음이었음을 선포했다. 이는 고대 사회의 도덕적 가치에 부응하는 것이었다. 순교와 자발적

---

22. 이를테면, 단 12:2의 부활에 대한 언급과 마카비 시대의 영웅적 죽음의 상징이었던 하시딤의 죽음(마카하 14:37-46)을 예로 들 수 있다.

죽음의 경계는 이렇게 갈무리된다.

2) 죽음과 수용과 공리주의

죽음의 주체적 수용과 명예의 경제학을 넘어서야 비로소 인간은 죽음 앞에서도 냉철한 공리주의적 선택을 할 수 있다. 우리는 바울에 게서 그러한 예를 발견할 수 있을까? 바울은 생의 여정에서 여러 번 죽음의 상황에 처하였고, 또 힘에 겹도록 심한 고난을 당하여 살 소 망까지 끊어지기도 하였다(고후 1:8-9). 또한 그는 그리스도로 인하여 몇 차례 투옥되기도 하였다. 빌립보서 1장 12-26절에서 우리는 바울 이 감옥에서 삶과 죽음을 심각하게 고민한 흔적을 엿볼 수 있다. 우 선 본문을 따라가 보자.

(1) "죽는 것이 유익"

> εἴτε διὰ ζωῆς εἴτε διὰ θανάτου. Ἐμοὶ γὰρ τὸ ζῆν Χριστὸς καὶ τὸἀποθανεῖν κέρδος(빌 1:20b-21).

바울은 어떤 의미에서 '죽는 것이 유익'하다고 말했을까? 이에 대한 논쟁은 뜨겁다. 라이트푸트(J. B. Lightfoot)는 이 두 번째 구절과 대 구가 되는 첫째 구절, "내게 사는 것이 그리스도"라는 표현을 갈라디 아서 2장 20절 "이제 내가 사는 것이 아니오 내 안에 그리스도께서 사시는 것이라"와 연관시킨다. 그렇다면 이것과 대구를 이루는 "죽 는 것"은 자신이 "세상을 떠나서 그리스도와 함께 있는"(빌 1:23) 종말론적인 상태에 있게 됨을 의미한다. 라이트푸트는 그 근거로 "죽는 것"이라는 표현에 단순과거 부정사 '아포타네인'(ἀποθανεῖν)이 사용된 이유는 죽음의 행위가 아니라 그 결과요, 죽음 후의 상태를 표현하기 때문이라고 한다. 그래서 "사는 것"(ζῆν)에 대한 적절한 반대로 바울은 현재형 부정사(ἀποθνήσκειν)가 아니라 단순 과거나 완료형 부정사 (ἀποθανεῖν이나 τεθνάναι)를 사용했다는 것이다.[23] 그렇다고 바울이 여기서 죽음과 마지막 부활의 때 사이의 이른바 "중간 상태"(intermediate state)를 말하고자 함은 아니었을 것이다.[24]

그러나 우리는 여기서 바울은 자신이 처한 상황과 이 문장을 연관시키고 있음을 분명히 해 두어야 한다. 그래서 이 문장은 "왜냐하면"(γάρ)이라는 연결사를 통해서 바로 앞 20절의 "살든지 죽든지"와 연관되고 있다. 이 표현은 직역하자면 "삶을 통해서든 죽음을 통해서든"(εἴτε διὰ ζωῆς εἴτε διὰ θανάτου)이라 할 수 있는데, 단지 수사적인 표

23. J. B. Lightfoot, *St. Paul's Epistle to the Philippians* (London: Macmillan, 1913, reprinted Grand Rapids: Zondervan, 1980), 92. 이것에 대한 예는: Plato, *Phaedo* 64A: αοἰδὲν ἄλλο ἐπιτηδεύουσιν ἢ ἀποθνήσκειν τε καὶτεθνάναι).

24. 만일 그렇다면 바울은 이 편지를 쓰기 이전에 가지고 있었던, 종말론적 사건인 부활이 그리스도의 재림 시에 일어날 것이라는 견해(살전 4-5장, 고전 15장)를 포기하는 것이 된다. 이러한 "중간 상태"에 대한 근거로 빌 1:21의 죽음을 나타내는 동사는 σὺν Χριστῷ εἶναι로 죽음 직후를 지시하고, 반면 마지막 부활은 예를 들면 "ἐν, διά, σύν"과 함께 부활을 나타내는 동사들(ἐγείρει, ἀναστῆναι, κτλ.)과 사용되기에 차별성을 두어야 한다고 말하는데, 이는 설득력이 약하다. D. W. Palmer, "To Die is Gain (Philippians 1:21)," *NovT* 17 (1975), 203-18 (204). 게다가 이른바 "중간 상태"에 대한 신학적 합의는 도출하기 어렵다. 비교, Gerald F. Hawthorne, 『빌립보서』, WBC 43, 채천석 옮김 (서울: 솔로몬, 1999), 141.

현으로, "필사적으로" 혹은 "목숨을 내걸고"라는[25] 의미로만은 볼 수 없고, 바울이 감옥에서 "석방되든지 처형되든지"라는 현실적인 의미로 판단할 수밖에 없다. 왜냐하면 바로 앞 19절에서 자신이 석방될 것을 확신하며 "이것이 너희의 간구와 그리스도의 성령의 도우심으로 나를 구원에(εἰς σωτηρίαν) 이르게 할 줄 알기 때문이다"라고 분명히 말하고 있기 때문이다.[26]

그는 아마도 에베소의 감옥에서 빌립보 교인들에게 편지를 보내며,[27] 1장 25-26절에서는 "다시 살 것"과 "너희와 함께 거할 것"을, 그

---

25. Hawthorne, 『빌립보서』, 132.
26. Hawthorne, 『빌립보서』, 126. 이러한 의견에 반대하여 "구원"을 바울의 석방이 아닌 추상적인 의미로 보려는 관점과 관련 문헌에 대하여는 N. Clayton Croy, "To Die is Gain (Philippians 1:19-26): Does Paul Contemplate Suicide?," *JBL* 122/3 (2003), 517-31 (518)을 참조.
27. 바울의 생애에 감옥에 수감되었던 장소는 세 가지를 고려할 수 있다. 가이사랴와 로마, 에베소. 이 가운데 빌립보서가 어느 감옥에서 씌어졌는가에 대하여는 여전히 의견이 분분하다. 가이사랴와 로마 감옥을 상정할 경우 가장 어려운 점은 빌립보와 거리가 너무 멀다는 것이다. 따라서 빌립보 교인들이 에바브로디도 편에 바울에게 선물을 보내거나(빌 4:15) 그가 병들어 빌립보 교인들에게 되돌려 보내려는 계획(빌 2:25-30), 그리고 디모데를 보내기를 원하거나(빌 2:19-23) 자신이 직접 방문하고자 하는 소망(빌 2:24)은 빌립보서와는 잘 어울리지 않는다는 문제가 있다. 20세기 초반부터 학자들은 에베소를 들고 있는데, 문제는 에베소의 수감에 대한 구체적인 증거를 확보하기가 어렵다는 점이다. 다만 고후 6:5와 11:23에서 바울이 가이사랴와 로마 감옥에 갇히기 전에 여러 번 감옥에 갇혔다고 말하고 있는 점이나, 아시아에 있는 동안 거의 사형선고에 이르렀다는 언급(고후 1:8-10), 그리고 행 19:23-41에서 바울의 동료들이 에베소의 관원들에게 끌려갔던 것으로 볼 때, 에베소 투옥의 개연성은 크다. Raymond E. Brown, 『신약개론』, 김근수, 김경식, 이은순 옮김 (서울: CLC, 2003), 698-702; John T. Fitzgerald, "Epistle to the Phillippians," *Anchor Bible Dictionary* Vol. 5 (Yale: Doubleday, 2008), 318-26

리고 2장 24절에서는 디모데를 빌립보 성도들에게 보내며 "나도 속히 갈 것을 확신"하고 있다. 그렇다고 바울이 처한 상황이 혹독하지 않거나 많이 개선되어 있어서, 현실적으로 자신이 처형될 가능성을 완전히 배제하였다는 의미는 아니다. 하지만 바울은 자신의 석방을 확신하고 있다. 그러므로 "죽는 것이 유익"이라는 표현을 그리스도를 위한 자발적 죽음이나 순교를 염두에 두었다고 볼 수는 없다.

다른 한편으로 바울이 사용한 "죽는 것도 유익"이라는 표현은 고대의 작가들이 사용한 격언이다. 일찍이 소크라테스는 "아무런 감각이 없고 흡사 수면과 같을지라도 사람이 꿈도 꾸지 않고 자는 것이라면 죽음은 놀라운 유익이 될 것이다"(Plato, Apol. 40CD) 혹은 "만일 그런 것이 죽음의 본성이라면 나는 그것이 유익이라고 생각한다(Plato, Phae. 40CE; 40E)라고 말했다. 이러한 사고는 플라톤에게 전수된 이래 고대의 사상들에게 익숙해졌다. 현재의 삶은 고통이기에 죽음을 통하여 삶으로부터 벗어나고자 하는 욕망은 그리스-로마 시대의 철학자들과 시인, 역사가들에게서 광범위하게 표현되었다.[28] 바울에게 있어서도 이 지상적 삶은 고난에 찬 삶이었다(이를테면, 고후 6:4-5; 11:23-29 등). 고린도후서에서 바울은 아시아에서의 삶의 역경을 이렇게 서술하고

(322-3).

28. 이를테면 "도대체 내게 삶이 무슨 이득인가? 단번에 죽는 것이 날마다 심하게 고통당하는 것보다 낫다"(Aischylos, *Prom. vinct.* 747. 750-51). J. Gnilka, J. and P. Stulmacher,『필립비서/필레몬서』, 국제성서주석 41, 한국신학연구소 번역실 옮김 (서울: 한국신학연구소, 1988), 133 (재인용). "죽는 것이 유익"이라는 그리스-로마 작가들의 견해에 대한 상세한 리스트는 Palmer, "To Die is Gain," 207-17에 원문과 함께 상세히 인용되어 있다.

있다.

> (우리가) 힘에 겹도록 심한 고난을 당하여 살 소망까지 끊어지고 우리
> 는 우리 자신이 사형 선고를 받은 줄 알았으니(고후 1:8-9).

바울의 이러한 고난에 찬 삶은 이른바 기쁨의 서신이라 불리는
빌립보서에도 계속된다. 바울은 투옥(1:7, 13, 14, 17)과 괴로움(1:17; 4:14),
고난(1:29; 3:10), 투쟁(1:30), 빈곤(2:25; 4:16), 근심(2:27, 2번), 낮아짐(3:21; 4:12),
궁핍(4:11, 12), 굶주림(4:12)을 감내해야 했다. 그러나 바울이 자발적으로
죽음을 선택함으로써 이러한 고난에서 벗어나고자 하였던 언급은
없다. 바울은 오히려 삶의 고난은 피할 대상이 아니라, 적극적으로
받아들여야 한다는 입장을 취하고 있다(아래 참조).

그러므로 바울이 여기서 "죽는 것이 유익"이라는 언급을 사용하
는 것을 헬레니즘의 철학자들이나, 스토아 철학자들과 동일하게 자
살을 감행하려 했다고 생각하는 것은[29] 너무도 단순한 가정이다. 단
지 분명한 것은 고대의 철학자들과 같이 바울도 "죽음이 유익"일수

---

29. 특히 세네카는 인간의 자유의지에 의해 자발적 죽음을 선택할 수 있다는
    적극적 견해를 피력한다. 이러한 견해는 Droge and Tabor, *A Noble Death*,
    34-36에 의해 적극적으로 개진되고 있지만, 바울이 과연 고귀한 죽음의 전
    통을 따라 자살을 실제적으로 생각할 수 있었는가에 대해서는 여전히 유보
    적일 수밖에 없다. 왜냐하면 Droge의 논의조차도 그러한 행동을 뒷받침할만
    한 결정적인 문장이나 단서를 찾지는 못하고 있기 때문이다. 단지 바울은 삶
    보다 죽음을 더 선호했다는 것을 설득력 있게 설명하고는 있다. Droge, "Mori
    Lucrum," 280-82.

있다는 긍정적인 견해에 서서—순교와 자발적 죽음의 형태를 포함하여—죽음을 자신의 신학적 사유 안에서 주체적으로 수용해내고 있었음이 분명하다. 그는 삶과 죽음의 가능성을 모두 열어놓고 깊이 고심하며 진지하게 삶과 죽음에 관한 사색을 하고 있었다고 판단해야 한다.[30] 그래서 라이트푸트는 이 문장을 이렇게 설명하며 의역했다.[31]

> 다른 사람들은 삶과 죽음 사이에서 선택을 할 것이나 나는 양자 모두를 기꺼이 받아들입니다. 만일 내가 산다면, 나의 삶은 그리스도와 함께하는 것이요, 내가 죽는다면 나의 죽음은 내게 유익할 것입니다 (빌 1:20b-21).

(2) 바울의 선택

εἰ δὲ τὸ ζῆν ἐν σαρκί, τοῦτό μοι καρπὸς ἔργου, καὶ τί αἱρήσομαι οὐ γνωρίζω(빌 1:22).

그렇다면 이제 바울의 사색에서 실제적인 딜레마를 다루어보자. 만일 바울이 죽음의 가능성을 받아들일 수 있었다면, 이는 죽음에 대

---

30. Gnilka and Stulmacher, 『필립비서/필레몬서』, 134. 그래서 21절의 표현(κατὰ τὴν ἀποκαραδοκίαν καὶ ἐλπίδα μου)에서는 자신의 종말론적이고 미래적인 "희망"과 지금 고대하고 있는 "간절한 기대"가 일치하고 있다. Hawthorne, 『빌립보서』, 128.
31. Lightfoot, *Philippians*, 91.

하여 단지 의무론적인 관점만이 아니라 목적론적인 관점을 가질 수
도 있었음을 의미한다. 즉, 죽음은 **어떠한 조건하에서도** 자발적으로 선
택할 수 있는 것이 아니라, **어떠한 조건하에서는** 자발적으로 선택될
여지를 남겨둔 셈이다. 이는 이미 신이 어떤 "필연"을 그에게 보냈다
고 함으로써 죽음을 수용한 소크라테스에게서 남겨진 "여지"이기도
하였다. 삶과 죽음에서 그가 무엇을 선택할 수 있다는 생각이 이 사
실은 반증한다.

> 그러나 만일 육체 안에 사는 것, 이것이 내 일의 열매일진대 나는 무
> 엇을 택해야 할지 말할 수 없다(빌 1:22, 저자의 사역).[32]

여기서 문제는 바울이 선택해야 할 대상이 무엇인가이다. 몇몇
학자들은 이 문장을 "이제 만일(εἰ δέ) … (그렇다면) 무엇을 택해야 할지
… (καὶ τί αἱρήσομαι)"라고 번역함으로써, 앞 문장 "죽는 것이 유익하다"
와 거리를 두어 다음과 같이 번역하려 한다. "이제 만일 육체 안에 사
는 것, 이것이 내게는 일의 열매를 의미한다면, 무엇을 택해야 할지
나는 말할 수 없다."[33] 이로써 "사는 것"과 "죽는 것"은 양자택일에
관한 사항이 아니라, 오직 이미 삶을 선택해야만 하고 그 안에서 "현

---

32. 동사 γνωρίζειν는 신약에서 26회 사용되는데, 그 중 바울이 18회 사용한다.
   이는 "알 수 없다"보다는 "알게 하다" 또는 "나타내다"라는 뜻을 가지고 있
   기에 이렇게 번역한다. Hawthorne, 『빌립보서』, 137.

33. Gordon D. Fee, *Paul's Letter to the Philippians* (Grand Rapids: William B.
   Eerdmans, 1995), 144. 그러나 여기서의 문제는 우리의 본문 전체(1:21-24)에
   서 연속적으로 반복되는 부정사의 표현들(21절 τὸ ζῆν τὸ ἀποθανεῖν, 22절 τὸ

재의 일과 궁극적인 것" 모두를 추구한다는 의미로 희석되고 만다. 혹자는 이러한 의미로 해석해야만 이 문장이 빌립보서 3장 10-12절과 상응하게 된다고 한다.

> 내가 그리스도와 그 부활의 권능과 그 고난에 참여함을 알고자 하여 그의 죽으심을 본받아 어떻게 해서든지 죽은 자 가운데서 부활에 이르려 하노니 내가 이미 얻었다 함도 아니요 온전히 이루었다 함도 아니라 오직 내가 그리스도 예수께 잡힌 바 된 그것을 잡으려고 달려가노라(빌 3:10-12).

그러나 이 언급이 속한 문맥 전체(빌 3:1-16)는 바울의 전기적인 서술을 통한 '삶의 신학'을 반영하지 결코 '죽음의 신학'을 말하지 않는다. 다시 말해, 빌립보서 3장 10-12절은 삶과 죽음 사이에 낀 존재로서의 바울이 아니라, 삶의 현존재로서 말하고 있다. 그러므로 두 본문은 분명 다른 문맥에서 이해해야 할 것이다. 즉, 바울은 1장 22절 삶과 죽음의 고뇌를 통하여, 비로소 3장 10-12절 삶의 신학에 도달하게 되었다고 할 수 있다.

여기서 결정적으로 중요한 것은 "내가 무엇을 택해야 하는지"(τί αἱρήσομαι)라는 문장 해석이다. '하이레소마이'(αἱρήσομαι)는 동사 '하이레오'(αἱρέω)의 미래 중간태 직설법 형태로서 정확하게 말하면 "선호

ζῆν ἐν σαρκι, 23절 τὸ ἀναλῦσαι καὶ σὺν Χριστῷ εἶναι 24절 τὸ ἐπιμένειν [ἐν] τῇ σαρκί)는 21절과 22절을 단절시키는 그런 해석이 자의적일 수 있음을 보여준다. Gnilka, 『필립비서/필레몬서』, 130.

하다"라는 개념을 담고 있는데,[34] 이는 둘 중에 하나를 신중하게 선택
하는 개념을 내포한다. 따라서 의향과 의지를 나타내는 이 문장 표현
은 순수한 가정보다는, 하나님 앞에서 "사느냐 죽느냐"라는 실제적
인 선택의 딜레마를 숙고하는 바울의 심정을 내포하고 있다. 라이트
푸트도 지적했듯이 "이 단락의 어법은 사도의 마음에 있는 감정의
갈등을 반영하고 있다. 그는 삶에서 그리스도를 위하여 일하고자 하
는 욕구와, 죽음으로써 그리스도와 연합되고자 하는 욕구 사이에서
이리저리 오가고 있다."[35]

요컨대, 그는 삶과 죽음 이 양자 모두를 열어놓고 하나님의 뜻에
순종할 결단을 하는 것이다. 왜냐하면, 하나님께서 그리스도를 통하
여 열어주신 종말론적 미래에 대한 희망의 관점에서, 그에게 죽음은
정말 아무것도 아니었기 때문이다. 그 관점은 바로 부활이었다.

---

34. E. Schlier, "αἱρήομαι κτλ," *ThWNT* I, 179-84 (179). 이것을 "심의적 미래"(the
    deliberative future)라고 하는데, 단순과거 가정법으로 더 빈번히 나오며 의
    향을 표현할 때 사용한다. 장성민, "미래 직설법,"『성서마당』(2008), 117-22
    (120). 따라서 직설법으로는 드물게 사용되고 이 본문에서는 심의적 접속법
    (conjunctivus deliberativus)으로 사용되는데, 이는 실제적인 선택을 고려하
    는 것을 의미할 수밖에 없다. Gnilka,『필립비서/필레몬서』, 134. 원문의 이본
    (異本)들(P[46], B, 2464)은 직설법 αἱρήσομαι 대신 단순과거 가정법 αἱρησώμαι
    를 사용하는데, 이는 본문을 개선하려는 시도로 평가될 수 있다. Hawthorne,
    『빌립보서』, 141; 참고. Croy, "To Die is Gain," 515 (n. 27).
35. Lightfoot, *Philippians*, 92. 이 갈등의 표현을 해석하는 견해는 다음과 같이 나
    누어진다. 단지 수사학 문장으로 보아야 한다는 견해(N. Clayton Croy)와 실
    제적인 딜레마로 볼 수는 없다는 견해(Gordon D. Fee), 그리고 고귀한 죽
    음 혹은 순교적 죽음과 같은 형태를 실제적으로 고민했다는 견해를 참조하
    라. E. Lohmeyer, *Die Briefe an die Philipper, an die Kolosser und an Philemon*
    (Göttingen: Vanderhoeck and Ruprecht, 1965).

사망아 너의 승리가 어디 있느냐 사망아 네가 쏘는 것이 어디 있느냐 (고전 15:55).

3) 자발적 죽음과 공리주의

여기서 바울이 실제 선택을 하고 있다는 사실이 중요하다. 바울이 선택한 것은 죽음이 아니라 삶이었다. 그 선택은 삶과 죽음에 대한 바울의 관점에 어떤 의미를 갖는가?

내가 그 둘 사이에 끼었으니 차라리 떠나서 그리스도와 함께 있는 것, 이것이 내게 훨씬 더 좋으므로(πολλῷ γὰρ μᾶλλον κρεῖσσον) 그렇게 하고 싶으나 내가 육체로[안에] 살아 있는 것이 너희에게 더 요긴하리라(ἀναγκαιότερον; 빌 1:23-24, 저자의 사역).

그는 삶과 죽음에 대한 고뇌에서 매우 실용적인 사색을 하고 있다. 바울에게 사는 것은 "더 필요한 것"이지만, 죽는 것은 "훨씬 더 좋은 것"이었다. 로마의 스토아 철학자 무소니우스 루푸스(Musonius Rufus)에게서도 이러한 사색이 발견된다.

삶으로 많은 사람에게 유익한 자는 죽음을 선택할 권리를 가지고 있지 않다. 그가 죽음으로 더 많은 자들에게 유용하지 않다면 말이다.[36]

---

36. Arthur J. Droge, "Mori Lucrum," 284에서 재인용.

　나는 바울의 이러한 관점을 공리주의적 태도로 해석할 수 있다고 생각한다. 공리주의는 인간을 쾌락(행복)의 가치를 추구하고 고통(불행)을 피하려 하는 본성을 지닌 존재로 파악한다. 그러므로 인간 행위의 도덕적 특성은 이런 "공리성의 원칙"에 의하여 측정되어야 하며, 사회의 행복을 최대로 하려면 "최대 다수의 최대 행복"을 실현해야 한다고 생각한다.

　벤담(J. Bentham)에 의해서 제시된 이러한 공리주의는 밀(J. S. Mill)에게서 한걸음 진전되는데, 밀은 인간의 동기가 단순하게 쾌락이나 고통의 부재만으로 생각할 수는 없다고 말한다. 그래서 그는 이른바 "정신적 완성"(spiritual perfection)으로서 "덕의 추구"를 공리성의 원칙으로 부각시킴으로써 인간의 행위를 이기적 원리로만 판단하는 벤담의 공리주의적 관점을 극복하고자 한다. 밀에 의하면 덕의 추구는 공리성을 추구하는 동기로서 "내적 제재"(internal sanction)에 해당하는데, 자신의 행동 동기를 기존의 도덕적 평가 기준으로 판단함으로써 쾌락이나 고통의 감정을 느끼게 되는 내면적 도덕성을 의미한다.[37] 이것을 이른바 "질적 쾌락"이라고 할 수 있다. 더 나아가 밀은 사회적 감정이 인간의 자연적 정서로서, "동료 인간과 일체가 되려는 욕구"

---

37. 공리주의에 관한 기본적인 해설과 관점은 허남결, 『공리주의 윤리문화 연구: 벤담과 밀의 입장 차이를 중심으로』 (서울: 화남, 2004)과 S. Lampenscherf, "Utilitarismus," *Theologische Realenzyklopädie* 34, 460-3, 그리고 George Sher(ed.), *Utilitarianism: and the 1868 Speech on Capital Punishment* (Indianapolis/ Cambridge: Hackett Pub. Co., 2001)을 보라.

로 이해한다.[38]

　사회적 연대가 강해지고 사회가 건강하게 성장하게 되면, 각 개인은
누구나 타인의 복지를 실천적으로 고려하는데 점점 더 강렬한 개인
적 관심을 가지게 된다. 뿐만 아니라 각 개인은 갈수록 자신의 감정
을 다른 사람들의 선(善)과 동일시하게 되거나 또는 최소한 그것에
대하여 훨씬 더 구체적으로 고려하게 된다.

　공리주의적 관점에서 삶과 죽음의 문제는 '삶은 신의 명령'이라
는 의무론적인 관점보다도, '삶과 죽음은 인간이 선택할 수 있는 것'
이라는 목적론적 관점으로 치우칠 수밖에 없다. 즉, '옳음'보다 '좋음'
이 인간의 도덕적 행동의 동기와 근거가 되는 셈이다. 고대 스토아주
의와 에피쿠로스주의의 쾌락(행복) 추구로 거슬러 올라갈 수 있는 이
공리주의적 관점은 바울의 사상과 어떻게 연관될 수 있을까?

　이런 관점으로 이제 빌립보서 전체를 통해 바울이 삶과 죽음의
고뇌에서 왜 삶을 선택하였는가를 설명해보자. 먼저 그는 자신이 투
옥됨으로 오히려 그리스도가 "더 많이"(περισσοτέρως, 빌 1:14) 전파되는
역설적 현실을 경험하고 있었다(빌 1:12-18). 바울의 지지자들뿐만 아니
라, 경쟁자들조차도 더 열심히 혹은 더 경쟁적으로 복음을 전파하였
던 것이다. 비록 그 동기가 어떻든 결과적으로 바울은 이를 통해서
자신의 불명예가 그리스도의 명예를 드러내는 일로 사용되고 있다

38.　허남결, 『공리주의 윤리문화 연구』, 232에서 재인용.

고 생각할 수 있었다(빌 1:20). 바울은 로마 사회에서 일정량의 명예를
가지고 있는 엘리트였다. 그는 죽음의 위기 속에서도 명예라는 자신
의 현실적인 자산을 항소를 위해서가 아니라 그리스도의 명예를 위
해 사용하려 하였다. 바울은 여기서 매우 공리주의적인 사고를 하고
있다고 보아야 한다. 왜냐하면 이른바 공리성의 원리 "최대의 행복"
을 추구하는 것과 동일하게 바울은 그리스도의 최대의 명예를 추구
함으로써, 최대의 기쁨—공리주의적으로 말하자면, 쾌락(행복)—을 얻
게 되기 때문이다.

> 그러면 무엇이냐 겉치레로 하나 참으로 하나 무슨 방도로 하든지 전
> 파되는 것은 그리스도니 이로써 나는 기뻐하고 또한 기뻐하리라(빌
> 1:18).

다른 방식으로 말해보자면, 바울의 경우 자신의 고난으로 말미암
아 그리스도의 복음이 전파됨으로 자신의 고통은 오히려 기뻐할 수
있는 근거가 된다. 이른바 개인의 고통이 공동체의 행복에 기여함으
로 전체 선(善)의 증가를 가져오게 되는 셈이다. 더 나아가 바울은 삶
을 유지하는 것이 "훨씬 더 좋은" 이유도 이와 같은 사고방식으로 말
하고 있다. 즉, 자신이 삶을 더 살아냄으로써 빌립보 교인들의 믿음
의 진보와 기쁨이 될 것을 확신하고(빌 1:25), 더 나아가 그들과 다시
같이 있게 됨으로 바울 자신으로 인하여 그들의 자랑이 "더욱 크게"
될 것(περισσεύη)을 확신하고 있다.

내가 다시 너희와 같이 있음으로 그리스도 예수 안에서 너희 자랑이 나로 말미암아 풍성하게 하려 함이라(빌 1:26).

바울은 여기서 철저하게 공동체의 전체 선(善)을 '계산'하고 있다고 해야 할 것이다. 빌립보서에서 바울이 교인들과의 관계에서 어떻게 공리주의적 선택을 하는가에 대해서, 우리는 예컨대 에바브로디도의 사건을 통해서 가늠할 수도 있다(빌 2:19-30). 전후 사정은 이러하다. 바울이 감옥에 있다는 소식을 듣고 교인들은 바울에게 에바브로디도를 보냈으나, 오히려 에바브로디도가 병들어 죽을 지경에 이르게 되었다. 그러자 교인들과 에바브로디도는 물론 바울까지 근심하게 되었다. 여기서 바울은 그를 속히 되돌려 보내어 교인들의 근심은 물론 에바브로디도와 바울 자신의 근심까지 면하게 되는 방법을 택하였다.

그가 병들어 죽게 되었으나 하나님이 그를 긍휼히 여기셨고 그뿐 아니라 또 나를 긍휼히 여기사 내 근심 위에 근심을 면하게 하셨느니라. 그러므로 내가 더욱 급히 그를 보낸 것은 너희로 그를 다시 보고 기뻐하게 하며 내 근심도 덜려 함이니라(빌 2:27-28).

전형적으로 공리주의적인 선택이 아닐 수 없다. 더 나아가 빌립보 교인들이 에바브로디도를 통해 헌금을 보내왔을 때(빌 4:10-20)에도 이것이 "좋은 행위"라고 생각한 이유는 바로 교인들이 바울의 고난에 함께 참여하는 일이기 때문이었다. 그는 "비천에 처할 줄도 알고

풍부에 처할 줄도 알아 모든 일 곧 배부름과 배고픔과 풍부와 궁핍에
도 처할 줄 아는" 사람이었다(빌 4:12). 그만큼 바울은 삶에서 고난의
폭이 넓은 사람이었다.

이러한 바울의 공리주의적 태도를 그의 윤리와 신학으로 일반화
할 수 있을지는 의문이다. 그러나 분명한 것은 바울의 신학과 윤리는
이원화되어있지 않다는 사실이다. 공동체를 향한 바울의 권고와 교
훈은 자신의 신학적 확신에서 비롯되었다.[39] 바울은 신학적 기반 위
에서 "타자를 위한 존재"라는 윤리를 정립할 수 있었다. 그가 생애의
고난을 기꺼이 수용했던 것은 그리스도를 위한 것일 뿐만 아니라, 공
동체를 위함이었다.

> 우리가 환난 당하는 것도 너희가 위로와 구원을 받게 하려는 것이요
> 우리가 위로를 받는 것도 너희가 위로를 받게 하려는 것이니(고후
> 1:6a).

빌립보서에서도 마찬가지이다. 바울은 복음을 위한 자신의 고난
에 성도들이 함께 참여함을 자랑하며 그 일이 열매를 맺을 것을 확신
하면서, "내가 너희 무리를 위하여 이와 같이 생각하는 것이 마땅하
다"고 생각한다(빌 1:5-7). 더 나아가 그는 고난 속에서도 헌신하는 성
도들과 연대하여 자신을 제물로 드릴지라도 기뻐할 것이라고 선언
한다(빌 2:17).

---

39. R. Hays, 『신약의 윤리적 비전』, 유승원 옮김 (서울: IVP, 2002), 43-47.

다시 우리의 본문으로 돌아가자. 바울이 자신에게는 그리 좋지 않은 이 땅의 삶을 지속하는 것을 기꺼이 선택할 수 있었던 동기는 타자(他者), 더 구체적으로는 교회 공동체 구성원들의 기쁨과 유익을 위함이었다(빌 1:25-26). 물론 이러한 선택은 바울과 빌립보 공동체와의 깊은 신뢰가 있었기 때문이었다. 그래서 그는 빌립보 교인들의 기도에 힘입어 자신이 풀려나게 될 것이라는 희망도 가질 수 있었다. 그에게는 후원제 관계, 즉 자신과 공동체의 상호적 관계가 버팀목이 되었다. 그는 자신이 추구하는 이상과 자신이 겪는 수치를 서로 보완할 수 있는 지도자였다. 그리하여 바울은 자신의 명예가 그리스도의 명예를 위해 소모되는 기쁨을 누렸고, 다른 한편으로 교회 공동체는 그가 고통과 좌절을 극복하는 현실적인 터전이 되었다.

3. 자발적 죽음과 부활, 그리고 우리

1) 삶과 죽음, 부활

인간의 죽음의 형식에 대해 비교적 자유로웠던 고대 로마 시대 및 박해의 상황에 직면했던 고대 교회 시대에, 순교는 종종 자발적 죽음의 동기가 되었다. 그리스도인들에게 스데반의 순교는 예수의 죽음을 연상시키는 행동이었고(행 7:59-60), 스스로 죽음을 받아들인 '폴리갑의 순교'의 행동은 그리스도인들에게 경건의 모델이 되었다. 여기서 비록 그들이 순교와 "증언 없는" 죽음을 구별하려 했을지라도, 자발적 죽음이 "경건의 이상(理想)"으로 수용되어 실행되면서 자살과 순교의 경계는 모호하게 되었을 것이다. 극단적으로 북아프리카의 도나투스파에 속한 일단의 무리들(Circumcellion)은 자살을 경건의 무기로 삼기까지 했다.

그러나 아우구스티누스 이후로 인간의 생명을 인간 스스로 취할 수 있다는 사상은 신학적으로 엄격히 금지되어 왔다. 역사적인 배경 하에서 그의 사상은 엄격한 율법을 고수하려는 도나투스파의 영웅적이고 순교적인 자발적 죽음, 그리고 고트족이 침입하여 여성들을 성적으로 유린하자 빈번히 자살을 선택함으로 순결을 지키려는 상황에서 형성되었다. 그는 자살이 제6계명 "살인하지 말라"(출 20:13)를 어기는 행동이기에 살인이라고 생각한다. 그러나 그 역시 구약성서의 자발적 죽음의 전통을 무시할 수는 없었기에 소크라테스나 플라톤과 같은 "필연"이라는 예외를 두지 않을 수 없었다.[40]

만일 바울이 삶과 죽음의 기로에서 공리주의적으로 삶을 선택하였다면, 이는 그의 신학의 아우라에 구약성서나 유대교의 순교적 전통과 고대 그리스-로마의 자발적 죽음의 전통이 살아 숨 쉬고 있음을 반증하는 것이다. 죽음을 주체적으로 수용할 수 있는 "여지"가 그의 신학에는 남아있는 셈이다. 그래서 바울 역시 소크라테스처럼 하나님이 자신의 생에 허락하신 "필연"의 때가 언제일지 고뇌하였을 것이다. 그러나 기독교적 관점의 생사관은 단지 목적론과 여기서 나온 공리주의로만 표현될 수는 없다. 더욱이 스토아에서 말하는 죽음에 대한 인간의 주체적 선택과도 거리가 있다. 기독교 신학에서 인간

---

40. Droge, *A Noble Death*, 167-80.

은 최고의 자연법칙에 접하지 못할 우매자도 아니고, 그것에 이미 도
달한 스토아적인 철인(哲人)도 아니다.[41] 인간은 죄인이다. 인간은 신
의 섭리나 "필연"의 때를 인식하거나 추구하기에는 도무지 역부족이
다. 그러기에 인간은 삶과 죽음을 선택하기보다는 단지 수용할 수 있
을 뿐이며, 적극적으로 죽음을 선택할 권한은 우리에게 없다고 보는
것이 기독교의 전통적인 생사관(生死觀)이다. 인간은 단지 하나님이
주신 '때' 안에서 은총으로 주어진 선물로서의 생(生)을 살아갈 뿐이
다.

그러나 우리가 바울의 저 고뇌 어린 신학적 사색을 통해서 얻을
수 있는 바는 분명하다. 생(生)은 체념적이거나 운명적이지 않다. 바
울에게 있어 생(生)이라는 선물은 그리스도의 부활에 지배된 현실이
었다. 그는 부활을 죽음이라는 인간의 운명을 돌파한 하나님의 능력
으로 이해했다. 그에게 부활이란 단지 사후의 존재에 대한 형이상학
적 사변(思辨)이 아니라, 현실적인 삶의 능력이었다. 죽음은 부활의 능
력 앞에 정말 아무것도 아니었다. 그러므로 만일 바울이 정녕 죽음까
지도 진지하게 고려할 수 있었다면 그것은 그리스-로마의 전통에 충
실해서가 아니라, 바로 부활에 대한 신앙과 사상 때문이었을 것이다.

바울은 그의 삶의 여정에서 "많이 견디는 것과 환난과 궁핍과 고
난과 매 맞음과 갇힘과 난동과 수고로움과 자지 못함과 먹지 못함 가

---

41. 스토아주의의 이른바 "이상적 인간"(*der ideale Mensch*)으로서 현인과 그 반
대의 우매자에 대한 설명은 Max Pohlenz, *Die Stoa: Geschichte einer geistigen
Bewegung.* Vol. I. (Göttingen: Vanderhoeck and Ruprecht, 1978), 153-58을 참
조하라.

운데"(고후 6:4-5) 처했을 뿐만 아니라, 투옥과 폭행, 풍랑 속에 사경을
헤매며, 굶주림과 헐벗음, 추위와 목마름 이외에도 모든 교회를 위해
날마다 애타고 눌리는 심정으로 살아야 했다(고후 11:23-29).

바울은 이 고난에서 죽음이 아닌, 삶을 적극적으로 껴안을 수 있
었다. 그는 "죽음이 유익"이라는 저 고귀한 죽음의 전통에 서 있으면
서, 역설적이게도 고난 속에서 참다운 삶의 역동성을 과시했던 셈이
다. 우리는 그 능력을 그의 부활 신앙으로 밖에는 설명할 수 없으리
라. 그에게는 오직 고난과 죽음을 정복한 그리스도와의 연합, 그리고
공동체와의 연대만이 중요했을 뿐이다. 그래서 그는 고통과 불명예
라는 좌절을 겪으면서도 참으로 기뻐할 수 있었고, 그 소망 안에서
삶과 죽음은 더 이상 대립이 아닌 화해로 나아갈 수 있었다.

> 나는 오히려 기뻐하리라 이것이 너희의 간구와 예수 그리스도의 성
> 령의 도우심으로 나를 구원에 이르게 할 줄 아는 고로 나의 간절한
> 기대와 소망을 따라 아무 일에든지 부끄러워하지 아니하고 지금도
> 전과 같이 온전히 담대하여 살든지 죽든지 내 몸에서 그리스도가 존
> 귀하게 되게 하려 하나니(빌 1:18b-20).

2) 자살의 사회학, 그리고 우리

우리 사회의 자살 현상을 보면 석연치 않은 구석이 있다. 근래 자
살한 유명 연예인들의 명패에는 자주 검은 십자가가 드리워져 있다.
그것도 개신교의 문양으로 말이다. 그들이 교회에 출석하는 교인이
었다는 보도를 많이 접한다. 우리는 개신교인의 자살률이 정말 가톨

릭이나 타종교와 비교하여서도 높은 것인지 판단할 수 없다. 우리나라의 종교별 자살 통계는 아직 없기 때문이다. 다만 우리 국민의 10.3%가 자살 충동을 느끼는 반면, 개신교인들은 약한 자살 충동까지 합하여 19.2%를 차지한다는 연구 결과가 있기는 하다.[42] 이에 따르면 개신교인들의 자살 가능성은 국민 평균의 두 배에 달하는 것이 된다.

과연 그럴까? 개연성은 있다. 일찍이 사회학자 에밀 뒤르껭(E. Durkheim)은 그의 저서 『자살론』 제2장에서 "이기적인 자살"의 유형을 연구한 바 있는데, 19세기 유럽 대륙의 기독교인들의 자살을 연구하여 가톨릭 교인보다 개신교 교인의 자살률이 월등히 높다는 결론을 내렸다. 뒤르껭은 그 원인을 종교 공동체의 통합력과 정신적 응집력이 가톨릭보다는 개신교에서 더 약화되어 "자살을 억제하는 영향력이 적기" 때문이라고 생각한다.[43] 이는 그가 종교의 기능을 사회통합적인 관점에서 보는 결과이기도 하다.

과연 한국의 개신교에서도 이 명제는 타당한가? 이것은 한국의 종교별 자살 통계를 조사함으로 해명해야 할 것이지만, 단지 나의 상상력을 동원하자면 이렇다. 개신교의 경우 교회의 권위가 급격히 해체되고 있는 시대로 접어들면서, 그 구성원들의 공동체적 응집력은 물론, 기독교 신앙의 초월적 권위까지 해체될 위기에 있는 것은 아닌

---

42. 조성돈, 정재영, "개신교인의 자살에 대한 인식 조사," 『목회와 신학』 218 (2007), 8.

43. E. Durkheim, 『자살론: 사회학적 연구』, 김충선 옮김 (서울: 청아출판사, 1994), 147-70 (170-171).

가? 지난 시절 서민들의 삶의 애환을 이해했던, 교회의 공동체적 구조가 권위주의적 구조에 의해 짓눌려 한국 개신교 특유의 공동체적 역동성과 응집력이 와해되고 있는 것이 사실이라면, 이러한 추론은 더 개연성을 갖게 될지도 모른다.

다시 이 글의 논지로 돌아가자. 바울의 공리주의적 생사관은 부활에 대한 확고한 사상에 기초하여, 죽음을 초월한 신앙으로부터 가능할 수 있었다. 그리고 이 공리주의적 생사관으로 인해 그는 죽음(자살)이 아닌 삶을 선택하였는데, 이 선택은 물론 자신이 속했던 공동체가 있었기 때문이었다. "너희를 위하여 더 유익"한 것을 택했다는 말이다. 이것은 다음과 같은 두 가지 차원의 성찰을 가능하게 한다. 오늘날의 한국의 기독교는 신앙의 초월성을 현실적으로 드러내고 있는가? 다른 한편으로는 그 구성원에게 사회적 응집력을 주고 정신적 소속감을 주고 있는가? 기독교 윤리학자 스탠리 하우어워스(Stanley Hauerwas)의 주장대로, 자살은 공동체가 그 구성원의 삶을 보듬어주지 못한 "실패"로 보아야하지 않는가?

또 한 가지 지적할 것은, 오늘날 한국 사회에서 기독교가 자살을 극도로 터부시하기에, 교회 내에서는 그것을 언급하거나 사회적으로 담론화하는 것조차 두려워하고 있다. 사실 자살에 대한 종교적·사회적 '터부'는 오랜 역사와 문화의 전통으로 뿌리 내려왔다. 이로 인하여 자살을 보는 우리 사회의 관점은 '신의 징벌'이라는 싸늘한 시선만이 난무했다. 이러한 사회적 분위기에서 한 인간이 험난한 죽음을 수용했던 생의 연속된 스펙트럼은 쉽게 제외되고 만다. 그러한 분위기는 남겨진 자들에게는 또 다른 상처를 줄 뿐만 아니라, 한 인간의 생을 진지하게 돌아볼 수 있는 가능성을 축소시키고 만다. 이러한 정서에서 가장 우려할만한 점은 기독교 신앙의 가장 깊은 고백, 부활의 능력 아래 '죽음은 정말 아무것도 아니다!'는 선언조차 감추어질 위험에 처하고 있는 현실이다. 기독교에서 자살을 대담하게 말하지 못하는 또 다른 이유는 오늘의 기독교가 고난에서 멀어진 신앙을 갖게 되었기 때문일지 모른다. 죽음에 이르는 고난의 깊이를 체험하는 것에서 점점 멀어진 기독교라면, 어쩌면 자살이라는 극단적 방식으로까지 죽음을 대면했어야 하는 인간의 고뇌를 헤아리기가 어려울지도 모른다. 정녕 자살이라는 사회적 '터부'가 기독교를 그렇게 삼켜버리고 있다면, 거기에는 죽음에 대한 두려움뿐만 아니라, 부활의 능력까지 상실한 신학이 들어있을지도 모른다.

제4장
돈이 지배하는 세계에서 하나님 섬기기

이 장에서는 경제윤리에 관한 문제를 다루려고 한다. 우리가 살아가는 세계에서 경제문제는 결코 부수적인 것이 아니라 현실적이고 본질적인 문제다. 우리는 돈이 지배하는 자본주의 세계에서 살아가고 있다. 동시에 우리는 신앙의 세계에서 하나님의 지배를 받고 살아간다. 문제는 이 두 세계가 현실 세계에서 분리되어 있지 않다는 데 있다. 지배는 주종(主從) 관계를 형성시키고 만다. 우리는 이 자본주의 세계 안에서 신앙으로 살아가도록 부름을 받고 있다. 예수께서는 단호하게 "너희는 하나님을 섬기면서 맘몬을 섬길 수 없다"(마 6:24; 눅 16:13b)고 선언하신다. 그렇다면 그리스도인은 어떻게 하나님을 섬겨야 하는가?

자본주의라는 경제체계는 중세 이후에 성립된 것이 아니라, 고대 시대부터 존재해 왔다고도 볼 수 있다. 막스 베버(Max Weber) 역시 영리를 취득하기 위한 자본과 시장이 존재할 때부터 이미 자본주의(Kapitalismus)가 존재했다고 주장했다. 헹엘(M. Hengel)에 의하면 헬레니즘 시대의 팔레스타인은 이미 화폐경제 중심의 이른바 고대시대 "국가 자본주의"가 농촌까지 침투해 있었다.[1] 나는 이 글에서 이른바 '불의 한 청지기의 비유'(눅 16:1-13)에 나타나는 청지기의 행동 모델을 통하여 고도로 자본주의화된 현대 사회에서 성서적 "돈의 철학"이 존재할 수 있는지를 토론하고자 한다. 이 비유에 나오는 주인과 청지기, 그리고 채무자들은 자본을 중심으로 형성된, 말하자면 "국가자본주의" 하의 사회경제적 인간형을 보여준다. 오늘날과 같은 고도로 발달된 전 지구적 화폐 자본주의 시대와 동일시 될 수는 없겠지만, 맘몬이 지배하는 상태는 고대나 현대나 여전하다. 그 세계 속에 하나님만 섬기라는 예수의 명령을 우리는 어떻게 따라가야 할까?

이 글의 목적은 이 난해한 비유 해석의 핵심 쟁점에 하나의 새로운 논점을 제시하여 현대 그리스도인의 경제생활에 관한 실천적 적용을 찾는 데 있다. 비유의 핵심 쟁점은 청지기가 자의적으로 신속히 탕감해 준 채무자들의 빚이 자신의 소득인가, 아니면 여전히 주인의 소유를 낭비하는 것인가 하는 문제다. 여기서 나는 부자와 청지기, 채무자들의 관계가 헬레니즘 시대로부터 정착된 세금 및 소작료의 하도급 징수 관행과 연관될 수 있다는 관점을 제시하고자 한다. 오늘날 하도급제는 세금 징수와 같은 공공부분에서는 사라졌지만, 기업이나 개인 간의 임대업이나 대부업(貸付業)에서는 여전히 불법적이고 강탈적인 관행으로 시행되고 있다. 하지만 헬레니즘-로마 시대의 하

---

1.   Hengel, 『유대교와 헬레니즘 1』, 94.

도급제는 징세와 소작 등 공공과 민간 경제 전반에 만연했던 관행이
자 제도였다.

　나는 이런 고대시대의 경제체제와 관행으로 비유의 문맥을 설명
하고, 이른바 "명예와 수치"라는 문화인류학적인 관점으로 고대 문
화를 접근하여 본문을 주석한다. 이러한 사회과학적인 주석의 관점
에 기초하여 현대의 사회학자 게오르그 짐멜(Georg Simmel)의 『돈의 철
학』에[2] 나타난 견해를 통해 오늘을 살아가는 그리스도인들이 채택할
수 있는 경제에 대한 하나의 관점을 찾아보고자 한다.[3]

2.　Georg Simmel, 『돈의 철학』, 안준섭, 장영배, 조희연 옮김 (서울: 한길사,
　　1983).

3.　현대의 사회과학 분야에 비전문가인 나로서는 짐멜의 사상에 정통한 김덕영
　　의 해제를 통하여 신학적 적용점을 진술하는 것이 좀 더 안전할 것 같다. 논
　　의 종합을 위하여 Max Weber, 『프로테스탄티즘의 윤리와 자본주의 정신』,
　　김덕영 옮김 (서울: 도서출판 길, 2010)에 관해서도 잠간 언급할 것이나, 이
　　역시 김덕영의 번역과 설명을 참고하여 적용 부분에 간단히만 언급하도록
　　하겠다. 베버의 책을 번역한 역자의 해제, "종교, 경제, 인간, 근대: 통합 과학
　　적 모더니티 담론을 위하여," Weber, 『프로테스탄티즘의 윤리와 자본주의
　　정신』, 513-670을 참고하라. 또한 짐멜에 대해서는 김덕영, "Georg Simmel
　　의 『돈의 철학』," 『사회비평』 제24권 (2000), 92-103을 참고하라. 짐멜의 이
　　책을 다루는 또 다른 글로는 신응철, "현대문화와 돈 그리고 개인: 짐멜(G.
　　Simmel)의 『돈의 철학』에 나타난 문화와 돈의 관계를 중심으로," 『동서철학
　　연구』 53 (2009), 113-34를 참고하라.

1. 비유의 사회경제적 문맥

1) 경제적·법률적 해석의 과제

이 비유는 성서에서 난해하기로 둘째라면 서러울 정도다. 비유를 해석하는 데 심각한 어려움이 도사리고 있기 때문이다. 학자들은 이 난해한 비유를 이해하는 데 역사비평에서 사회과학적 접근까지 수많은 주석 방법론을 동원해서 본문을 이해하고자 했다.[4] 이 기나긴 해석사는 결국 이 난해한 비유의 요지는 과연 정당한가의 문제로 초점이 맞추어진다. 주인의 소유를 낭비한 청지기가 속전속결로 이른바 다운계약서를 작성하는 행동이 칭찬받는 이 비유의 아이러니를 어떻게 이해할 것인가? 전통적인 해석에서는 비록 부정직한 행동이지만 긴박한 심판의 상황에서 청지기가 취한 민첩하고도 영리한 세속적 행동이 결국 그리스도인들의 반면교사 역할을 할 수 있다고 보기도 한다.[5]

이러한 전통적인 해석과는 달리 데렛(J. Duncan M. Derrett)은 고대 팔레스타인의 경제적·법률적 관계를 통해 새로운 차원의 해석을 시도했다. 청지기가 자의적으로 행한 다운계약서는 원금이 아닌 이자에 관한 부분이라는 주장이다. 그러면 결국 청지기의 영악한 행동은 미

---

4. 이 글에서는 핵심 쟁점에 대한 논쟁을 중심으로 나의 논점만을 제시하기에 그 기나긴 해석사는 생략한다. 해석사만을 서술한 한국 학자의 논문으로는 유태엽, "불의한 청지기 비유(눅 16:1-13)의 해석학적 고찰," 『신학과 세계』 83 (2015), 6-34를 참고하라.

5. Kenneth Bailey, 『시인과 농부: 누가복음 비유의 문학적, 문화적 접근』, 오광만 옮김 (서울: 여수룬, 1998), 157-277.

수금으로 남아 있는 이자를 줄여줌으로써 주인의 명예를 높이는 동시에 채무자들에게는 과도한 이자를 탕감해 주었다는 것이다. 이렇게 되면 청지기는 주인의 심판 앞에서 긴급한 회개의 행동으로 부를 선용하는 지혜로운 처신을 하게 된 셈이다.[6] 여기서 청지기가 주인의 재산을 낭비했다는 책망을 듣고도 주인의 재산을 더욱 줄게 하였다는 문제가 남게 된다. 데렛은 대리인에 관한 많은 자료를 제시하고 해석하면서 결국 비유의 청지기를 대부업자 모델로 제시하는 반면, 베일리(Kenneth Bailey)는 채무자들을, 1년간 농지를 임차한 대가로 일정량을 지불하기로 계약을 맺은 '하키린'(hakirin), 즉 소작농으로 이해한다. 이 주장에서는 베일리의 견해가 더 타당성이 있는 것 같다.[7]

피츠마이어(Joseph A. Fitzmyer)는 데렛의 논증에서 한걸음 더 나아가 이자는 청지기의 몫이라고 주장한다.[8] 그래서 청지기는 주인에게는 더 이상 손해를 입히지 않았고, 다만 자신의 해고로 이자 징수가 불확실하게 되자 아예 자신의 몫으로 돌아올 이자 수입을 면제해주어 미래의 생존 기반을 넓게 했다는 것이다. 이 주장의 핵심 논거(論據)는 바로 9절의 '불의한 재물'이란 주인의 재산과 상관없는 청지기의 소유라는 것이다. 이 주장의 문제점은 1세기 팔레스타인의 경제체제에서 청지기가 별도의 이자를 자기 수입으로 잡을 수 있는 법률적 근거

6. J. Duncan M. Derrett, "Fresh Light on St. Luke XVI," *New Testament Studies* 7/3 (1961), 203.
7. Bailey, 『시인과 농부』, 171-75.
8. Joseph A. Fitzmyer, *The Gospel according to Luke,* The Anchor Bible (New York/London: Doubleday, 1983), 161-84; Joseph A. Fitzmyer, "The Story of the Dishonest Manager (Lk 16:1-13)," *Theological Studies* 25 (1964), 36.

나 사례를 제시하지 못한 데 있다.[9] 그는 자신이 논문 대부분을 비유의 전승과 편집에 할애하고 있을 뿐, 정작 논증은 데렛의 글을 인용하는 선에서 마무리하고 있다.

나는 데렛과 피츠마이어가 세운 이 주장이 헬레니즘 시대에 만연했던 국가 세금 및 토지세 도급 제도의 맥락에서 보면 더 잘 설명될 수 있다고 본다. 헬레니즘 시대에는 세금 도급이 확대되어 개인의 토지에 대한 소작료도 도급으로 매겨 징수하는 관행이 일상화되었다. 사실 이 비유의 생활 세계는 유대인의 종교적 관습법보다는 로마 지배하의 토지세나 소작료와 같은 사안과 더 잘 어울린다. 따라서 이 장에서는 본문의 '부자-청지기-채무자'의 첫째 모델을 국가(왕)-1차 세금 도급 임차인(혹은 2차 전대[轉貸]인 세리)-소작농으로, 둘째 모델은 대토지 소유자-관리자-소작농으로 설정하여 설명하려고 한다. 두 모델은 공공부문과 비공공부문에 따른 구분이지만 이 둘은 헬레니즘-로마의 경제체제 안에서는 구분하기 어려웠다. 이 사항은 이하 §2와 §3에서 상세히 설명될 것이다.

'로마는 헬레니즘 세계를 지배했으나 지배당했다'는 통설대로 로마는 지중해 동부의 헬레니즘 세계를 군사력으로 지배하고 통치를 유지했으나, 헬레니즘의 통치와 문화 체계는 로마를 압도했다. 특히 경제체제에 있어서 토지와 세금 제도는 헬레니즘의 징세제도를 거의 답습했다. 대부분의 학자들은 이 주제를 논할 때 고대 경제사학자 로스토프체프(M. Rostvoctzeff)의 견해를 인용하는데, 나는 헹엘과 다

---

9. Fitzmyer, "The Story of the Dishonest Manager," 33-36.

른 몇몇 학자들의 논증을 주로 제시하려고 한다. 물론 이런 배경사적 접근은 비유의 난제(難題)를 직접적으로 해결할 수는 없지만, 가장 중요한 쟁점을 새롭게 해석할 수 있는 실마리를 줄 수는 있을 것이다.

2) 헬레니즘 경제체제: 세금과 소작료 징수 도급

기원전 3세기 프톨레마이오스 왕조가 지배하던 이집트에서 세금을 통한 경제적 지배 체제는 헬레니즘 왕의 통치 구현에 불가결한 사안이었다. 이 모든 것을 관할하는 직책이 바로 재상(διοικετής)이었다. 온 나라는 왕의 사적 소유로서의 "집"(οἶκος)이요, 재상(宰相)은 바로 그 집의 "관리인"(οἰκονόμος)이다. 물론 재상은 재무를 전담하는 실질적인 재무관(οἰκονόμος)을 둘 수 있었다. 그래서 헹엘은 이러한 헬레니즘의 경제체제(οἰκονομία)가 고대시대의 이른바 "국가 자본주의"였다고 말한다.[10]

프톨레마이오스 왕조는 초기에 점령한, 고대의 팔레스타인을 명명했던 '코일레-시리아'(Κοίλη-Συρία) 그리고 이두매아 지역 등 셀레우코스 접경 지대의 땅을 관리하는 데 총력을 기울일 수밖에 없었다. 이는 지정학적 요충지이기도 했지만 이집트 본토보다 왕의 사유지였던 이 땅에 대한 막대한 세금 수입이 국가 경영의 중요한 기반이 되었기 때문이다. 이 지역 거의 대부분은 왕실 직할 토지에 속했고 관리들의 철저한 감독하에 자유 소작농과 왕의 농노가 경작했다. 이런 왕실 토지는 물론 특히 신전 토지도 민간인들에게 도급으로 주어

---

10. Hengel, 『유대교와 헬레니즘 1』, 101.

졌는데, 예루살렘과 주변의 유대 지역이 이렇게 관리되었다.[11]

대부분의 토지가 왕실 토지에 속했지만, 이것을 이주해 온 군인들이나 민간인들에게 분배하고 그리스식 세금 도급제를 실시해 철저히 관리했다. 월뱅크(F. W. Walbank)는 이런 상황을 보여주는 기원전 244년경 한 장군이 쓴 것으로 보이는 세금과 지대 납부 명령서를 인용한다.

> 아코아피스에게, 4년째 파종 이후 왕실이 재점유한 프세나르프세네시스 지역에 있는 아시아 출신의 포로 알케타스의 보유지에 관하여 말한다. 계약서의 보관자인 아폴로니오스는 알케타스가 그 토지의 경작자 헬리오도로스와 맺었다는 계약서를 우리에게 제출했다. 따라서 상기 지대를 왕실에 할당하도록 하라(The Petrie Papyri, 104 = Select Papyri, no. 392).[12]

이를 위해 프톨레마이오스는 파라오 시절처럼 왕국 전체를 40개의 "속주"(νόμος)들로 나누고, 다시 속주를 "구역"(τοπαρχία)과 "촌락"(κώμη)으로 나누어 "구역장"(τοπαρχός)과 "촌장"(κωμαρχῆς)을 통해 유지했다. 속주에 최고 책임자인 총독으로 "장군"(στρατήγος)을 주둔하게 하고 그 휘하에 군사 관리로 "재무관"(οἰκονόμος)을 배치해 재정을 관리하는 중앙집권체제를 완성했다.[13] 말하자면, 국가의 군사 관리가 경

---

11. Hengel, 『유대교와 헬레니즘 1』, 101.
12. F. W. Walbank, 『헬레니즘 세계』, 김경현 옮김 (서울: 아카넷, 2002), 126.
13. Hengel, 『유대교와 헬레니즘 3』, 99; Walbank, 『헬레니즘 세계』, 124.

제를 독점 관리 운영하는 군산복합체였다. 바로 이들에 의해 지대와 세금을 짜내는 착취 체제가 구현된다.

프톨레마이오스 왕조의 경제적 부가 가장 번창하던 때는 필라델포스(Φιλαδέλφος) 왕이 지배하던 시기였는데(기원전 261-246), 아폴로니오스('Απολλονιός)라는 인물은 천부적인 재상으로 국가의 토지 관리 및 생산과 상업과 무역 전반을 관할하고 있었다. 이 '주인'은 자신의 수하에 실질적인 관리자를 두었는데 그가 '오이코노모스'(οἰκομόνος) 제논(Zenon)이다. 그에게 맡겨진 직책 중에서 중요한 것은 이집트 본토 밖에 있는 왕령지(王領地) 관리였다. 제논 파피루스(Zenon Papyri)는 이 시대의 경제체제를 들여다볼 수 있는 소중한 현미경이 된다. 그가 남긴 보고서에는 프톨레마이오스 통치가 팔레스타인의 작은 마을까지 침투했다는 정황이 묘사되어 있다. 예컨대, 군사 관리인 "영주"(ὑπάρχος), "재무관"(οἰκομόνος), 왕의 "서기관"(γραμματεύς), 행정 체계의 맨 말단 "촌장"(κωμαρχῆς)까지 파견되었다.[14]

헹엘은 로스토프체프(M. Rostvoctzeff)와 체리코버(V. Tscherikover)가 연구한 내용에 기초하여 프톨레마이오스 왕조가 지배하는 이집트는 물론 이 점령 지역에서 토지 사용료와 세금 징수를 위해 "도급법"(νόμος τῆς μισθώσεως)을 시행했던 증거로 "왕의 조례"(προστάγματα)와 "실행 규정"(διαγράμματα), 특별 포고문 등 모든 과정이 언급되어 있는 파피루스 라인(P. Rainer)을 자료로 제시한다.[15] 여기에서는 또 신약 시대

---

14. Hengel, 『유대교와 헬레니즘 1』, 105.
15. Hengel, 『유대교와 헬레니즘 1』, 107 각주 131.

의 마을의 세리에 해당하는 촌락의 징세 도급관들이 촌장들과 연합
하여 가축 값을 매기고 감독하는 일을 위임받고 있었음을 보도하고
있다. 또한 제논 파피루스에는 가자와 티레에 있는 무역소 "세리
들"(τελῶναι)의 활동이 기록되어 있고, 아폴로니오스가 관리하는 갈릴
래아의 베트-아나트(Beth-Anath)에도 촌락에 고용된 하급관리자로서
값을 매기는 일을 하는 '코모미스토테스'(κωμομισθώτης)가 왕령지를 마
을의 농부들에게 소작으로 주고 그 공출량을 정확하게 계산했던 자
료들이 나타난다.[16]

셀레우코스 왕국의 경제 부문은 왕실령, 총독령, 도시(폴리스) 그리
고 개인, 이 네 가지로 구분된다. 왕실령은 화폐 경제와 대내외 교역,
조세를 독점했고, 총독령은 국세로는 토지 경작에 대한 소작료(ἐκ
φορία) 위주로, 지방세로는 왕령지세나 가축세, 관세 등의 조세를 국
가 수입으로 거두어들였다. 폴리스도 도시 소속의 토지 지대와 산물
에 대한 조세로 수입을 얻었고, 마지막으로 개인은 토지와 대부를 통
해 소득을 올렸다.[17] 이렇게 국가나 총독, 대토지 소유자들 수입의 원
천은 지대와 소작료였는데, 이는 토지의 대부분이 관리자들을 통해
소작으로 주어졌기 때문이다.

마카비 왕조의 유대 성전 국가가 지배하던 80여 년 동안(기원전
143-63년), 잠시 이방인 왕들에게 바치는 조공이 면제되기는 했지만,
로마가 유대 지역을 지배하여 헤롯 가문을 '대리자'로 내세우면서 원

16. Hengel, 『유대교와 헬레니즘 1』, 108.
17. E. Stegemann and W. Stegemann, 『초기 그리스도교의 사회사』, 손성현, 김판
임 옮김 (서울: 동연, 1997), 185-86.

래 헬레니즘의 세금 체제로 돌아갔다. 헤롯 가문은 이 땅의 지배권을
얻기 위해 과도한 세금을 징수하여 이 땅의 '주인'이 된 로마의 원로
원 혹은 황제에게 바쳤다. 물론 이런 세금 도급 행위는 다시 2차로
도급된 후 중간 관리인에게 넘겨져 헤롯 관할 하의 땅에서는 자신과
귀족들이 소유했던 대토지가 대부분을 차지하게 되었다.[18] 이렇듯 로
마 시대로 접어들면서 유대 지역의 공공 토지와 개인 토지에 대한 조
세는 소작인들에게 별로 큰 차이는 없었을 것이다.

3) 로마의 '패트로니지'(Patronage)와 명예

로마는 프톨레마이오스 왕조의 이집트까지 점령함으로써 세계
사에서 가장 막강한 대제국이 되었다. 아우구스투스가 설립한 황제
정(皇帝政) 통치라는 구조는 기본적으로 그의 후계자들에 의해서 계승
되고 더욱 발전되어 나갔다. 토지의 근간은 황제에게 속한 황실 토지
와 원로원에 속한 토지로 구분되는데, 지중해 동부 옛 헬레니즘 속주
들은 대부분 황제의 토지였다. 황제는 이 막대한 재산을 관리하는
"대리인들"(procuratores)을 두었는데 이미 아우구스투스 시대에 많은
수를 고용했고 점차 늘어났다. 로스토프체프에 의하면 이집트에서는
대리인들이 속주민들의 직접세를 징수하는 시 행정관들을 감독하는

---

18. 예컨대, 세겜 근처에 있는 1,000 헥타르가 넘는 콰바라트 베니-핫산(Qawarat
    Beni-Hassan)이 대표적인 사례이고, 이곳 동쪽에 있는 하리스(Haris)는 헤롯
    이 로도스의 프톨레마이오스 장관에게 주었던 아루스(Arus)일 가능성이 높
    다고 한다(요세푸스, 『유대전쟁사』 2.69). Stegemann, 『초기 그리스도교의 사
    회사』, 187-88.

수준이었지만, 아우구스투스 이후에는 상속세와 해방 노예에게 부여하는 세금, 공매세, 수출입세와 같은 간접세까지 관할하도록 하였다.[19] 기원후 1세기 팔레스타인에서는 황제의 대리자로 헤롯 가문이 등장하였는데, 그들은 권력과 부를 동원하여 위로는 황제에게 조공을 바치고 아래로는 귀족들에게 땅을 분할하여 팔았다. 당시 갈릴리 지역 대부분은 대토지로 소작농들이 경작했는데, 헤롯 가문과 귀족들이 주인이었고 그들은 관리자들을 고용했다.[20]

국가의 토지와 부(富)가 이렇게 원로원과 황제의 재산으로 집중되는 현상은 앞서 설명한 대로 이미 헬레니즘 시대 '왕의 사유지'를 관리하는 "관리자"(οἰκομόνος)가 구현한 헬레니즘 경제체제가 그대로 지속된 것이다. 그러므로 로마 시대의 "대리인"(procuratores)은 헬레니즘 시대의 관리자(οἰκομόνος)와 동일시될 수 있겠다. 즉, 그들은 국가(황제)로부터 세금 대납을 통해 징세 도급을 맡은 헬레니즘 시대의 세금 임차인의 다른 이름인 셈이었다. 이들은 국가가 고용한 공무원이라기보다는 헤롯과 같은 영주(분봉왕)나 대토지 소유자들에 의해 고용된 사인(私人)이었다. 이들은 마을이나 단체 등에 대해서 1년 조세 총액에 대한 소작료 임차를 받아 대납하고 독점적인 징세권을 갖는다.[21] 따라서 이들은 소작농들이 내야 할 지대와 임차료 총 금액에 대한 재

---

19. M. Rostovtzeff, *Rome,* trans. by Elias J. Bickerman (London/Oxford/New York: Oxford University Press, 1960), 228-29.

20. W. Bösen, 『예수시대의 갈릴래아』, 황현숙 옮김 (서울: 한국신학연구소, 1998), 304-306.

21. Bösen, 『예수시대의 갈릴래아』, 302-303

량 권한이 있었고 따라서 착취의 관행은 일상화되었다. 그들은 대토
지 소유자 정도의 부자는 아니었지만 상류층에 속했고 그만큼 백성
들의 원성을 샀는데, 이들이 바로 복음서에 등장하는 '세리와 같은
자'라 하겠다(막 2:16; 눅 19:7).[22]

여기서 헬레니즘 경제체제와는 어느 정도 구별된 로마의 이른바
"상호 후원제"(Patronage)를 언급할 필요가 있겠다. 헬레니즘-로마 세
계에서 인간은 상·하층이 뚜렷이 구분된 이원적(二元的) 사회 구조 안
에서 생활했다. 왕과 신민(臣民), 주인과 종이 그 상징적 관계이다. 한
집안의 가부장이란 여자, 아이 그리고 노예의 주인을 의미한다. 이러
한 사회적 관계는 상호 후원제(Patronage)로 구현된다. "후견인-피후견
인"(patron-client) 관계로 이루어진 이 체제는 "사회경제적으로나 신분
적으로 다른 상하 계층의 지속적인 결합으로서 재화와 용역의 주기
적인 교환을 통하여 유지된다."[23] 피후견인은 자신의 삶과 소유를 보
장받기 위해 후견인을 필요로 하고, 후견인은 자신의 사회정치적 존
재와 위상을 유지하기 위하여 피후견인들의 지지를 필요로 한다. 물
론 상류 계층의 협회나 촌락의 친족 혹은 하층민 사이에서 결성되는
상호 후원제와 같은 수평적 사회 관계도 존재한다. 그러나 이는 고대
의 수직적 인간관계를 보완하는 정도였다. 로마 사회는 상류층 후견

---

22. Bösen, 『예수시대의 갈릴래아』, 300-305.
23. 이러한 로마 사회의 기본구조에 대하여는 G. Alföldy, *Römische Sozial-
     geschichte* (Wiesbaden: Wiesbadener Verlag, 1984), 44-57; P. Garnsey and
     G. Woolf, "Patronage of the Rural Poor in the Roman World," edited by A.
     Wallace-Hadrill, *Patronage in Ancient Society* (London, New York: Routledge,
     1989), 154, 158-61.

인(patron)과 그의 권위에 복종하며 생존했던 피후견인(client)의 관계가 본질적인 사회 관계를 형성했고, 사회적 규범과 가치는 그 속에서 의미를 갖는다. 이러한 사회적 상호관계에서 기능하는 근본 가치가 바로 명예다. 1세기 지중해 세계의 사회적 관계에서 명예는 삶의 모든 영역을 관통하는 핵심 가치였다.

말리나(Bruce J. Malina)는 "고대 그리스어와 라틴어로 기록된 문학에서 명예는 권력과 부, 위엄, 개인적 충성, 우선권, 수치감, 명성, 용기와 탁월함과 같은 연관 가치들의 광범위한 네트워크 중심에 있었다"고 명예의 가치를 진단한다.[24] "명예란 한 사람이 자기의 눈으로 본 가치—즉, 가치에 대한 자기 자신의 주장—에 더하여 그가 속한 사회 집단의 눈으로 본 그 사람의 가치이다."[25] 한마디로 말해서, 명예란 사회적 평판인 셈이다. 여기서 중요한 것은 명예란 타고난 양과 획득된 양이 있는데 양자의 합은 사회적 총량에 의해 제한된다는 사실이다. 그런가 하면 명예에 대한 대응 가치는 수치이다. 수치란 자신의 명예에 대한 민감함, 즉 사회적 여론에 대한 민감함을 의미한다. 명예와 수치에 의해서 사회적 총량은 조절되는데, 이런 의미에서 명예는 계산 가능한 사회적 가치로서 재화와도 같았다. 그래서 필론(Philo)은 "명성과 명예는 가장 불안한 재산"이라고 불평했다.[26] 고대 로마 사회의 중심에 있는 상호 후원제란 결국 인간의 사회적 상호관

---

24. Bruce J. Malina and Richard L. Rohrbaugh, *Social-Science Commentary on the Synoptic Gospels* (Minneapolis: Fortress Press, 2003), 370

25. Philo, *On Abraham*, 264: Bruce J. Malina, 『신약의 세계』, 66-68 (재인용).

26. Malina, *Social-Science Commentary on the Synoptic Gospels*, 369-72.

계를 유무형의 재산의 총량 안에서 움직이는 사회경제체계라고 이해할 수 있겠다.

2. 불의한 청지기 모델(눅 16:1-13)

이제 나는 앞에서 설명한 헬레니즘-로마 시대의 **징세와 소작 도급 경제학**과 **명예와 수치**의 상호 후원제의 관점에서 본문을 설명해 보려고 한다. 지면 관계상 비유의 세세한 논점들을 다루기보다는 비유를 해석하는 데 가장 큰 걸림돌이 되는 논쟁점만을 다루어 전체 비유를 해석하도록 하겠다. 먼저 내가 사역(私譯)한 본문(눅 16:1-13)을 제시한다.

1. 이제 예수께서는 제자들에게도 말씀하셨다. 한 청지기(οἰκονόμος)를 두고 있는 부자가 있었는데, 이 청지기가 주인의 재산을 탕진한다는 (ὡς διασκορπίζων τὰ ὑπάρχοντα αὐτοῦ) 비난이 그에게 들렸다. 2. 그래서 주인은 그를 소환하여 말하기를, "내가 너에 대해 듣고 있는 이 말이 무엇이냐? 너의 청지기 직무를 반환하라(ἀπόδος τὸν λόγον τῆς οἰκονομίας). 너는 이제 더 이상 관리자로 일할 수 없다(οὐ γὰρ δύνῃ ἔτι οἰκονομεῖν)." 3. 그 청지기는 속으로 말하기를, '주인이 나의 청지기직을 면하려 하니 이제 내가 무엇을 한단 말인가? 땅을 파자니 힘이 없고, 구걸을 하자니 부끄럽구나. 4. 그래 내가 할 일을 알겠다. 이렇게 하면 내가 쫓겨난 후에 사람들이 나를 자기들의 집으로 맞아들이겠지.' 5. 그래서 그는 주인의 채무자들을 한 사람씩 불러서 처음 사람

에게는 "당신은 나의 주인에게 얼마를 빚졌소?"라고 하자 6. "기름 백말이요."라고 대답했다. 그러자 "여기 당신의 문서(σου τὰ γράμματα)가 있으니 속히 앉아서 오십이라 고치시오." 7. 그리고 다른 사람에게는 "당신은 얼마를 빚졌소?"라고 묻자 그가 말했다. "밀 백석이요." 청지기는 말했다. "여기 당신의 계약서가 있으니 팔십이라 쓰시오." 8. 그러자 주인이 그 불의한 청지기(τὸν οἰκονόμον τῆς ἀδικίας)가 영리하게(φρονίμως) 행했다고 칭찬하며 말했다. "이 세대의 아들들이 이 세대에서는 빛의 아들들보다 더 영리하다(φρονιμώτεροι)." 9. 그러므로 내가 너희에게 말한다. 불의한 재물로(ἐκ τοῦ μαμωνᾶ τῆς ἀδικίας)[27] 친구를 사귀라. 그리하면 그것이 쇠할 때 그들이 너희를 영원한 거처로 영접하리라. 10. 가장 적은 것에 신실한 자는 많은 것에도 신실하다. 이와 같이 가장 적은 것에 불의한(ἄδικος) 자는 많은 것에도 불의하다(ἄδικος). 11. 그러므로 만일 불의한 재물에(ἐν τῷ ἀδίκῳ μαμωνᾷ) 신실하지 않다면 누가 너희에게 참된 것을(τὸ ἀληθινὸν) 맡기겠느냐? 12. 또 만일 너희가 타인의 것에(ἐν τῷ ἀλλοτρίῳ) 신실하지 못하다면 누가 너희 것을(τὸ ὑμέτερον) 너희에게 주겠느냐? 13. 종이 두 주인을 섬길 수는 없다. 하나를 미워하고 다른 하나를 사랑하거나, 하나에 집착하여 다른 하나를 멸시할 것이기 때문이다. 너희는 하나님을 섬기면서 맘몬을 섬길 수 없다.

---

27. 두 개의 명사, 맘몬과 불의함이 결합된 이 아람어적인 표현("불의의 맘몬")은 11절에서는 "불의한"이라는 형용사로 윤색되어 사용되고 있다.

1) 청지기의 직무

우선 비유의 내러티브를 따라가며 설명해보자. 주인의 재산을 관리하는 이 청지기는 곧 해고될 처지에 놓여 있다. 하지만 이 청지기는 주인에게 빚진 자들을 차례대로 불러 그 빚을 감해주는 다운계약서를 속전속결로 처리하여 작성하였다. 이 액수는 상당하다. 기름 50말은 거의 500데나리온 정도로 농장 노동자의 일 년 반 품삯이다. 두 번째 사람도 거의 비슷하다.[28] 만일 이렇게 해서 그가 관리하던 노동자들에게 모두 적용했다면 그 액수는 거의 하나의 촌락 전체의 세금 액수에 이른다.[29]

이 청지기의 약삭빠른 행동은 그의 남은 계약 기간에 일어난 것이라고 보기에는 너무 급속히 처리되고 있다. 물론 이 비유에 묘사된 방식으로 고대시대 관리인들이 주인에게 소환되는 경우는 통상 즉시 해고되곤 하였다. 하지만 이 비유에서는 청지기직을 결산하라고 주인이 그에게 시간을 준 셈이기에 어느 정도의 시간은 남아 있었다.[30] 그렇더라도 자신이 해고되었다는 소식이 빚진 자들에게 알려지기 전에 행동을 취해야 했기에 청지기는 속전속결로 처신하고자 했다. 여기서 중요한 것은 청지기는 지금 채무자들에게 마치 자신이 아직 해고되지 않은 것처럼 행동하고 있다는 사실이다.

28.　Kenneth E. Bailey, 『중동의 눈으로 본 예수』, 박규태 옮김 (서울: 새물결플러스, 2016), 527.

29.　Malina, *Social-Science Commentary on the Synoptic Gospels*, 293.

30.　John Nolland, 『누가복음』, WBC 35중, 김경진 옮김 (서울: 솔로몬, 2004), 636.

청지기는 왜 이런 행동을 했을까? 표면적으로 나타난 이유는 이렇다. 그가 채무자들과 다운계약서를 새로 체결함으로써 이들은 마치 보너스를 얻은 기분이었을 것이고, 그래서 나중에 채무자들이 자신을 도와주리라고 생각했다. 하지만 과연 주인이 이 문서를 그대로 인정할지, 또 인정한다 해도 수혜자들이 청지기의 호의를 갚을지는 의문이다. 이런 행위를 한 청지기를 소작료 징수 도급을 맡은 관리인으로 볼 수 있지 않을까?

오래전 마가렛 깁슨(M. D. Gibson)은 이와 유사한 해석을 암시한 바 있다. "청지기는 소작인들에게서 자기가 땅 주인에게 지불해야 하는 것보다 더 많은, 심지어 두 배나 되는 액수를 요구하였을 것이다. 물론 차액은 자기가 착복을 하고 말이다."[31] 이러한 관점에서 출발하여 유대의 법률적 관계를 조사한 데렛은 청지기가 주인의 대리인으로서 대부업자일 수 있다고 한다.[32] 베일리는 이런 견해를 신랄하게 비판하지만, 정작 비판의 결정적인 논거는 제시되지 않고 비유에 도급이나 대부업에 관한 어떤 구체적인 언급도 나오지 않는다는 주장만을 한다.[33] 그러면서 그는 청지기가 합법적인 대리인(shaluah)으로서 임차한 땅을 관리하는 부동산 관리인이었다고 가정하는데, 역시 미쉬

---

31. Margaret Gibson, "On the Parable of the Unjust Steward," *ExpT* 14 (1902/1903), 334. 이 생각은 그 이후 P. Gächter, "The Parable of the Dishonest Steward after Oriental conception," *CBQ* 12 (1950), 121-31에서 발전되었다.

32. Derrett, "Fresh Light on St. Luke XVI," 204-10.

33. Bailey, 『시인과 농부』, 162-63.

나에 나오는 법률을 근거로 제시한다.[34] 멘슨(T. W. Manson)이나 미켈(O. Michel)이 주장하듯이, 이 청지기는 대부업보다는 추수할 것으로 예상되는 농작물 중 일정량을 바치는 "소작인"(hakirin)들의 토지 혹은 부동산을 관리하는 일을 하였을 것이다.[35]

다만 베일리는 멘슨이 제시하는 세 번째 청지기 유형인 "도시의 재무관과 같은 민사 관리인(οἰκονόμος, 롬 16:23)"을 배제한다. 이런 도시의 재무관은 헬레니즘 시대 속주의 도시는 물론 촌락에까지 세금을 징수하던 국가의 공적인 관리자였지만, 개인의 토지를 임대하고 소작료를 징수하는 일을 하는 사적인 관리자와 구분하기 어렵다는 사실을 우리는 §2에서 밝혔다. 프톨레마이오스 3세인 에우에르게테스(기원전 246-221년) 때 요르단 동부의 대부호이었던 토비아스 가문의 요셉은 코일레-시리아의 무역과 토지를 독점하여 세금 징수 전체를 관할하는 지배자로 화려하게 등장한다(『유대고대사』 12.145ff.). 그는 요르단 동쪽 지방의 경제적 이권을 완전히 장악하고 이방인 왕조에게 세금

---

34. 이 사항은 호로비츠(Horowiz)가 미쉬나에 나오는 세 종류의 대리인 유형은 물론 토지 임대차 규정 법률에 대한 설명을 근거로 제시하는데, 비유보다 후대의 자료라는 한계를 가지고 있다는 것을 인식하면서도 그것을 사용한다는 데 더욱 문제가 있다. 호로비츠의 논증을 인용하고 있는 Bailey, 『시인과 농부』, 167-68 각주 16과 20.

35. T. W. Manson, *The Sayings of Jesus* (New York: SCM Press, 1956), 291; O. Michel, "οἰκονόμος," *Theological Dictionary of the New Testament* V (Grand Rapids: Eerdmans, 1967), 175-78. Malina, *Social-Science Commentary on the Synoptic Gospels,* 293. 그는 데렛이 청지기가 일정량을 징수하지 않았다는 사실을 간파하지 못하고 있다고 비판한다. Bailey, 『시인과 농부』, 170-71; Nolland, 『누가복음』, 635.

을 대납하는 사업을 통해 엄청난 부를 축적한다. 로마 시대에 이르면 국가나 속주의 땅은 왕이나 원로원 위원과 같은 부자들의 사적인 소유에 가까웠기 때문에 이러한 일은 얼마든지 일어날 수 있었다.

우리는 누가의 또 다른 본문에 등장하는 "세리장이요 또한 부자였던"(αὐτὸς ἦν ἀρχιτελώνης καὶ αὐτὸς πλούσιος, 눅 19:2) 삭개오를 더 소규모의 촌락에 속한 징세 도급관으로도 볼 수 있겠다. 그는 부자로서 악명이 높았다. 이는 당시 모든 세리들에 대한 '죄인'이라는 평판을 대변하기도 했지만, 그는 불특정인을 착취했고(εἴ τινός τι ἐσυκοφάντησα) 그 것을 반환하겠다고 약속한다(눅 19:8). 네 배로 갚겠다고 말하는 세리 삭개오의 (추측컨대) 착취의 관행은 누가복음 3:10-14에서 세례 요한의 심판설교에서 잘 설명된다. 세리들은 "고시된 것 이상"(πλέον παρὰ τὸ διατεταγμένον)의 세금을 거두어들였다. 그런데 군인들이 "착취하는 행위"(συκοφαντεῖν)는 삭개오가 한 행위와 동일하게 묘사되고 있다. 여기 나타나는 군인들은 유대인 용병들로 볼 수 있는데, 이들은 로마의 세금 청부업을 맡아 도급 받은 세리들이 토지에 관한 징세 소작을 통한 부를 축적하는 데 협업을 하면서 백성을 착취했을 것이다. 그러므로 이 비유의 청지기가 소작농에게 지대와 세금을 거두어들이는 마을의 '세리'와 재무관 역할을 했을 것이라는 추측도 배제할 수 없겠다.[36]

2) 명예의 경제학

비유의 마지막 8a절에서 주인은 그를 "영리하다"고 칭찬하고 있

---

36. Stegemann, 『초기 그리스도교의 사회사』, 199-201.

다. 잘 납득이 가지 않는다. 그리스어 '프로니모스'(φρονίμως)로 번역된
이 단어를 대체하는 히브리어는 '호크마'(지혜)였다. '호크마'가 형이
상학적인 지혜로 번역될 때는 '소피아'(sophia)로, 생활 속의 지혜로 번
역될 때는 '프로니모스'로 번역될 수 있었다. 주인은 도대체 왜 그를
"영리하다"고 칭찬했단 말인가? 이유를 이렇게 설명하면 어떨까? 만
일 주인이 청지기의 이 영리한 행동을 무효로 돌리고자 한다면 채무
자들에게 구차한 변명을 해야 할 것이다. 하지만 이렇게 된다면 주인
이 마을에서 쌓아 왔던 덕망, 즉 후덕한 후원자라는 명예를 잃게 될
것이다. 사실 그 황당한 행동으로 청지기는 주인의 살고 있는 지역에
서 주인의 명예를 더욱 더 드높여 놓고 말았다. 설사 주인이 후덕하
지 않아 청지기를 괘씸하게 생각할지라도 이미 물은 엎질러졌다. 이
미 통장에 "자비의 보너스"를 넣어 주었는데 다시 돌려 달라고 한다
는 것은 수치가 아닐 수 없었다. 그런 행동이야말로 명예의 재산을
스스로가 허비하는 꼴이다. 그러니 주인은 이 청지기의 행동을 받아
들이는 수밖에 없다. 결국 청지기의 이 발칙한 행동으로 주인은 이러
지도 저러지도 못하는 신세가 되었다. 그야말로 영악하기 이를 데 없
는 행동이었다.

이 비유는 앞의 누가복음 15장 11-32절의 탕자의 비유와 깊이 연
관되어 있다. 16장 1절에 나오는 연결사 '데 카이'(δὲ καί)는 "이제(예수
께서는) 또한(제자들에게도 말씀하셨다)"로 번역할 수 있는데, 이는 15장 3절
에 단 한 번 언급된 "비유"가 15장의 세 가지 비유에 이어서 이 청지
기의 비유까지 이어지고 있음을 보여준다. 두 비유는 아들과 청지기
모두 아버지와 주인의 재물을 "낭비하고 있다"(διασκορπίζω)라는 표현

을 공유하고 있다. 주제적으로도 15장의 탕자의 비유는 돌아온 아들에 대한 자비로운 아버지의 관대한 용서를 주제로 하고 있고, 이 불의한 청지기의 비유도 결국은 빚진 자에게 주어지는 자비로운 주인의 관용을 다루고 있다고도 볼 수 있다.[37] 물론 이 비유 자체에서는 주인의 그런 성품을 직접적으로 묘사하고 있지는 않지만, 그는 주인의 성품과 뜻을 이렇게 신뢰하였으리라. '주인은 빚진 자에게 자비를 베푸는 이 영리한 행동을 결코 나무라지 않고 수용할 수밖에 없을 것이다!'

　여기서 전제해야 할 사항은 명예가 재산의 일부였던 로마의 '패트로니지' 관계망 안에서 이 청지기가 주인의 재산을 낭비하는 행동은 단지 재화의 낭비만이 아니라 주인의 명예를 실추시킨 행위도 포함되었음을 언급할 필요가 있겠다. 로마 사회는 황제와 총독, 왕과 영주, 지주와 소작인, 가부장과 식솔들(부인, 자녀, 노예들) 등 온갖 인적인 네트워크로 형성된 물질적인 상호관계로 구축되어 있었는데, 여기서 명예는 후원자에게 가장 큰 자산이다. 토지는 소작농들에 의해서만 경작될 수 있고 그 땅은 원래 이들의 것이었으나 군사력에 의한 강제와 '세금의 경제학'으로 부자에게 이전된 셈이다. 그러니 그들은 부자(patron)의 고객(client)이 아닐 수 없다. 이 둘 사이에는 '명예와 수치의 경제학이 작용한다. 땅의 주인은 자신의 땅을 개발함으로 고객을 '점잖게' 착취해야 한다. 악역은 대리자에게 맡기고 자신은 그 지

37.　이 두 이야기는 그 밖에도 "아들, 종이 아버지, 주인의 자비에 자신을 맡기거나, 깨진 신뢰와 여기서 생기는 문제를 다루는 등" 상당히 많은 유사점이 있다. Bailey, 『중동의 눈으로 본 예수』, 515.

역의 주민들에게 명예의 자산을 유지하여 지속적으로 그곳 주민들에게 환심을 사고, 명예라는 재산을 보존하지 않는다면 소요가 발생하여 머지않아 원로원이나 황제로부터 땅은 물론 모든 지위를 잃게 될 수도 있다.[38]

3) 채무탕감의 재원

그럼 청지기는 주인의 재산으로 선심을 썼는가? 아니면 자신에게 돌아올 몫에서 깎아준 것인가? 본문에서 "주인의 채무자" 혹은 "당신은 나의 주인에게 얼마를 빚졌소?"라고 말하기 때문에(5절) 이 계약은 주인과 채무자들과 맺어진 것이라 볼 수 있다.

사실, 청지기의 행동을 받아들이는 것은 단지 주인이 자비로운 사람이기 때문만은 아니다. 만일 채무의 탕감이 청지기의 몫에서 나간 것이라면 주인은 잃을 것이 없을 수도 있다. 그렇지만 청지기가 자신의 지위가 박탈되는 순간 휴지조각이 될 그런 빚 문서라면 그에게도 더 잃을 것은 없다. 그것은 오히려 삭개오가 회개하여 착취했을 것을 반환하는 행위와 같은 맥락일 수 있다. 차이가 있다면 자신에게는 더 잃을 것이 없는 상태에서 오히려 미래의 가능성을 열어 둔 '영리한 회개'라고나 할까? 아무튼 주인의 재물을 허비하던 청지기가 해고당하게 된 종말론적인 상황에서 행한 '영리한 낭비'를 통해 정말 '대박'을 낸 것이다.

베일리는 청지기가 임차인과 임대인(주인)이 맺은 계약을 관리하

---

38. Malina, *Social-Science Commentary on the Synoptic gospels*, 369-72.

며 급료를 받았고 또 부수적으로 얼마를 챙길 수는 있었지만 그것을
장부에 기록하지는 않았을 것이라고 추측한다. 그는 주인과 임차인
은 자신이 지불할 액수를 알고 서명하고 관리인이 배서하기 때문에
청지기의 장부에 기록된 액수는 주인과 맺은 계약 액수라고 임차인
들은 생각한다.[39] 하지만 베일리는 청지기가 단순히 계약의 중개인일
뿐 세금이나 소작료를 대납하고 자의로 징수액을 결정할 수도 있는
탐욕스런 청부업자일 수 있다는 생각을 하지 못한다. 이 경우 부자는
모든 세금 혹은 소작료의 징수를 청지기에게 도급하는 의뢰인으로
둘 사이에 정해진 소작료를 받으면 그뿐이다. 주인이 더 큰 수입을
원한다면 임차인이 아니라 대리인으로 내세운 청지기와 도급 계약
액을 높이거나 이 액수를 받아들인 대리인에게 도급을 내리면 그만
이다. 요세푸스(Flavius Josephus)에 의하면 이들 지역의 세금 징수는 알
렉산드리아에서 해마다 자유 입찰을 통해서 관공서들이나 도시의
유력자들에게 하도급으로 주어졌다고 한다.[40] 시리아 총독 카시우스
(Casius)는 은화 700타렌타라는 엄청난 세금을 '토파르키아'(τοπαρχία)
의 "영주"(ὑπαρχῆς) 헤롯을 포함한 4명의 "행정관"(procurator)이요 "관리
자들"(οἰκονόμος)에게 도급액으로 강제 부과했다. 다른 관리인들은 이
를 부담하지 못했지만 갈릴리 군사령관 헤롯은 가장 먼저 책임액을

---

39. Bailey, 『시인과 농부』, 172-73.

40. 요세푸스, 『유대고대사』 12.155, 169, 175f. 헹엘은 소아시아의 프톨레마이오
    스 도시들의 세금들 역시 이와 유사하게 하도급으로 배분되었으리라고 생각
    한다. Hengel, 『유대교와 헬레니즘 1』, 109 각주 139.

바쳤다고 한다.[41]

제국과 속주 차원에서 이루어지는 황제와 총독의 정치 경제학은 일상의 임대차 관계에서 이루어지는 부자와 청지기의 관계에서도 관찰된다. 요컨대, 비유에 등장하는 청지기는 단지 노동력을 제공하고 작은 급료를 받고 근근이 살아가는 낮은 신분의 노예라기보다는 주인의 소작료를 대납할 만한 재산과 능력을 가진 자로서 주인에게 일체의 권한을 위임받아 마음껏 착취할 수 있는 지위를 향유하는 '세리와 같은 자'다. 그가 할 수 없는 일이란 주인과 소작인 사이에 체결된 원 계약에서 주인의 명예라는 재산을 파괴하는 것이었다.

3. 돈의 철학과 자본주의 정신

1) 돈의 철학

다음으로 누가는 이 비유를 9-13절과 결합함으로써 '재물의 사용'이라는 구체적인 적용을 하고 있다. 주지하는 바와 같이 누가는 신학적 관점에서 경제와 신앙을 적극적으로 결합한다. 여기서는 "불의한 재물로 친구를 사귀라"(9a절)는 세속적인 격언이 사용된다. 청지기의 행동이 비록 영리했다 할지라도 그것은 부정직한 처사이거나 '진심 어린 회개'의 행동은 아니었으리라. 게다가 그가 착취한 돈은

---

41. 요세푸스, 『유대고대사』 14.271; Stegemann, 『초기 그리스도교의 사회사』, 196-98.

부당한 것이고, 미래를 내다보고 자신의 잇속을 차리는 행위일 수 있다. 그런데 이 순간적인 판단으로 불의한 재물을 유용하게 사용한 처사는 "돈의 지배력이 떨어지는 영원한 세계에서 빛을 발할 것이다"(9b절)라는 교훈을 남긴다. 여기서 돈이란 객관적 도구이기 때문에 돈의 효용성이 문제이지 "불의한 재물"이든 어떤 돈이든 '개처럼 벌어서 정승처럼 쓰면' 상관이 없는 것일까? 이에 대한 주석적 논쟁은 끝이 없을 정도다. 이 논쟁을 여기서 다루기에는 지면 상의 제약이 많다.

하지만 10절에서는 돈의 양적인 속성을 대조하여 "가장 적은 것"과 "많은 것"이 언급되며, 다시 "불의한 재물"과 "참된 것"이라는 질적인 대조로 전이된다. 여기서 문제시되는 것은 신실함이다. 11절에서도 돈의 사용과 돈을 지배하는 존재에 대한 신실함에 일관된 가치를 부여하고 있다. 돈은 근본적으로는 제한적이고 중립적인 가치를 가지고 있지만 그것을 사용하는 인간의 주체적 자각과 마음가짐에 의해 질적인 것으로 변할 수 있다고 생각할 수도 있는 교훈이다.

그래서 돈의 대립적인 속성은 주인과 종의 관계에서 요구되는 근본적인 격언으로 끝난다. "종이 두 주인을 섬길 수는 없다. 너희는 하나님을 섬기면서 맘몬을 섬길 수 없다"(13a절). 객관적인 도구에 불과했던 돈은 인격적인 존재로서 인간을 지배할 수 있는 주인이 되어 하나님과 대등한 위치에 놓일 수 있다. 돈은 인간의 주인이 될 수 있다. 인간은 맘몬과 하나님 사이에 필연적인 선택의 기로에 놓이게 된다. 하나님인가, 맘몬인가?

2) 짐멜의 『돈의 철학』

독일의 사회학자 짐멜은 1900년 그의 주저 『돈의 철학』에서 현대 세계를 철학적으로 관찰하고 해석하는 중대한 수단으로 돈을 이해한다. 그에 의하면 돈은 단순히 경제적 교환 수단만이 아니라 인간의 사회적 행위와 관계를 매개하고 규정한다. 하지만 그는 이러한 의미의 돈의 경제학과 사회학을 넘어 돈과 현대 문화의 보편적 특성 및 관계를 추구하는 돈의 철학을 추구한다. 그렇다면 현대 세계의 철학적 인식 수단이 왜 돈인가? 돈은 실천적 세계에서 "보편적 존재 형식의 가장 명백한 실재"이기 때문이라고 한다. "돈은 가장 추상적인 것을 명료하게 해준다. 돈은 인간이 세계에 대하여 갖는 관계의 적합한 표현인 것이다."

그러면 짐멜이 주장하는 바, 현대 세계에서 돈의 철학적 의미는 무엇인가? 우선 부정적인 측면에서 보자면, 돈은 모든 것을 상대적인 가치로 전환시킴으로써 절대적인 가치를 없애버린다. 돈의 유일한 특징은 수량이기에 모든 인간을 수량적 대소 관계로 환원시킴으로써 수량적 논리에 종속시켜 버린다. 결국 돈은 현대인을 인간적 본질로부터 멀어지게 한다는 것이다. 하지만 긍정적인 측면에서, 돈은 개인의 주체적 인격의 발달과 인간적 문화 촉진의 물적·경제적 기반이 된다. 현대 시민 계급은 역설적이게도 다름 아닌 돈의 소유를 통해서 돈이 가지는 수량적 의미를 벗어날 수 있다고 그는 주장한다.

돈을 소유한 개인은 이제 생존을 위한 노동과 투쟁의 유물론적 단계를 벗어나서 개인적·인격적 삶과 주체적·인격적 문화에 관심을 갖고 생산에 참여할 수 있게 된다. 다시 말해, 돈이라는 물질적·경제적 구속으로부터의 해방은 다름 아닌 이 돈의 축적과 소유를 통해서만 가능하다는 것이다. 이것이 이른바 돈의 '질적 논리'이다. 그렇지만 현대의 노동자 계급은 물적/경제적 자산에 의하여 전인격적인 통제와 지배를 받게 되어 있어 이른바 실천적 물질주의로 전락할 수밖에 없다고 한다. 결국 오늘날은 노동자 계급 또한 돈의 '질적 논리'에 의해 지배를 받는다고 할 수 있겠다.

짐멜은 당시 시민 계급이 자본주의 체제를 부인하지 않으면서도 자본주의적 지배로부터 자신의 영혼을 구제할 수 있는지를 사유했다. 즉, 그는 자본주의를 니체(Friedrich W. Nietzsche)처럼 인간의 역사에서 나타난 가장 천박한 체제나, 문화의 파괴 혹은 타락의 원인이 아니라 그 자체가 하나의 물질문화이며 현대 세계에서 새로운 정신문화의 물질적·경제적 토대라는 사실을 받아들인다. 이렇게 되면 '돈과 영혼'의 결합은 가능해진다. 짐멜의 『돈의 철학』은 '돈과 영혼'의 관계 또는 물질문화와 정신문화의 관계에 대한 그의 철학적 성찰의 집대성이라 할 수 있겠다.

3) 막스 베버의 『프로테스탄티즘의 정신』

니체가 『차라투스트라는 이렇게 말했다』에서 표현했던 자본주의적인 문화 발전의 이른바 "마지막 단계의 인간"(die letzten Menschen)은 오늘날 자본주의의 피폐한 인간상을 연상시킨다. 돈에 영혼을 팔고 있는 오늘의 현대인은 참으로 "정신 없는 전문인, 가슴 없는 향락인"

이 아닌가?[42] 예수의 비유에 종종 나오는 주인과 종이 '결산하는 장면'은 종말론적인 문맥을 지시한다. 이 불의한 청지기의 비유 역시 종말론적 심판을 앞둔 인간의 마지막 행위를 묘사하고 있다. 그다음에 나오는 누가복음 16장 19-31절의 어떤 부자와 거지 나사로의 비유 역시 그렇다. 그의 호화로운 삶의 대문 앞에는 비참한 거지가 늘 있었다. 하지만 부자의 영혼은 재물과 향락에 팔려 그의 고통을 보지 못했다. 죽음 너머에서 부자를 기다리고 있는 것은 비참한 심판이었다. 반면 거지는 "아브라함의 품"에 있었다. 부자와 거지 사이에 놓인 저 거대한 협곡은 "불의한 재물로 친구를 사귀라. 그리하면 그것이 쇠할 때 그들이 너희를 영원한 처소로 영접하리라"(눅 16:9)는 말씀을 연상시킨다. 주인의 마지막 심판 앞에서 너무나도 영악한 행위를 하는 청지기는 니체가 말한—물질문화의 "마지막 단계의 인간"을 극복한—"초인"(Übermensch)도 아니고, 막스 베버가 말한 "자율적이고 주체적인 인격체로서 주관적 의미 부여와 가치 정립에 입각해 행위하는 개인들", 즉 금욕적이고 합리적인 근대 자본주의의 정신을 추구하는 "경제적 초인"(ökonomische Mensch)도 아니다.[43] 그는 단지 해고를 당해야 하는 상황에서 긴급하게 처세한 "이 세대의 아들들"(눅 16:8)에 불과하다. 하지만 돈이 지배하는 세계에서 "빛의 아들들"은 그들의 '영리한' 행동을 배워야 한다. 돈의 양적 가치를 질적 가치로 새롭게 창조할 초인에게 때는 '아직도 늦지 않았다!'

---

42. 김덕영, "종교, 경제, 인간, 근대," 535.
43. 김덕영, "종교, 경제, 인간, 근대," 536.

청지기는 그의 마지막 행동이 비록 부정직하지만 도덕적으로 용납될 수도 있으리라는 희망을 주인에게 걸 수 있었다. 경제학적으로 본다면 주인의 명예가 더 손실될 것은 없기에 그의 뜻에 대립되지 않는다고 생각할 수 있었을 것이다. 여기서 중요한 것은 관점의 변화다. 청지기의 영혼은 이제 맘몬의 지배가 아니라 주인의 지배를 받기 시작한다. 청지기가 자신의 낭비 혹은 쾌락과 탐욕으로부터 구출될 수 있는 '모멘텀'은 바로 이 사건에서 일어난다.

주인-청지기-채무자로 맺어진 물질적·사회경제적 네트워크에서 청지기는 이제 비로소 자각적이고 주체적 행동을 하게 된다. 그리하여 돈은 인간의 사회적 관계를 옭아매는 도구에서 해방하는 도구가 된다. 이렇게 하여 돈의 질적인 속성이 강화되고, 인간의 행위 자체의 부당성은 주인의 전적인 지배를 따르는 신실함에 용해되어 사라진다. 이 세상에서 돈을 버는 과정 자체에서 일어나는 부당성과 불법성의 차이는 참으로 애매하다. 일반적으로 부동산 투기는 불법적인 것인가, 아니면 부당한 것인가? 이슬람법에서는 이자를 불법으로 규정한다. 과연 영리를 추구하는 자본주의 사회에서 이자를 받는 것은 정당한가?

* * *

이제 논의를 요약해보자. 나는 불의한 청지기 비유(눅 16:1-13)를 설명하기 위해서 헬레니즘 경제체제의 공공부문은 물론 사적 영역에서도 일상화된 세금도급관이라는 청지기 모델을 제시했다. 소작료

도급 체계는 헬레니즘 시대부터 개인의 토지 관리에도 널리 도입되어 로마 사회에서는 상호 후원제(Patronage)라는 사회경제체계를 통해 훨씬 더 생활 세계 속으로 파고들어 갈 수 있었다. 이 체제는 황제와 총독, 왕과 영주, 지주와 소작인, 가부장과 가족들(부인, 자녀, 노예들) 등 후견인과 피후견인으로 구성된 인적인 네트워크로 물질적인 상호관계가 구축되는데, 여기서 후견인에게 가장 큰 자산은 명예이다. 주인은 자신의 토지를 관리할 대리자에게 막강한 법률적·군사적 권한을 주어 주인의 명예를 포함한 유무형의 모든 '주인의 소유'를 관리하게 했다.

비유의 청지기는 주인에게 총 소작료를 지급하는 조건으로 주인의 모든 권리를 위임받아 주인과 소작농 사이의 계약 관계에서 매우 적극적으로 자신의 이권을 행사할 수 있었을 것이다. 소작농을 사적인 지배하에 둘 수 있었던 청지기는 주인에게 대납할 계약 금액과는 별도로 과도한 소작료를 거둬들일 수 있었다. 이것은 불법적인 성격은 아니지만 "불의한 재물"이 된다. 주인은 자신의 명예를 실추하며 소작료를 거둬들이는 이 불의한 청지기를 해고하기로 한다. 주인의 해고는 청지기의 기반을 송두리째 박탈하는 정치적 처사로 보아야 한다. 청지기가 이제까지 소작인들과 맺은 계약은 일시에 무효가 될 수밖에 없다.

이러한 사회경제적 문맥에서 주인이 청지기를 영리하다고 칭찬한 것은 이해할 만하다. 청지기가 주인의 명예를 다시 회복하면서 동시에 자신의 명예는 물론 미래의 안전장치를 추구했기 때문이다. 신학적인 관점에서도 그의 행동은 정당성을 가질 수 있다. 왜냐하면 청지기는 자신의 해고를 돌이킬 수 없는 긴급한 심판의 상황에 처했고, 이제 곧 물거품이 될 소득을 신속하게 포기하고 착취했던 자들에게 자신이 직접 빚을 탕감해주어 영원한 처소를 준비했으며, 이것은 지혜로운 행동이었다. 이 비유를 통해 제자들에게 주는 마지막 교훈은 현재의 그리스도인을 위한 "돈의 철학"에 시사점을 줄 수 있다. 이 세상 사람들의 영리함이 이러할진대, 하물며 참된 가치를 추구하는 그리스도인의 지혜가 어떠해야 하겠는가?

한국 교회의 경제적 번영신학이 그리스도인들의 성공적인 삶을 추구하는 데 기여한 것이 사실이다. 이제 우리에게 필요한 것은 무엇일까? 한국에서 프로테스탄티즘의 정신문화는 물질문화를 배제하는 것에 머물지 않고 그것을 적극적으로 수용하고 거기에 새로운 가치와 질서를 부여할 수 있을까? 프로테스탄티즘의 여명기에 칼빈은 그리스도인은 자신이 구원받은 증거를 직업을 통해서 입증할 수 있어야 한다고 주장했다. 이 사상은 행위로 의롭다 여김을 받는 "행위 칭의주의"(Werkgerechtigkeit)와는 다른 개념으로서, 개인은 자신이 신 앞에 예정된 자임을 주관적으로 인식할 수 있다는 이른바 "행위 구원주의"(Werkheiligkeit)이다. 오늘의 세계에서 우리는 자신의 구원을 확증하는 도구로서 직업 대신 '돈의 사용'을 대치해 놓아도 될까? 돈의 사용을 통해서 우리는, 비록 주관적이나마 우리의 구원의 확실성을 창조해 나갈 수 있을까? 그리스도인이 '돈'에 프로테스탄티즘의 '영혼'을 결합할 수만 있다면, 이 최종적 형태의 물질문화를 다시금 새로운 정신세계로 향하게 할 수 있을까?

제2부

평화의 복음으로 살아가기

제5장
성서적 통일신학과 선교

통일을 성서로 말한다는 것은 어려운 문제이다. 게다가 21세기 한반도의 분단 극복을 과제로 삼는 통일신학의 관점에서 성서를 해석한다는 것은 자칫 과도한 비약이라고까지 말할지도 모른다. 왜냐하면 어떤 관점을 가지고 성서를 해석하는 것이야말로 성서학자들이 가장 꺼리는 일이기 때문이다.[1] 지난 20여 년간 한국에서 그토록 빈번히 통일신학을 말하면서도 상대적으로 성서신학 분야에서 본격적인 연구나 집필이 적었던 것은 아마 이런 이유 때문이었을 것이다. 그러나 이는 역설적으로 성서신학으로 통일신학을 말할 수 있을 때, 통일신학은 비로소 신학일 수 있음을 의미할지도 모른다. 정말 '통일신학'이란 가능할까?

---

1. 나는 통일신학과 실천운동에 관한 담론을 담은 나의 저서 『성서로 본 통일신학』(서울: 한국성서학연구소, 2010)의 핵심 내용만을 여기서 재서술한다.

일찍이 "평화의 신학"을 주창한 이삼열은 "통일문제에 관하여는 성서적·신학적 근거를 마련하기가 매우 어렵다"고 토로한 바 있다.[2] 사실 이제까지 통일에 관한 성서신학의 논의는 매우 제한되었고, 있었다 해도 파편적인 주석의 결과로 통일신학의 가능성을 타진하는 정도였지 일관된 통일성을 갖는 성서의 통일신학을 말하기는 어려웠다. 또한 신약성서보다는 구약성서로 통일신학을 말하는 것이 더용이했는데, 그 이유는 아마도 구약에서는 이스라엘의 남북왕조의 분열과 통일이라는 역사적 전거(典據)가 존재했기 때문이었을 것이다.[3] 그러나 통일신학이 기독교 신학의 근거를 갖기 위해서는 이스라엘의 역사를 재료로 하되, 이를테면, 하나님의 나라나 종말론, 기독교 윤리와 같은 기독교 신학의 보편적 문법으로 서술해 내야 한다.

이러한 관점에서 우리는 통일신학을 성서신학, 그 가운데서도 신약성서신학의 주제로 다루어야 할 정당성을 갖는다. 왜냐하면 신약성서는 이스라엘 민족의 역사라는 구약의 패러다임을, 모든 민족의

---

2.   김경재, 김용복, 안병무, 이삼열, 홍근수, "통일신학의 성서적 기초," 신학사상 심포지움 II, 『신학사상』 61 (1988), 310-29 (311).

3.   이러한 시도는 때론 너무 전문적인 성서학적인 분석에 머물거나, 때로는 피상적이거나 너무 거대담론에만 머물렀다. 이성훈, "민족 복음화와 남북통일," 『성서와 신학』, 37 (2005), 58-75. 방석종, "구약성서에 나타난 민족의식과 통일사상," 『신학과 세계』 19 (1989), 238-63. 그런가 하면 포로기 이후 역대기사가의 "온 이스라엘 사상"을 주제로 한 임태수, "역대기사가의 민족통일 신학," 『신학연구』 28 (1987), 415-37의 주장이나, 이사야의 남은자 사상에서 민족화해와 통합 이스라엘의 신학적 기초로 보고 있는 김회권, "'남은자 사상'에서 나타난 이사야의 민족통합 신학," 『한국기독교신학논총』 37 (2005), 41-65의 견해는 상당한 설득력을 가지고 있다.

역사를 포괄하는 더 넓고 보편적인 틀로 확대하고 있기 때문이다.[4] 그래서 우리는 때로는 공관복음서의 하나님 나라의 신학으로, 때로는 바울서신의 이방인과 유대인의 하나 됨의 담론을 통일신학에 원용할 수도 있다.[5] 그러나 전자는 구약의 이스라엘의 역사를 전적으로 기독교적 관점에서 해석한 신약성서신학의 고유한 주제임을 부인할 수 없고, 후자는 보편적이기는 하지만 민족의 통일이라는 역사성을 담기에는 아직 추상적인 차원에 머물러 있다. 그러므로 우리는 통일신학을 성서적 관점으로 기술하기 위해서 구약의 이스라엘의 역사와 신약의 예수 그리스도께서 선포하신 하나님의 나라를 역사적·신학적 관점에서 연결할 수 있는 핵심적인 성서신학적 개념에 접근해야 할 필요성을 느낀다.

1. 이스라엘의 회복과 선교

1) 이스라엘 회복의 통일신학적 함의

나는 그것을 이스라엘 회복이라 생각한다. 사실 이스라엘의 종교사에서 이스라엘 회복은 아마도 포로기 이후를 특징짓고 있는 가장

---

4.   차정식의 논문 "바울신학에 나타난 통일사상," 『한국기독교신학논총』 17 (2000), 51-89이 신약성서에서 통일에 관한 일반적인 상념으로 환원되고 있다면 이러한 이유일 수 있다.

5.   김회권, "역대기서의 민족화해 신학," 『한국신학의 가능성과 전망』, 제1회 한국신학 심포지움 자료집(2010. 4), 102-25. 차정식, "바울신학에 나타난 통일사상," 51-89.

중요한 신학적 산물 가운데 하나이다. 이스라엘 왕국 전체의 멸망과 그로 인한 포로기의 경험은 바야흐로 이스라엘의 신학과 삶 전 영역에 깊은 영향을 미치고 있었다. 그러나 이스라엘 회복이란 야웨의 구원 역사를 목도해왔던 이스라엘에게 주어진 계약의 율법을 예언자들이 세계사적 지평에서 새롭게 해석했던 포로기 이후 신학사상이다. 이 시기의 이른바 제사장 문헌과 신명기적 역사서들은 포로기 경험을 토대로 해서 옛 이스라엘 전승들을 새롭게 해석한다. 이러한 흐름은 포로기 이후의 예언자들, 이를테면 학개, 스가랴, 말라기에게 깊은 영향을 주었다.[6]

여기에 신구약 중간기 유대교 문헌들을 살펴보면, 이스라엘 회복의 사상적 배경은 더욱 확실하게 드러난다. 성전의 회복과 열두 지파의 회집, 의인의 고난과 악인의 심판에 대한 관념들은 헬레니즘 시대 유대교 문헌들을 아로새기고 있다. 샌더스(E. P. Sanders)는 고대 유대교에서 이스라엘 회복에 관한 신앙을 종합적으로 분석하며, 회복의 희망은 유대교의 종파와 개인에 따라 어느 정도는 차이가 있을 수 있으나 다양한 유대교 신앙의 현상들 가운데 가장 보편적인 것이었다고

---

6. 이스라엘 회복에 대한 구약 예언자들의 사상에 대한 연구에 대하여는 Peter R. Ackroyd, *Exile and Restoration* (London: SCM Press, 1968), 232-37; 138-217과 R. S. Foster, *The Restoration of Israel* (London: SCM Press, 1970); Konrad Schmid and Odil H. Steck, "Restoration Expectations in the Prophetic Tradition and the Old Testament," edited by James M. Scott, *Restoration: Old Testament, Jewish and Christian Perspectives* (Sup. to the Journal for the Study of Judaism 72, Leiden, Boston, Koeln: Brill, 2001), 41-82 (56-61)를 보라.

결론 짓는다.[7]

여기서 주목해야 할 것은 포로기 이후 예언자들이 선포한 이스라엘 회복의 내용이다(사 49:5-6; 56:1-8; 60:3-7; 66:18-24; 겔 34장; 37:15-23). 첫째, 열두 지파가 복원되고 둘째, 다윗 왕조가 회복되고 셋째, 이방인이 이스라엘 회복에 참여하게 된다. 이러한 주제는 헬레니즘 시대 유대교 문헌에서 매우 중요한 세계관을 형성하여 상징적 이야기로 표현된다. 이중에서 첫 번째 주제인 열두 지파를 복원하여 이스라엘이 회복되기를 고대하는 내용은 이미 구약성서 이사야 49장 5-6절과 에스겔 37장 15-23절에 나타난다. 또한 이 시기 유대교 문헌 가운데 집회서(벤 시라) 48장 10절, 바룩서 4장 37절과 5장 5절, 마카비서하 1장 27-28절, 희년서 1장 15-17절 및 28절, 솔로몬의 시편 17장 50절, 그리고 쿰란의 문헌들(11QT 8.14-16; 1QM 2.2-3)에서도 발견된다.

그런데 두 번째 주제인 다윗 왕조의 회복(겔 34:22-24; 37:24-25)은 매우 드물게 솔로몬의 시편 17장 23-26절에만 나온다. 다윗 왕조의 회복에 대한 기대는 헬레니즘 시대의 유대교 역사 속에서 현실적인 정치세력의 등장으로 기대되었을까? 기원전 2세기 중반 헬레니즘 통치 세력에 대항하여 마카비 가문을 중심으로 일어난 유대인 봉기는 142년 이후 하스몬 왕조를 성립시켰다. 이 왕조는 북으로는 사마리아까지, 남으로는 이두매아 지역까지 점령하여 옛 다윗 왕국의 영토를 회복하게 된다. 이 유대인 왕국은 로마 제국하에서 이른바 "유대

---

7. E. P. Sanders, 『예수와 유대교』, 황종구 옮김 (서울: 크리스챤다이제스트, 1994), 289-98.

성전국가"(Jewish temple state)의 지위를 유지하고 있었다. 이는 마카비 봉기를 통해 유대인이 독립 국가를 형성하는, 놀라운 성취를 보여주는 사건이었다. 당시 유대교는 단지 종교로서만이 아니라 명실상부한 정치적인 통합 이스라엘을 물리적으로 이루어 내었던 셈이다. 하스몬 왕조가 사마리아 지역을 점령하고, 이두매아 지역 사람들을 강제로 할례시킨 사건은 그것을 가장 상징적으로 보여준다(『유대고대사』 13.254-58). 더 나아가 하스몬 왕조는 이러한 정서를 이집트의 알렉산드리아 지역 디아스포라 유대인들에게까지 확대하려는 시도를 했던 것으로 보인다.[8] 이 왕조는 약 80년간을 지속하다가 기원전 63년 로마에 의해 정복되었지만, 왕조의 이스라엘 통합 정책은 이후 기원후 66년 유대전쟁의 발발과 132년 바르 코흐바(Bar Kokhba) 봉기까지 지속된 유대인 저항 운동에 큰 영향을 주었을 것이다. 종교적 "열심"과 민족적 자부심에 기초한 이러한 유대인의 저항운동은 제2성전기 유대교 역사의 최후까지 도도한 신학적 세계관을 형성했고, 당시의 사회경제적 모순으로 인한 종교적 민족주의와 함께 시너지 효과를 가져왔다.[9]

그러나 사실 이러한 물리적 통합과 저항 운동이 고대 유대교의 이스라엘 회복이라는 세계관 전체를 대변하는 것은 아니었다. 그랬

8. 우리는 아마도 이러한 민족 통합의 정서를 디아스포라 지역에 확대하기 위하여 이른바 하스몬 왕조의 이념으로 사용된 마카비서나 회람용 문서 『12족장 유언서』를 들을 수 있을 것이다. 이에 대해서는 나의 "12족장 유언서의 형제애 에토스," 『신약논단』 16/1 (2009), 308-28를 참조하라.
9. 이러한 흐름에 대한 개관은 N. T. Wright, 『신약성서와 하나님의 백성』, 박문재 옮김 (서울: 크리스천다이제스트, 2003), 295-303.

더라면 하스몬 왕조에 대한 회고는 이 시기 출현한 유대교 종파들에게 커다란 영향력을 미쳤을 것이다. 그러나 하스몬 왕조 이념을 반영하는 마카비서조차 하스몬 가문을 회복된 '다윗 왕조'로서 간주하지 않는 경향이 나타난다. 마카비서는 오히려 유대인의 신앙적 저항 운동으로서 마카비 항쟁을 찬양할 뿐이다. 실제로 마카비 항쟁을 지원했던 종교 공동체 하시딤은 하스몬 왕조가 등장하자, 에세네 종파를 이루며 광야로 이탈되어 갔다. 또한 유대인 역사가 요세푸스는—그의 역사관이 편향된 측면은 있었지만—이스라엘 역사에서 이방인 거대 제국들의 지배가 언제나 악한 것은 아니었다고 주장한다. 이방인의 지배에 저항하는 것은 도리어 하나님의 뜻을 저버리는 행위로 보였다. 이러한 경향은 이스라엘 회복이 정치적인 의미의 민족 회복보다는 종말론적 회복으로 귀결된다는 유대교의 신앙을 반영할 수 있다. 이 시기 유대교 문헌들과 쿰란 문헌들 역시 이스라엘 회복을 정치적인 측면에서라기보다는, 종말론적 차원에서 기대하는 경향을 갖는다.

　세 번째의 주제는 이스라엘의 종말론적인 회복의 때에 이방인이 이스라엘 공동체에 참여하여 야웨의 분깃을 나누리라는 것이다. 이사야서를 중심으로(사 49:5-6; 56:1-8; 60:3-7, 10-14; 66:18-24) 제기되고 있는 이 "이방인 순례"에 대한 예언은 구약 예언서의 뚜렷한 사상으로 자리 잡고 있다(사 25:6-9; 45:20, 22; 슥 2:17; 습 3:9). 또한 헬레니즘 시대 유대교 문헌들(토비트서 13:5, 11; 14:6-7; 희년서 1:15-17, 28)에서도 나타난다. 그러므로 이제까지 언급한 세 가지 주제들은 유대인의 이스라엘 회복에 대한 신념을 구성하는 중요한 요소들이 되었음에 틀림없다.

그런데 이스라엘 회복이란 단지 포로기 이후에 형성된 이스라엘의 신학 사상이 아니라, 세계관으로 파악되어야 한다. 이때 세계관이란 단지 세계를 객관적으로 이해하거나 해석하는 개념이 아니라, 인간의 주체적 행위 지평에서 세계를 보는 "태도"라 하겠다. 세계관을 다음과 같은 네 가지 질문으로 설명하는 미들턴(J. Richard Middleton)과 왈시(Brian J. Walsh)의 견해는 이것을 잘 반영한다. "우리는 어디에 있는가? 우리는 누구인가? 무엇이 잘못되었나? 어떻게 해결할 것인가?" 그리하여 이 질문들을 각각 "우리가 우리 자신을 발견하는 현실의 본질은 무엇인가?" "인간의 본질과 사명은 무엇인가?" "세상에 존재하는 악과 장애를 어떻게 이해하고 설명하는가?"라는 문제로 정의하며, 이를 "창조와 타락, 구속"이라는 성서의 구속사적 관점으로 대답한다.[10] 초기 기독교가 출현하기 시작할 무렵까지 유대인들은 포로기 이후 일상화된 이방인의 지배부터 해방되어야 하는 역사적 과제를 안고 씨름하며 이스라엘 회복이라는 신학적 세계관을 형성시켰다. 예수와 초기 그리스도인들 역시 이 세계관을 일정부분 공유하면서 이스라엘의 악과 이방인의 지배의 문제를 인식하고 해석하며, 이방인의 지배 속에 살아가면서도 자신들이 당면한 역사와 신앙, 삶의 문제를 해결하기 위한 행동의 근거를 발견하였다고 할 수 있다.

요컨대, 이스라엘 회복이라는 관념은 단지 종교적 사색에 그치지 않고, 인간의 의식적 행동을 가능하게 하는 하나의 세계관이었다는

---

10. J. Richard Middleton and Brian J. Walsh, 『그리스도인의 비전: 기독교 세계관과 문화 변혁』, 황영철 옮김 (서울: IVP, 1987), 2장.

말이다. 내가 통일신학에 성서신학적으로 접근하는 통로로서 이스라엘 회복이라는 세계관을 논하는 이유가 여기 있다. 성서적 통일신학을 위해서는 형이상학이나 교리에 관한 문제가 아니라, 분단의 상황에 처해있는 그리스도인으로 하여금 기독교적 세계관으로 그 문제를 인식 가능하도록 설명하고, 성서적 해석을 통하여 문제 해결을 위한 행동의 근거를 진술해야 하기 때문이다. 결국, 성서적 통일신학이란 분단된 세계에서 살아가는 그리스도인들이 남과 북의 적대적 관계를 화해시키고자 성서적 세계관에 근거를 두고 행동하는 실천의 신학이라 정의할 수 있겠다.

2) 이스라엘 회복과 선교

앞에서 설명한 이스라엘 회복 사상 가운데, 열두 지파의 복원과 이방인이 이스라엘 회복에 참여하게 된다는 세계관은 예수와 초기 기독교의 선교사상에 큰 영향을 미쳤을 것이다.[11] 포로기를 통해서 형성된 이스라엘 회복 사상은 예언자들에 의해서 선포된 "야웨의 심판과 구원"이라는 패러다임에서 배태되었다고 앞에서 설명했다. 그들은 심판이 지나가고 구원이 임한 현재에 서서 이스라엘과 이방 민족들을 포괄하는 세계사적이고 보편적인 야웨의 통치를 미래의 종말론적 관점에서 해석했다. 이스라엘 회복이 이루어질 때에 이방인들이 참여하게 되는데, 이것이 신약 선교개념의 씨앗이 된다(사 60:1-

---

11. 박정수, 『고대 유대교의 터·무늬』 (서울: 새물결플러스, 2018), 413-24.

9).[12] 요컨대, 선교란 하나님의 통치의 여명이 이미 밝아오고 있다는 종말론적 구원에 대한 지식과, 또 그 나라는 예수가 보내짐으로 모든 민족에게 현재화되고 있다는 인식을 기초로 하는 신약성서적 개념이라 하겠다.[13]

이러한 인식은 이미 헬레니즘 시대 유대교에서 디아스포라 현상이 확대되면서 준비되었다. 포로기 이후 바빌로니아와 페르시아, 헬레니즘과 로마 제국의 통치로 인하여 이스라엘의 세계관은 확대되었다. 여기에 초기 기독교의 선교 사상이 유대교의 세계관을 깊이 변형시켰다. 마르틴 헹엘(M. Hengel)에 의하면, 선교 사상은 고대 유대교가 헬레니즘 시대 주변세계의 사상과 저항하면서 자신도 모르게 획득된, 하나의 보편적인 세계관이다.[14] 그것은 이미 포로기 이후 형성된 이스라엘의 지혜사상의 세계관과 묵시사상의 역사관에 뿌리를 내리고 있었다. 고대 유대교 내부에서 시작된 예수와 초기 기독교의 선교 운동은 바로 이 헬레니즘 유대교라는 뿌리를 통해서, 세계화된 헬레니즘 도시들과 접촉하고 소통할 수 있는 자양분을 획득하였다.

그런가 하면 에스겔이 예언한 종말론적 이스라엘 회복은 예언자 세례 요한에 의해 새로운 부흥을 일으키게 되었다. 요한은 세례라는

12. Scot McKnight, *A Light among the Gentiles: Jewish Missionary Activity in the Second Temple Period* (Minneapolis: Fortress Press, 1991), 23-45.
13. 참고. F. Hahn, *Das Verständnis der Mission im Neuen Testament* (Neukirchen-Vluyn: Neukirchener Verlag, 1963), 9-19; 146-56. 박정수, 『고대 유대교의 터·무늬』, 413-24.
14. 이것은 헹엘의 『유대교와 헬레니즘』에서 도출되는 가장 중요한 명제 가운데 하나다. 특히 3권의 결론(184-6)을 참고하라.

제의적 정결행위를 통해서 이스라엘이 종말의 시간을 대면하게 했다. 예수도 이스라엘의 종말론적 회복을 자신의 사명으로 삼았던 것은 분명하다(눅 22:29-30). 이것은 그가 세례 요한과 깊이 연대하는 복음서의 보도는 물론, 이스라엘 열두 지파를 상징하는 열두 제자를 선택하는 것에서 드러난다.

또한 "때가 찼고 하나님의 나라가 가까웠다"(막 1:15)는 예수의 첫 선포에는, 지금 하나님의 통치의 여명이 동터오고 있다는 '종말론적 현재'가 드러난다. 초기 기독교는 이스라엘의 종말론적 회복을 자신들이 경험한 하나님의 구원 역사의 경륜으로 바라볼 수 있게 되었다. 실현될 회복과 구원의 현재적 실체는 옛 이스라엘의 전통을 간직하고 있는 사마리아인뿐만 아니라, 이방인도 들어가는 종말론적 새 이스라엘 공동체로 나타난다(마 8:11-12; 사 60:1-9). 예수가 선포한 복음은 하나님 나라가 역사 안에서 '시작되고 있다'는 현실에 터하고 있는데, 이는 초기 기독교가 유대교의 회복의 종말론을 자신의 선교의 세계관으로 가지게 된 결정적인 계기가 된다. 초기 기독교인들은 역사 속에서 하나님 나라의 복음이 이방세계로 전파되고 이방인들이 교회를 통하여 하나님의 백성으로 광범위하게 유입되는 현상을 경험하고 있었다.[15] 그들은 이것을 이스라엘의 종말론적 회복이 실현되고 있는 것으로 보았다.

---

15. 초기 기독교의 확산을 "하나님의 백성"이라는 참다운 이스라엘을 통한 유대교의 확산과정으로 보려는 시도는 오늘날 사도행전의 대표적인 연구가인 예르벨에 의해 주도되고 있다. J. Jervell, 『사도행전 신학』, 윤철원 옮김 (서울: 한들, 2000).

앞서 언급한대로, 이스라엘 회복의 세계관에는 이스라엘 남북왕
조의 분열과 열두 지파 공동체의 파괴, 포로기 이후 이방인의 지배를
통하여 일상화된 이스라엘과 이방인의 분리와 같은 문제를 해결하
려했던 그들의 행동과 신념, 사회적 가치가 존재했다. 초기 기독교는
당시 그런 이스라엘 역사의 과제를 해결하려는 경향에서 유대인의
민족적 특정주의(particularism)를 버리지 않으면서도[16] 헬레니즘 유대교
에 내재된 이방인 친화적이고 세계사적인 보편주의(universalism) 전통
을 강화하는 방향으로 나아갔다.

우선 초기 기독교는 유대인의 세계관에 있어서 이스라엘의 의미
를 변형함으로써 독자적인 정체성을 획득하게 된다. 기독교는 이방
인 선교에 있어서 유대교의 혈연 귀속주의(歸屬主義)를 무력화시킨다.[17]
이를테면, 세례 요한은 "하나님은 이 돌들을 일으켜 아브라함의 자
손이 되게 하실 수 있다"(마 3:9; 눅 3:8, 저자의 사역)고 하며 유대인의 배타
적 특정주의를 해체했다. 바울은 "아브라함은 우리 모든 사람의 조
상"(롬 4:16)이며, "하나님은 다만 유대인의 하나님만이 아니라 이방인
의 하나님도" 되신다고 선언한다(롬 3:29). 물론 예수는 유대인의 할례
를 문제 삼고 있지 않는데, 이는 할례가 특별한 신앙고백이라기보다
는 팔레스타인의 일상적 관습이었기 때문일 것이다.[18] 그러나 바울에

---

16. 바울이 로마서 9-11장에서 이스라엘의 구속사적 지위를 포기하지 않았던 것
    과 같은 의미이다.
17. G. Theißen, "유대교와 기독교: 바울에게서 시작된 두 종교의 분열에 대한 사
    회사적 고찰," 박정수 옮김, 『신약논단』 13/4 (2006), 1055-94 (1058f.).
18. G. Theißen, 『기독교의 탄생: 예수 운동에서 종교로』, 박찬웅, 민경식 옮김
    (서울: 대한기독교서회, 2009), 80.

게서는 할례까지도 논쟁의 대상이 되고 마는데, 로마서와 갈라디아
서는 이것을 논쟁으로 삼는다. 기독교 공동체로 들어오고자 하는 이
방인들에게 할례를 강요할 수는 없었고, 유대교의 입교제의와 유사
한 세례를 요구하였다.

　이러한 유대인의 민족적 특정주의를 완화하려는 경향은 토라에
대한 예수의 태도에서 발원된다. 예수는 일상의 종교 생활에서 유대
교의 정체성을 식별하게 하는 종교제의 행위들, 즉 식사와 정결법,
안식일법을 상대화하거나 무력화시킨다. 예수는 비록 성전제의에 참
여하는 것을 전제하면서도(마 5:23) 당시 유대교에서 뜨거운 담론이 되
었던 안식일법 논쟁에는 적극적으로 개입했으며(막 2:23-28), 정결법에
대해서는 매우 급진적인 태도를 취했다.[19]

> 무엇이든지 밖에서 사람에게로 들어가는 것은 능히 사람을 더럽게
> 하지 못하되 사람 안에서 나오는 것이 사람을 더럽게 하는 것이니라
> 하시고(막 7:15f.).

　사도행전은 율법에 규정된 부정한 짐승을 잡아먹으라는 명령을
주저하다가 순종하는 베드로의 환상이 등장하는데(행 10:9ff.), 이는 초
기 기독교와 유대교의 세계관 충돌을 의미하는 상징적 이야기다. 물
론 이 이야기는 예수가 정결법에 대한 새로운 해석을 하였던 복음서
들의 이야기에서 기원한 것으로 볼 수 있다. 이야기는 하나님을 경외

---

19. Theißen, 『기독교의 탄생』, 79-81.

하는 이방인 고넬료를 하나님이 받으셨다는 내용으로 전개된다. 이러한 이야기들은 초기 그리스도인들이 이방인 선교로 나아가는 과정에서 유대인의 핵심적인 생활 규범을 폐지하고 있음을 보여주고 있는 상징 세계를 반영한다. 성전 파괴의 상황에서 기록된 히브리서는 유대교 성전 제사를 예수의 죽음과 피로 대치하고, 요한복음은 토라보다 더 높은 계시를 예수의 가르침에서 찾는다. 마태복음에서 예수는 "성전보다 더 큰 자"이고(마 12:6), 토라를 완성하는 자이다(마 5:17). 이렇게 하여 기독교는 이스라엘의 정체성을 적극적으로 개방하고 유대인 민족 종교의 범주에서 벗어나 "비유대인도 들어갈 수 있는 유대교"의 형태, 즉 보편적 종교로 나아간다.[20] 초기 기독교는 이렇게 유대인의 세계관과 유대교의 형식을 변형시킴으로써 이스라엘의 정체성을 버리지 않으면서 선교적 구조와 새로운 신념체계를 형성하게 되었다. 그 핵심은 예수 그리스도를, 하나님 나라를 시작한 현재의 구원자요 미래의 심판자로 인식하고, 이 구원의 현재로 이방인들을 적극적으로 수용하는 선교적 행동을 시작했다는 것이다. 신약의 내러티브는 바로 그런 초기 그리스도인들의 선교적 세계관의 상징들을 반영한다.[21]

이렇게 초기 기독교는 이스라엘 회복의 세계관을 가지고 민족의

---

20. A. von Harnack, *Die Mission und Ausbreitung der Christentum in der ersten drei Jahrhuderten*, tr. by J. Moffatt, *The Expansion of Christianity.* Vol. I (Broadway: Wipf and Stock Publishers, reprinted. 1998), 17; Theißen, "유대교와 기독교," 1059-61.

21. 초기 기독교를 이러한 상징의 체계로 해석하는 것에 대하여는 Theißen, 『기독교의 탄생』, 29-40을 참조하라.

문제를 다루면서도, 민족의 문제에 함몰되지 않고 범세계적 관점에서 민족의 문제를 해결하려 했다. 바로 이 점이 통일신학에서 선교의의미이다. 통일신학은 역사적으로 형성된 민족 분단 문제를 다룬다. 20세기의 세계사적 모순과 민족 내부의 갈등으로 이루어진 한민족의 트라우마를 외면하고서 그저 보편적인 차원에서 그리스도의 평화와 화해의 복음을 말하는 신학은 이스라엘 회복이라는 성서적 세계관과 거리가 멀다. 그러나 통일신학은 어떤 형태의 민족적 이념에 함몰될 수 없다.[22] 적어도 성서신학으로 통일신학을 말하고자 한다면 말이다. 왜냐하면 이스라엘 회복은 당시 이스라엘의 민족적 과제이면서 동시에 인간의 회복과 구원이라는 보편적 희망을 지향하고 있기 때문이다. 이스라엘 회복 사상에 내재하고 있는 선교 개념이 이것을 표현한다. 그러므로 기독교는 이 선교 개념을 확대 강화하여, 궁극적으로 '이스라엘'의 정체성을 유대인의 민족적 특정주의에서 예수 그리스도를 통한 보편적 '하나님의 백성'으로 확대시킨 종교라고할 수 있다. 이러한 관점에서 나는 '통일선교 신학'이란 용어를 제안한다. 통일선교 신학은 한반도에서 하나님 나라의 관점으로 남과 북의 적대적 관계를 회복하고자 하는 교회와 그리스도인의 선교적 실천의 신학이라고 정의할 수 있다.

이렇게 통일신학은 그 선교적 특성으로 인하여 민족의 이념에 함몰될 수 없다. 여기서 예수의 이웃 사랑은 통일선교의 신학과 실천

---

22. 이를테면, 박순경의 통일신학을 들 수 있겠다. 그녀가 한평생 저술한 통일신학은 최근의 저술에서 "총괄적 재론"으로 요약되어 있는데, 이를 참고하라. 박순경, 『통일신학의 미래』 (서울: 사계절, 1997).

을 위한 해석학적 다리가 된다. 남과 북의 관계는 통일선교 신학의
관점에서는 민족보다는 '피할 수 없는 이웃'이라는 개념에서 출발해
야 한다. 따라서 이 글에서 나는 한반도의 분단 극복 문제를 민족보
다는 이웃이라는 개념으로 통일신학을 전개하며, 한편으로는 초기
기독교의 선교의 세계관으로, 다른 한편으로는 예수의 지고(至高)의
가르침인 '이웃 사랑과 용서'를 주제로 하여 전개할 것이다. 사실 이
런 선교나 사랑의 가르침이야말로 평범한 그리스도인이라면 누구나
일상의 삶 속에서 하나님께 순종해야 할 과제가 아닐 수 없다. 그러
므로 내가 이 글에서 '통일선교 신학'이라는 용어를 제안하는 것은
단지 통일이나 선교에만 한정되는 주제가 아니라, 평화와 사랑, 용
서, 고난과 같은 좀 더 보편적인 성서신학의 주제를 말할 수 있음을
의미한다.

2. 통일신학의 실천적 주제: 사랑과 용서의 신학

앞서 나는 통일신학이란, 분단 극복이라는 역사의 현실적 과제를
해결하기 위해 이스라엘 회복에 나타난 성서적 세계관과 하나님 나
라를 지향하는 '실천의 신학'이라 정의하였다. 즉, 통일신학은 실천
의 신학이지 결코 이론의 신학일 수 없다. 따라서 통일신학에 대한
우리의 논의는 해석학적 틀에서 실천적 차원으로 넘어가야 한다. 신
약성서에서 통일신학을 실천적 주제로 접근할 수 있는 분야는 신약
윤리에 해당하기에, 그러한 측면에서 사랑과 용서의 신학을 중심으

로 통일신학을 서술해보려 한다.

1) 사랑의 신학

정기철은 "한국의 통일신학을 위한 해석학적 단초"라는 논문에서 이제까지 평화가 통일신학의 중심에서 논의되었음을 수용하면서도, '그것을 어떻게 수립할 것인가'에 초점을 맞추어야 한다고 역설한다. 그는 이 문제를 아리스토텔레스에서 칸트에 이르는 철학사로부터 고찰하며 "악의 제거"로 요약하고 있는데, 이는 결국 신학적 문제로 귀결되기 때문에 평화 수립의 문제는 하나님 나라의 종말론적 차원에서 풀어내야 한다고 주장한다.[23]

그는 "사랑의 신학"이라는 리꾀르(Paul Ricoeur)의 개념을 가져오는데, 이는 틸리히(Paul Tillich)의 "창조적 정의"라는 개념과 맞닿아 있다. 틸리히에 의하면 창조적 정의란 "죄를 용서해 주시는 하나님의 은총을 통해 표현되는 정의"로서 "분리된 자들을 재결합시키는 사랑의 형태다." 그렇다면 정의와 평화를 수립하는 신학적인 근거가 사랑인 이유는 무엇인가? 틸리히를 인용해보자.

> 사랑은 정의의 궁극적인 원인이다. 사랑은 재결합을 단행한다. 정의는 결합된 것을 그대로 보존한다. 정의는 사랑이 그의 과업을 수행할 수 있도록 해주는 형태이다. 궁극적 의미에 있어서의 정의는 창조적

---

23. 정기철, "한국의 통일신학을 위한 해석학적 단초," 『한국개혁신학 논문집』 20 (2006), 195-218 (197-201).

정의요, 창조적 정의는 재결합을 촉진하는 사랑의 형태이다.[24]

이런 점에서 리꾀르의 "사랑의 신학"은 틸리히와 연장선상에 있지만, 정의로 사랑을 매개한다는 점에서 좀 더 구체적이다. 그는 이웃 사랑의 실천에 있어서 한편으로는 이기적 사랑이 아니라 '초-윤리적인 은혜의 강제'에 기초한 아가페의 사랑으로 이웃을 존중해야 하며, 다른 한편으로는 황금률의 '상호성'(눅 6:31)에 기초하여 인격적 균등성으로 이웃을 사랑해야 한다고 주장한다.[25]

나는 리꾀르의 "사랑의 신학"에 들어 있는 이 두 가지 요소가 우리의 통일신학에서 매우 중요한 의미를 갖는다고 생각한다. 나는 본서 제1장과 제2장에서 이웃 사랑을 한편으로는 사회적 지평에서 다른 한편으로는 개인의 윤리와 구원의 차원에서 본격적으로 다루었다. 그 이웃 사랑은 동시에 그리스도인의 사회정치적 행동 지평으로 확대하여 해석할 수 있다고 생각한다. 이제 앞서 언급한 초기 교회와 예수의 사랑의 계명을 윤리적 차원에서 간단히 요약하고 용서의 정치적 차원을 언급하려 한다.

예수는 구약의 사랑 계명을 가르침의 중심에 놓았고 거기에 최상의 가치를 부여했다. 이웃 사랑의 계명은 윤리의 핵심이다. 예수는

---

24. Paul Tillich, *Love, Power and Justice* (New York: Oxford University Press, 1954), 66. 71. 정기철, "한국의 통일신학을 위한 해석학적 단초," 201f. (재인용).

25. 정기철, "한국의 통일신학을 위한 해석학적 단초," 201-4. 여기서 "은혜의 경제학이란 예수의 비유(30배, 60배, 100배)와 로마서 5장 17절(은혜와 의의 선물을 넘치게 받는 자)처럼 '넘침의 논리'를 뜻한다"(202).

구약의 계명을 하나님 사랑과 이웃 사랑이라는 이원화된 가치가 아니라, 하나의 '이중 계명'으로 요약하였다. 예수의 윤리는 하나님 나라의 종말론적 성격 때문에 급진적 성격을 갖게 된다. 즉, 다가오는 하나님의 통치 앞에 인간은 하나님의 사랑이라는 '완전함'에 도달해야 한다(눅 6:36. 비교, 마 5:48; 6:12). 그래서 사랑의 '이중 계명'은 둘이 아닌 하나의 계명으로 결합되고 원수 사랑에서 정점에 도달한다(마 5:43f/눅 6:27f.). 이렇게 구약의 사랑 계명은 예수에게서 사회적 차원으로 전이될 뿐만 아니라, 급진적 성향도 갖게 된다.

　　제1장에 설명한 바와 같이, 초기 기독교가 공동체의 중심 가치를 이웃 사랑에서 발견하게 된 것은 예수의 지상 사역에서였다. 예수는 계층화된 이웃의 경계를 식탁 공동체 안에서 죄인을 수용하는 상징적인 행동을 통해 허문다. 이러한 에토스는 누가복음에서 민족의 경계를 넘는 것으로 나타나는데, 이 과정은 예수의 나사렛 회당 설교(눅 4:16-30)에서 드러난다. 여기서 예수는 이사야서 61장 1-2절을 낭독하며 자신의 이스라엘 선교를 이렇게 정의하고 있다.[26]

　　주의 성령이 내게 임하셨으니 이는 가난한 자에게 복음을 전하게 하시려고 내게 기름을 부으시고 나를 보내사 포로 된 자에게 자유를, 눈 먼 자에게 다시 보게 함을 전파하며 눌린 자를 자유롭게 하고 주

---

26. 누가의 본문은 칠십인역을 중심으로 인용한 것인데 이사야 61:1-2에서 61:2는 과감하게 생략하고, 여기에 58:6을 매우 자유롭게 조합하여 인용한 것으로 볼 수 있다. 게다가 "눈먼 자를 보게 하며"는 마소라 텍스트에는 없다. 아마도 이것으로 누가는 예수의 사역을 정의하려 하였다고 볼 수 있다.

의 은혜의 해를 전파하게 하려 하심이라 하였더라(눅 4:18-19)

예수는 "주의 은혜의 해"[27] 즉, 희년을 선포함으로써(눅 4:19) 이스
라엘의 희년이 가지고 있는 사회경제적 의미를 수용한다. 가난한 자
에게 자유와 용서를 수여하는 하나님의 통치가 예수의 지상 사역에
서 선포되었다. 예수는 이스라엘 회복의 비전을 사회경제적 약자인
가난한 자의 회복으로 구체화한 셈이다.

다른 한편으로 누가복음의 문맥에서 이 나사렛 회당 설교는 새
로운 기능을 갖는다. 이 본문의 넓은 문맥은 유대아의 여러 회당에서
하나님 나라의 복음전파(눅 4:14-15; 4:42-44)를 앞뒤에 두고 예수의 설교
와 청중의 반응(눅 4:16-30), 가버나움에서 가르침과 치유(눅 4:31-37), 예
수의 치유와 귀신 축출(눅 4:38-41)이 중심을 이루고 있다. 누가복음에
서 이 나사렛 회당설교의 문맥은 무엇보다 예수가 유대인들에게 배
척당하는 주제를 부각시키고 있다. 그래서 예수를 고향에서 환영받
지 못하는 예언자 엘리야와 엘리사에 비교한다. 이 두 예언자가 이스
라엘에게 거절되는 이유는 이방인들에게 보냄을 받았기 때문이었다
(눅 4:25-27). 그러나 예수 시대에 유대인들은 이사야서 61장 1-2절을 하
나님의 이스라엘 회복의 때에 이스라엘의 특권적 지위로 이해했을
것이다. 이렇게 누가복음은 예수가 배척당했던 사실을 이방인 선교
와 연관시키고 있다.

---

27. 이 표현(ἐνιαυτὸν κυρίου δεκτὸν)은 원래 히브리어로 희년을 지칭하는 '요벨'
    혹은 '데로'과 연관되었는데, 그리스어로 자유 혹은 "면제"(ἄφεσις)를 의미하
    게 되었다.

그러므로 우리는 누가 공동체와 같은 초기 그리스도인들이 예수의 사랑 계명을 가난한 자에게서 이방인에게로 확대하고, 이들을 공동체의 일원으로 수용하는 "탈계층적이며 탈민족적" 에토스로 삼고 있다고 말할 수 있겠다. 여기에 사마리아인들도 포함되었음은 물론이다. 이것은 가난한 죄인과 사회적으로 배척받았던 세리와 사마리아인과 이방인을 이스라엘 회복에 포함하는 초기 기독교의 선교적 특성에 부합한다. 이러한 방식은 예수의 사랑을 사회경제적 차원으로 실현하려했던 초기 기독교의 의미심장한 이웃 사랑의 에토스라 할 수 있다.

이제 앞에서 리꾀르의 사랑의 신학이 내포하고 있는 두 가지 내용, 즉 "은혜의 강제"와 "상호성"을 논의하여 이웃 사랑의 윤리적 근거와 사회정치적 지평을 담론화할 수 있을 것이다. 본서 제2장에서 언급한 선한 사마리아인의 이야기는 이 두 가지 내용을 잘 반영한다. 나는 거기에서 그 이야기가 하나님의 백성이 **되고자 하는 자들**이 아니라, 하나님의 백성이 **된 자들**을 청중으로 삼는다고 주장했다. 인간을 향한 하나님의 뜻과 요구를 행하는 것은 하나님의 백성이 되는 전제는 아니지만, 하나님의 백성으로서 살아가는 방식이었다. 곧, (본서 제2장에서 다룬) 이른바 "언약적 율법주의"(covenantal nomism)의 명제는, 구원의 여정에 오른 그리스도인이 예수의 이웃 사랑에 대한 윤리적 요구를 저버릴 수 없음을 말해준다. 마치 유대교가 토라의 요구를 저버릴 수 없듯이 말이다. 리꾀르의 이른바 "초-윤리적 은혜의 강제"란 바로 이러한 윤리를 지탱하는 하나님의 요구다.

그런데 선한 사마리아인 이야기의 반전(反轉)은 "누가 강도 만난

자의 이웃이냐?"에 있다. 여기서 나를 중심으로 구축된 사적(私的) 세계는 여지없이 무너지고 만다. 사랑의 윤리는 개인이 그것을 이해한 후에 행동할 수 있는 그런 '개념'이 아니다. 사랑은 내가 이웃 관계에 역동적으로 참여함으로써만 일어나는 '상호적인 사건'이다. 리꾀르가 "이웃의 균등성"이라는 개념을 황금률의 상호성에 기초할 수 있었던 것은 바로 이러한 근거를 갖는다.

여기서 유대인이 아닌 사마리아인이 율법에 나타난 하나님의 뜻을 행하고 있음이 드러난다. 당시 유대인과 사마리아인의 대립적 사회 세계를 상정해 볼 때 유대인의 관념으로서는 이런 일을 상상하기 어려웠다. 누가는 이 예화를 통하여 유대교의 세계에서 일상화된, 사회문화적으로 사마리아인을 적대하고 차별하는 태도에 저항한다. 마지막으로 예수는 율법 학자에게 "가서 너도 이와 같이 행하라"고 말한다. 내 이웃을 정의하지도 대상화하지도 말고, 지금 도움을 필요로 하는 자에게 "네가 이웃이 되라"는 것이다.

선한 사마리아인의 이야기는 그렇게 사회적 담론이 되어 청중을 참여하도록 부르고, 새로운 이야기와 실천의 동력으로 지금까지 읽혀왔다. 모든 그리스도인은 섭리적으로 만나게 된 도움을 필요로 하는 이웃과 관계 맺음으로써 하나님을 만난다. 우리는 그 관계 속에서 하나님의 구체적인 요구를 만나고 하나님을 사랑할 수 있다. 이것이 예수의 '사랑의 이중 계명'의 본질이다. 그리고 이 이야기는 '이웃'에 대한 그런 해석학적 조명으로 북한과 남한의 관계적 상황을 볼 수 있게 한다. 성서적 관점에서 본 통일신학은 남과 북이 하나의 민족이라

는 이념에서 출발할 수 없다.[28] 남과 북은 서로가 "피할 수 없는 이
웃"이라는 상황에서 출발해야 한다.

2) 용서의 신학

(1) 이웃 사랑과 원수 사랑

한 걸음 더 나아가서 사랑의 계명은 신약성서에서 "원수를 사랑
하라"에서 극치에 이른다. 이 명령은 한결같이 이웃 사랑의 문맥에
나타난다(마 5:38-48; 눅 6:27-38; 롬 12:17-21). 바울은 '원수 사랑'의 말씀을
잠언 25장 21-22절에서 인용하고 있는데, 이는 누가와 마태가 의존
하고 있는 '말씀 자료'(Q)와 같은 맥락에 서 있다. 여기서 원수 사랑은
적극적으로 악을 극복하라는 의미로 폭력 포기와 결부되고 있다. 그
런가 하면 마태는 원수 사랑의 계명을 여섯 개의 반명제(*Anti-These*; 마
5:21-48)가운데 마지막 여섯 번째에 두고 있다. 예수는 레위기 19장 18
절의 이웃 사랑 계명을 "네 이웃을 사랑하고 네 원수를 미워하라!"로
해석하는 유대교의 구전전승에 대한 반명제로서 적극적인 사랑의
계명을 요구한다. 마태는 이를 다섯 번째 반명제인 폭력 포기(마 5:38-
42)와 직접 연결시키고 다른 한편으로는 소극적인 사랑의 계명으로
첫 번째 반명제인 살인금지와 긴급한 화해의 계명(마 5:21-26)을 염두에
둔다. 또한 누가는 원수 사랑 계명을 황금률의 상호 호혜성에 기초함
으로써, 더 구체적인 상황에서 한 걸음 더 현실적인 행동으로 나아갈

---

28. 이런 관점에서 박순경의 통일신학은 재검토되어야 하겠다. 박순경, 『통일신
학의 미래』, 133ff.

수 있게 한다. 이를테면, 미워하는 사람에게 잘해주며, 보복을 포기
하며, 되돌려 받을 생각을 포기하고 주라는 식이다(마 6:27-31). 마태나
누가는 모두 이런 행동을 하나님이 상 주시는 종말론적 지평에서 바
라보며 이렇게 명령한다(마 6:46; 눅 6:33f).

> 그러므로 하늘에 계신 너희 아버지의 온전하심과 같이 너희도 온전
> 하라(마 5:48).
> 너희 아버지의 자비로우심과 같이 너희도 자비로운 자가 되라(눅
> 6:36).

그러면 왜 원수 사랑일까? 이웃 사랑을 더 구체적으로 진술한 것
이 아닐까? 마태나 누가 모두는 사랑의 계명이 "너희가 사랑하는 사
람만 사랑하면 상(혹은 칭찬) 받을 일이 무엇이냐"고 되물으며 원수를
사랑하라는 요구로 확장되는 문맥을 이룬다(마 5:46; 눅 6:32). 그런데 두
복음서는 모두 하나의 구체적인 실례를 통해 독자를 실천적 행위로
부른다. 마태는 형제에게만 문안하는 것(마 5:47)을, 누가는 돈을 빌려
주는 것(눅 6:34-35)을 문제 삼는다. 그러므로 원수 사랑은 이웃 사랑에
나타난 하나님의 근본적 요구를 드러내고, 동시에 구체적인 상황에
서 행동으로 요청되는 사안이다. 이렇게 율법에 나타난 하나님의 뜻
은 예수에게서 급진화되고 있다.

그렇다면 원수 사랑이란 내용적으로 무엇을 의미하는가? 원수
사랑은 늘 폭력 포기의 요구와 결합되어 나타난다. 물론 이 역시 구
체적인 실례로 나열된다. 즉, 이 뺨을 치면 다른 뺨을 돌려대며, 겉옷

을 달라면 속옷까지 주고, 오 리를 가자하면 십 리를 가라는 것이다
(마 5:38-42; 눅 6:29-30). 이 말씀은 이웃이 원수가 된 당시의 사회정치적
상황을 전제한다. 그렇지 않고는 이런 '예화들'은 예수의 청중을 설
득하지 못한다. 중요한 것은 원수가 된 관계를 해결하는 과정이다.
요컨대, 앞서 말한 문안과 돈을 빌려주는 문제는, 폭력의 문제로 이
미 비화되어 원수가 된 관계를 해결하는 첫 과정일 뿐이다. 원수 사
랑은 기본적인 태도, 이를테면 친절이나 자비를 통해서만 실천될 수
있다. 그렇다면 사랑의 최고봉에 서 있는 원수 사랑의 행동은 구체적
으로는 어떤 인간 행위를 요구할까? 그리고 우리가 살아가고 있는
이 분단의 현실에서 그 행위는 무엇일까?

(2) 용서의 신학

신약성서는 그것이 용서라고 말한다. 초기 기독교에는 (이 책 제1장
에서 언급한) 형제 사랑의 에토스가 용서의 신학에 결합되어 공동체의
사회문화적 통합에너지를 발휘했던 삶의 흔적이 있다. 마태복음은
그리스도인의 용서에 관한 매우 뚜렷한 신학을 내포한다. 이 글에서
나는 자세한 성서학적인 논증은 생략하고 몇 가지 본문만을 스케치
하겠다.[29]

우선 다른 복음서들과는 달리 마태복음의 서두는 "그가 자기 백
성을 그들의 죄에서 건져 내실 것이다"(마 1:21b)라고 예수 이름을 해석
하며 죄를 용서하는 메시아로 기술한다. 그리고 복음서의 말미에 있

---

29. 이에 대한 자세한 서술은 나의 논문 Jeongsoo Park, "Sündenvergebung im

는 최후의 만찬에서는 "죄의 용서를 위해" 피를 흘리고 있다고 부각시킴으로써(마 26:28), 예수의 생애의 의미를 죄 용서로 풀어낸다. 동시에 메시아 예수는 자신의 통치권을 포기하는 새로운 통치자다.

> 인자가 온 것은 섬김을 받으려 함이 아니라 도리어 섬기려 하고 자기 목숨을 많은 사람의 대속물로 주려 함이니라(마 20:28).

예수의 이러한 섬김의 행위는 이 세상의 통치자들의 행위와 분명한 대조를 이루고 있다. "이방인의 집권자들과 고관들"(마 20:25)은 권력으로 통치권을 행사한다. 그러나 예수는 폭력으로 다스리지 아니하는 온유한(πραΰς) 통치자이다. 당시의 군사적인 메시아상을 수정하고 있는 이러한 새로운 통치자상은 스가랴서의 인용을 통해 드러난다.

> 보라 네 왕이 네게 오신다. 그는 온유하여서 나귀, 곧 나귀의 새끼인 어린나귀를 타고 오신다(21:5 = 슥 9:9).

무력적 정복자상(비교 마 2:16-18; 마카상 13:51; 『유대고대사』 12.34)과 반로마적 영웅상은 모두 "온유하고 겸손하며"(마 11:28), 자신의 목숨을 내어 주는(마 20:28) 메시아 예수에 의해 비판된다. 제자들은 예수의 "말

Matthäusevangelium," *Evangelische Theologie* 2006 (66/3), 210-27을 참조하라.

씀과 가르침"(마 4:23; 9:35)을 따르며, 그와 동일한 행동을 하도록 부름을 받는다. 산상설교에서 그를 따르는 자들은 "온유하고", "자비하며", "평화를 이루는 자들"(마 5:5, 7, 9)로 불린다. 그들은 또한 자신들과 적대적으로 살아가는 사람들과 화해하기 위하여 분노를 억제하여야 하며(마 5:21ff.), 그들의 과실을 용서해야 한다. 만일 그들을 용서하지 않으면 하나님의 용서가 무효화된다(마 6:12. 14f.). 더 나아가 원수에 대한 보복까지도 포기하고 그들을 사랑하라는 급진적인 요구까지 받아들여야 한다(마 5:43-47). 분명 산상설교는 이 새로운 통치자를 따르는 제자들에게, 유대교뿐만 아니라 이방세계의 도덕적 규범보다도 "더 나은 의"(πλεῖον 5:20; περισσόν, 마 5:47)를 요구하고 있다. 그러므로 산상설교의 공동체는 어떤 우월한 자의식을 에토스(aristocratical ethos)로 삼고 살아간다. 그들의 행동의 동기는 "하나님의 아들들"로서의 왕적인 자의식이다. 그들은 "그러므로 하늘에 계신 너희 아버지의 온전하심과 같이 너희도 온전"하여야 한다(마 5:48). 이렇게 마태 공동체에는 새로운 통치자 예수의 '가르침과 행함'을 따라야 한다는 '통치자의 에토스'(Herrschaftsethos)가 면면히 살아있다. 이 에토스는 용서의 행위를 규범화하고, 유대교와 주변의 이방 세계에 대하여 그리스도인들의 사회적 행동을 요구한다.

다른 한편으로 제자들은 용서를 행하는 '작은 통치자'이지만, 공동체에서는 단지 형제자매로 살아간다. "그러나 너희는 랍비라 칭함을 받지 말라 너희 선생은 하나요 너희는 다 형제니라"(마 23:8). 마태복음의 공동체 강화(마 18장)는 용서의 에토스를 상징적으로 표현한다. 누구나 과실을 행할 수 있는 공동체의 "작은 자들"(마 18:6, 10, 14)과 함께 살아가야 했기에, 공동체의 삶은 한결같이 인간의 용서에 의존해야 한다(마 18:15-22). 여기서 '용서하지 않는 종의 비유'(마 18:23-34)를 통해 죄 짓는 형제에 대한 과거의 엄격한 유대 공동체 치리 규율(마 18:15-17)은 교정된다. 비유는 용서하지 않는 형제를 강하게 경고하고 있는데, 이미 규범화된 공동체의 용서 에토스를 반영한다. "내가 너에게 자비를 베풀었던 것과 같이 너도 또한 네 동료에게 자비를 베풀어야 하지 않았느냐?"(마 18:33, 저자의 사역).

하나님이 그들 모두에게 엄청난 채무를 탕감해 주었듯이, 공동체의 모든 그리스도인은 하나님의 용서를 이 땅에서 실행하여야 한다. 리꾀르 식으로 말하자면, "정의를 통해 매개되는 사랑"이란 모든 이들에게 "초-윤리적으로, 은혜의 경제학"으로 다가오는 하나님의 넘치는 용서이기 때문이다.[30] 그리하여 공동체는 형제애의 에토스를 통해서 공동체 내적으로는 인간 상호 간의 용서를 실행해야 했다. 그들 각자는 하나님의 용서에 기초하여 동료 인간들에게 자비를 베풀고, 부채를 탕감해 주며 분노를 억제해야 하는 '작은 통치자들'이어야 한다. 그들에게 전수된 통치자의 에토스(Herrschaftsethos)는 이렇게 형제애의 에토스(Bruderschaftsethos)와 결합된다.

마지막으로 예수의 무제한적인 용서는 종말론적인 성례전에서 실행된다. 마태복음에서 예수의 죽음은 "죄의 용서를 위하여 많은 사람을 위하여 흘리는 나의 피"(마 26:28)로 표현된다. 배신자 가룟 유

---

30. 정기철, "한국의 통일신학을 위한 해석학적 단초," 202. Paul Ricoeur, *Liebe und Gerechtigkeit* (Tübingen: Mohr, 1990), 41f.을 비교하라.

다조차 최후의 만찬에 참여한다(마 26:23). 여기서 암시되는 바는, 공동체가 하나님의 나라의 도상에 서 있는 '혼합된 몸'(corpus mixtum)이라는 사실이다. 알곡과 가라지, 양과 염소가 공존하는 지상의 공동체이다(마 13:18-30, 47-50; 25:1-46). 하나님은 선인과 악인 모두에게 햇빛과 비를 내리시며, 역사의 종국에 하나님이 그들을 분별할 때까지 선인과 악인은 공존할 것이다. 그러므로 성만찬은 하나님의 한없는 용서를 제의적(祭儀的)으로 매개하며, "타인을 위한 죽음"(마 20:28)이라는 상징적 언어를 통해 제의에 참여하는 그리스도인을 "타자를 위한 삶"으로 부른다. 세례에서가 아니라(마 3:6) 성만찬에서 강조되는 죄 용서가 함의하는 바는, 죄 용서란 세례와 같이 일회적인 것이 아니라, 일상의 행동으로 상징되는 먹고 마시는 생활의 제의 성만찬을 통해 '반복되어야 한다'는 것이다. 매일의 기도에서 "우리의 죄 용서"를 반복적으로 구해야 하듯이 말이다. 왜냐하면 기독교 신앙은 인간의 용서가 하나님의 용서에 의존하는 윤리적 본질을 내포하기 때문이다. 마태복음은 이 윤리를 매우 엄격한 심판의 언어로 강하게 명령한다.

> 너희가 사람의 잘못을 용서하면 너희 하늘 아버지께서도 너희 잘못을 용서하시려니와 너희가 사람의 잘못을 용서하지 아니하면 너희 아버지께서도 너희 잘못을 용서하지 아니하시리라(마 6:14-15).

3. 사랑과 용서의 사회정치적 지평

1) 이웃 사랑과 용서의 사회정치적 함의

그러나 이런 종교적 화해와 용서의 행위가 과연 이 냉혹한 정치 현실에서도 실현가능한 것일까? 우리는 한나 아렌트(H. Arendt)에게서 배울 필요가 있다. 그녀는 유대인으로서 20세기 유럽의 전체주의의 혹독한 실상을 경험한 후, '어떻게 근본악이 이 세계에 존재할 수 있는가?'를 철학적 사색의 주제로 삼는다. 그녀는 "모든 것이 가능하다는 전체주의적 믿음"의 총체적 지배에 대하여, "'근본악'이란 실재하며 이 악은 인간들이 벌할 수도 없고 용서할 수도 없다"는 사실을 발견한다.[31] 아렌트는 이 전체주의적 신념은 근대의 과학과 기술의 발전에도 깊게 뿌리를 내리고 있다고 보는데, "우리가 이해할 수도 없고 용서할 수도 없는 '근본악'은 바로 아무런 생각도 하지 않는 '악의 평범성'에 기인한다"고 지적한다. 이는 다름 아닌 인간의 조건과 행위의 가능성에 대하여 우리가 생각하지 않고 있음을 의미하는 것이다.[32] 아렌트에 의하면 그러한 인간 행위의 불확실성과 불가피한 오류, 죄에서 인간의 삶을 보호하기 위한 해결책은 근본적으로 인간 행위 자체를 긴급한 정치적 사안으로 보는 것에서 시작한다.[33]

---

31. 이진우, "근본악과 세계애 의사상: 한나 아렌트의 인간의 조건." H. Arendt, 『인간의 조건』, 이진우, 태정호 옮김 (서울: 한길사, 1996), 23 (23-47, 서문: 해설).
32. Arendt, 『인간의 조건』, 47.
33. H. Arendt, 『정치의 약속』, 김선욱 옮김 (서울: 푸른숲, 2007), 89-90.

여기서 우리는 인간의 행위에 대한 아렌트의 철학적 사색을 이해할 필요가 있다. 그녀는 『인간의 조건』이라는 저작에서 인간이 살아갈 수 있는 전제조건들을, 살아있음(생명)과 영속적 세계 존재성(세계성), 타자의 존재(다원성)라고 규정한다. 이 책의 기초가 되는 이른바 "세계애"(世界愛) 사상은 아우구스티누스에서 근거한 것인데, 여기에서는 정신적·종교적 세계야말로 인간의 비정신적·신체적 활동의 전제가 된다고 본다. 인간의 신체적 활동은 노동과 작업, 행위로 구성된다. 인간의 행위란 불확실성과 환원 불가능성이라는 속박 속에서 움직이는데, 인간 행위의 불가피한 고리가 차단될 수 있는 것은 다름 아닌 행위 자체이다. 여기서 아렌트는 치료 능력을 갖는 **인간의 행위**를 약속과 용서라 한다.[34]

이것은 신의 약속이나 용서가 아니라 인간의 행위를 의미하는데, 아렌트가 말하는 용서의 행위를 좀 더 언급해보자. 우선 우리가 행한 과거는 "환원 불가능한 것"인데, 이는 자신이 한 일을, 알지도 못했고 알 수도 없었지만, 그렇다고 그 저지른 일을 없었던 일로 되돌릴 수는 없다는 의미다. 그런 과거란 그 자체가 곤경이지만, 이 곤경으로부터 벗어나게 하는 치유 능력이 바로 인간의 용서의 행위이다.

아렌트는 예수가 용서에서 해결책을 찾았다는 것에 주목했다. 예수는 용서를 종교적 언어로 표현했지만, 그것은 공동체의 경험과 정치적 차원을 갖는다. 이를테면, 고대로부터 지금까지 존속하고 있는 통치자의 사면은 공동체적·정치적 차원의 용서를 표현한 것이다. 또

---

34. Arendt, 『인간의 조건』, 300-302.

한 예수가 말하는 용서란 전적으로 인간의 행위임을 의미한다. 용서가 인간 능력이라는 것은 "인자가 땅에서 죄를 사할 권세가 있다"(마 2:10)는 선언은 물론, 하나님이 "이런 권세를 사람들에게(τοῖς ἀνθρόποις) 주셨다"(마 9:8)는 선언에서도 입증된다. 아렌트는 인간의 죄를 사하는 하나님의 종말론적 심판이 수혜자의 용서에 달려 있다는 사실을 옳게 지적했다.[35]

> 우리가 우리에게 죄 지은 모든 사람을 용서하오니 우리 죄도 사하여 주시옵고(눅 11:4; 비교, 마 6:12).

결국, 약속이나 용서의 행위는 '환원 불가능성'을 치유하고 생물학적 순환과정인 생멸(生滅)의 고리를 깬다는 것이다. 이런 의미에서 인간의 용서 행위는 자연의 법칙에 반(反)하는 "기적과 같이 작용하는 인간 능력"이라는 것이다.[36] 예수는 기적을 일으키는 더욱 일반적인 힘과 용서하는 힘이 서로 같은 차원의 것이자 인간이 도달할 수 있는 것이라고 보았고, 이런 의미에서 예수는 용서 행위의 기적적 성격을 매우 잘 알고 있었다고 아렌트는 확신한다. 이 때문에 보복과는 달리 용서의 행위는 "예측 불가능한 성격"을 갖는다고 한다.

보복은 잘못에 대한 자연스럽고 자동적인 반동이고 행위 과정의 환

---

35. Arendt, 『정치의 약속』, 90. 이에 대해서는 나의 논문 Park, "Sündenvergebung"을 참고하라.
36. Arendt, 『인간의 조건』, 312.

원 불가능성 때문에 예상할 수 있고 예측할 수 있지만, 용서는 예기치 않은 형식으로 일어나는 유일한 반동이다. 그래서 반동일지라도 행위의 본래적 성격을 가진다.[37]

그러나 그녀의 정치철학의 "판단이론"에 의하면, 판단은 이해 불가능한 사건을 이해 가능한 사건으로 바꾸기에 "용서는 판단에 뒤따르는 것이지 판단을 대신하는 것은 아니"라고 주장한다.[38] 이렇게 용서라는 인간 행위를 정신적·종교적 차원에서 정치철학의 지평으로 ─그녀의 표현으로 하자면 "사적 영역"에서 "공적 영역"으로─이끌어내는 아렌트의 철학은 한반도의 통일신학에 매우 중요한 통찰력을 줄 수 있다고 생각된다. 왜냐하면 오늘날 분단된 한반도에서 우리는 하나님의 이웃 사랑의 요구를 필연적으로 원수 사랑의 맥락에서 이렇게 물을 수밖에 없기 때문이다. '우리는 누구와, 어떻게 원수 관계로 맺어져 있는 것인가? 그리고 우리는 그것을 어떻게 풀어야 하는가?'

한반도의 분단은 민족 내부의 반목과 불화에서 시작되었고 외세에 의해 고착화되었으며, 전쟁을 통하여 구성원들 모두에게 깊은 상처로 각인되고 말았다. 이제 분단은 구조화되어 "한 민족 안에서 집단적 기억으로 남아 부모가 자식에게 전하는 이야기가 되고, 한 집단의 정체성을 형성하는 원천이 된다. … 그리하여 한쪽은 다른 쪽에게

---

37. Arendt, 『인간의 조건』, 305

38. R. Beiner, "한나 아렌트의 판단이론," H. Arendt, 『칸트 정치철학 강의』, 김선욱 옮김 (서울: 푸른숲, 2000), 176.

잔혹행위를 하게 되며, 친구는 적이 되고 이웃은 원수가 된다."[39] 한 반도의 역사 현실에서 분단과 그로 인해 구조화된 증오란 아렌트가 인식하는 것처럼 '환원 불가능한' 것일지라도, 이를 극복하는 첫걸음은 용서라 할 수 있다. 왜냐하면 "용서란 과거에 사로잡히지 않고도 과거와 더불어 살아갈 수 있는 능력"인 것이요, 인간의 증오와 악의 사슬을 끊는 것이기 때문이다.[40]

2) 화해와 통일선교 신학 담론

우리는 예수와 초기 기독교의 이웃 사랑의 가치를 분단 시대 한 반도에서 기독교 윤리의 근간으로 실천할 수 있을까? 이 윤리적 명령을 통일신학에 적용한다면, 우리는 지금 북한과의 화해와 용서로 부름받고 있다고 볼 수 있다. 이것은 평화로 가는 길이다. 그러나 '어떻게 가능한가?' 하는 문제는 여전히 남아 있다. 민족 내부의 전쟁을 경험하고 증오와 반목으로 무장된 남북의 사람들이 역사 속에서 어떻게 서로를 용서할 것인가? "인류의 모든 족속을 한 혈통으로 만드사 온 땅에 살게 하시고 그들의 연대를 정하시며 거주의 경계를 한정하셨으니"(행 17:26)라는 말처럼, 우리는 하나님이 정해주신 민족이라는 인류의 경계 그 안에서 만난 이웃이다. 그러나 남과 북의 사람들의 가슴 속에는 비극적이고 처참한 6.25 전쟁을 통해서 "원수된 것"이 심겨있다. 분단이 지속되면서 사람들의 마음과 정신에는 적대적

---

39. Jonathan Sacks, 『차이의 존중』, 임재서 옮김 (서울: 말·글빛냄, 2007), 294.

40. Sacks, 『차이의 존중』, 295.

사상과 체제, 감정의 흔적들이 아로새겨져 있다. 이 거대한 장벽은 그리스도의 복음을 소통할 수 없게 하는 십자가의 "걸림돌"임에 틀림없다.

역사 속에서 하나님과 인간, 인간과 인간의 원수 관계를 회복하고 과거의 상처와 기억을 치유하는 인간 행위가 가능하다면, 기독교 신학에서 그 전거(典據, proof text)는 예수 그리스도의 십자가 사건이다.

> 이제는 전에 멀리 있던 너희가 그리스도 예수 안에서 그리스도의 피로 가까워졌느니라 그는 우리의 화평이신지라 둘로 하나를 만드사 원수 된 것 곧 중간에 막힌 담을 자기 육체로 허시고 법조문으로 된 계명의 율법을 폐하셨으니 이는 이 둘로 자기 안에서 한 새 사람을 지어 화평하게 하시고 또 십자가로 이 둘을 한 몸으로 하나님과 화목하게 하려 하심이라 원수 된 것을 십자가로 소멸하시고 또 오셔서 먼데 있는 너희에게 평안을 전하시고 가까운 데 있는 자들에게 평안을 전하셨으니 이는 그로 말미암아 우리 둘이 한 성령 안에서 아버지께 나아감을 얻게 하려 하심이라(엡 2:13-18).

이것은 하나님의 용서가 그리스도를 통해 역사 속에서 작용한 하나님과 인간의 화해의 사건이다. 그러나 준엄한 정치 현실에서 그러한 종교적 화해가 어떤 역할을 할 수 있는가? 우리는 아렌트를 통해서, 종교적 차원의 용서 행동이란 동시에 정치 현실에서 실현될 인간 행위임을 주장했다. 리꾀르 역시 종교적 용서를 역사 속에서 실현될 용서와 분리할 수 없다고 이야기했다. 그래서 그는 통일과 같은 역사적인 문제를 종말론적인 관점에서 풀어야 한다고 보았다. 왜냐하면 "용서는 역사 속에서 실현될 수 있는 것이나, 전적으로 하나님의 일"이기 때문이다.[41] 그리스도의 화해는 종말론적인 사건이지만, 역사 안에서 인간은 "궁극적인 것"을 요청받는다. 기독교 윤리의 기본 명제는 바로 이 종말론에 기초한다. 기독교 현실주의자 라인홀드 니이버(R. Niebuhr)는 이런 의미에서, "용서는 사랑의 최종적 형태"라 했을 것이다. 그리고 용서의 현실적 구현인 화해는 그 첫걸음을 증오와 보복의 단념에서 시작한다. 마치 예수의 원수 사랑의 요구가 증오와 보복의 단념에서 그 첫발을 떼듯이 말이다(마 5:21-26; 38-39).

> 그러므로 예물을 제단에 드리려다가 거기서 네 형제에게 원망들을 만한 일이 있는 것이 생각나거든 예물을 제단 앞에 두고 먼저 가서 형제와 화목하고 그 후에 와서 예물을 드리라(마 5:23-24).

만일 우리가 원수 사랑의 첫 단계로서 진정으로 화해를 실천하려 한다면 우리는 이 역사의 한복판에, 아니 그리스도인의 영혼의 한복판에 망각되어 있는 것 같으면서도 언제나 생생한 망령으로 살아 있는 6.25 전쟁과 분단을, 우리의 기억 의지에 담아 길어 올려야 한다. 리꾀르의 표현대로 망각과 회피는 진정한 화해와 평화를 이루어낼 수가 없기 때문이다. 그리하여 그 기억을 그리스도의 화해와 용서

---

41. 정기철, "한국의 통일신학을 위한 해석학적 단초," 214. 이러한 관점은 판넨베르그에게서도 발견된다. Wolfhart Pannenberg, "인류의 미래와 통일," 서남동 옮김, 『신학사상』 9 (1975), 261-79.

의 복음과 대면시켜 용해시켜야 한다. 용서란 전쟁과 분단으로 고착된 민족에서 태어나 그 상처의 짐을 지고 살아가는 그리스도인의 화해의 행동이다. 이것은 그리스도의 십자가 복음이 선포되는 그 중심에서 일어나는 선교의 현장이 아닐 수 없다.

4. 통일선교의 실천

한반도의 분단 극복 문제는 예수의 하나님 나라 선포와 초기 기독교의 선교의 맥락에서 다루어져야 한다. 왜냐하면 이 땅에서 그리스도인들이 복음을 선포하고 역사적으로 민족 간에 원수 맺힌 것을 푸는 일은 둘이 아니라 하나이며, 이 일은 1세기 그리스도인에게나 우리에게 매한가지로 던져진 복음의 지고(至高)한 과제이기 때문이다. 더욱이 우리가 그러한 행동을 미룰 수 없는 이유는 명확하다. 하나님께서 우리에게 불현듯 다가온 '가난해진' '이웃을 사랑하라'고 하셨기 때문이다. '원수 맺힌 것을 용서하고 화해해야 한다'고 말이다. 하나님을 믿고 살아가는 사람이라면 누구나, 하나님께서 정하여준 인류의 경계 내에서(행 17:26) 같은 민족으로 수천 년을 살아오다가 참으로 운명적으로 조우하고 있는 저 북한의 가난해진 어린이들의 고사리 손에 단 돈 얼마라도 쥐어주어 배곯지 않고 살아남았으면 하는 간절한 마음을 갖지 않겠는가? 순진한 생각이겠지만, 거기에 이념이 무엇이고, 체제가 무엇이며, 과거가 무슨 문제일까? 신앙적으로 보자면 그 마음씨, 그 행실은 기독교적 삶과 진리의 근본에 닿아있다고 하겠다. 왜냐하면 초기 기독교식으로 말하면, 이 마음씨를 가져야 하나님의 용서가 우리에게 유효하고(마 6:14-15), 그렇게 우리에게 다가온 가난해진 이웃을 사랑하지 않고는 실로 이미 우리 안에 있는 영생을 "상속할"(inherit, 눅 10:25) 길이 없기 때문이다.

모든 그리스도인들이 이런 부름을 받고 있다고 생각하며 이제 나는 통일선교의 실천 프로그램을 제시하고 싶다. 물론 이에 대한 성서적 근거도 마련되어 있다고 생각한다. "교육과 치유"는 한국에서는 물론 역사상 대부분의 선교 현장에서 실행된 보편적이고 검증된 방식이라 하겠다. 그래서 우선 마태복음의 선교의 역사를 하나님 나라 복음 선포의 관점에서 기술하고, 북한학교 재건에 관한 실천 프로그램을 소개해본다.

1) 마태 공동체의 선교 운동

마태복음을 전수하고 사용했던 한 신앙공동체의 이야기를 통해서 우리는 예수의 하나님 나라 복음 선교의 현실과 전략을 읽는다. 마태 공동체는 초기 기독교의 역사에서 시리아 지역의 선교의 역사한 페이지를 장식했다. 이 공동체는 아마도 37년경 스데반의 순교 이후 확산된 헬레니즘계 유대 그리스도인들(행 11:19)에 의해 시작되었을 것이다. 또한 아람어와 헬라어를 구사할 수 있었던 디아스포라 유대인으로 구성되어 있었던 것으로 보인다. 그곳 그리스도인들은 "나사렛 예수"(2:23)를 따르는 사람들이라는 의미로 "나사렛인들"이라고 불렸다.

마태복음이 반영하고 있는 시기는 아마도 예루살렘이 불에 타는

것이 아직도 깊은 인상으로 남아있었던 때(마 22:7), 그러니까 팔레스
타인에서 로마와 유대인의 잔혹했던 유대전쟁(66-70년)이 끝난 지 얼
마 되지 않은 시기였을 것이다. 유대전쟁으로 핍절한 군중들의 상황
은 곳곳에 배어있다. 기근으로 인한 질병에 심각하게 노출되어 있고,
목자 없는 양과 같이 산야를 유리·방황하는 군중들(마 9:35-36)이 묘사
된다. 예수는 빵을 주는 메시아가 되어달라는 유혹에 직면해야 했다
(마 4:3-4). 그러나 예수는 두 번에 걸친 광야의 군중을 위한 급식 사건
에서(마 14:13-21; 15:32-38) 의도적으로 군중을 떠난다(14:22; 15:39). 예수의
자비는 군중의 요구에 부합해서가 아니라, 하나님이 보내신 사명을
이루는 행동이다. "네 하나님이 통치하신다"(사 52:7)는 하나님 나라의
복된 소식은 예수의 죽음과 부활을 경험한 그리스도인을 통하여 흑
암과 죽음의 그림자가 드리운 팔레스타인과 시리아 지방에 전해지
기 시작했다.

> 흑암에 앉은 백성이 큰 빛을 보았고, 사망의 땅과 그늘에 앉은 자들
> 에게 빛이 비치었도다(마 4:16 = 사 58:10).

그들은 예수가 갔던 '길'을 가고자 했다. 그 길은 선포(가르침)과 치
유였다. 마태복음은 이렇게 요약하고 있다.

> 예수께서 온 갈릴리에 두루 다니사 그들의 회당에서 가르치시며 천
> 국 복음을 전파하시며 백성 중의 모든 병과 모든 약한 것을 고치시니
> (마 4:23 = 9:35).

마태 공동체는 이렇게 구체적인 방법과 전략을 가지고 하나님 나라의 비전을 수행하고 있었다. 예수는 백성의 유리·방황을 보고 긍휼히 여기는 사랑의 메시아였다(9:36). 따라서 예수를 따르는 것은 이스라엘의 병을 치유하는 길로 들어서는 결단을 수반한다. 역사의 질고와 인간의 슬픔을 짊어지고 그것을 치유하는 삶, 그것이 이스라엘 유산 전체를 보는 예수의 눈이요 비전이었다. 교회 공동체는 예수에게서 이 사랑의 눈으로 세상을 보는 방법을 배우고 실천하며 예수를 따라야 한다. 그것이 하나님 나라 복음의 선포다.

2) 한반도의 통일선교 실천

마태 공동체에서 실천되었던 가르침과 치유의 사역 모델은 초기 한국선교에서도 실천되어 왔다. 1885년 4월 5일 부활주일에 제물포 항구를 통하여 입국하여 드렸던, 아펜젤러의 기도는 마태복음을 연상시킨다(4:15-16).

> 우리는 부활절에 이곳에 도착했다. 이 날 우리는 '사망의 빗장을 산산이 깨뜨리시고 부활하신 주께서 이 나라 백성들이 얽매여 있는 굴레를 끊으사 그들에게 하나님의 자녀가 누리는 빛과 자유를 허락해 주옵소서!'라고 기도했다.

그들은 하나님 나라의 비전을 보고 왔고, 구체적인 전략을 세워 선교적 실천을 했다. 교육과 의료를 통한 선교적 봉사의 길을 열었다. 아펜젤러와 언더우드가 설립한 배재학당, 연희전문과 같은 학교 그리고 병원을 통한 조선인의 치유는 결과적으로 놀라운 열매를 맺는 선교의 '길'이었다. 그 후 100년이 되지 않아 한국의 중등사립학교 교육기관 가운데 이른바 미션스쿨의 비율이 25%에 달했고, 그리고 근대식 병원이 들어섰다. 오랜 선교의 역사에서 이 방식은 검증된 '길'이라고 할 수 있었다.

다시 우리의 역사 현실에 서보자. 오늘 한반도 역사에서 하나님 나라의 물길은 어디로 향하고 있을까? 하나님께서 우리에게 보내신 선교사들의 헌신은 이제 어느 곳에서 더 큰 열매로 맺어지게 될까? 하나님의 은혜는 낮은 곳으로 임한다. 그것이 예수를 보내셔서 이스라엘의 역사를 새롭게 하신 하나님 나라 운동의 흐름이다. 예수께서는 단지 보편적인 원리로서가 아니라, 그분이 서 있었던 역사적 실존에서 가난한 자들과 배고픈 자들에게 하나님의 나라를 선포하셨기 때문이다.

> 너희 가난한 자는 복이 있나니 하나님의 나라가 너희 것임이요 지금 주린 자는 복이 있나니 너희가 배부름을 얻을 것임이요 지금 우는 자는 복이 있나니 너희가 웃을 것임이요(눅 6:20f.).

지금 우리는 21세기 극동아시아에서 지구상의 유일한 분단국으로서 기근과 생존의 위협에 직면한 동족과 대치하며 살고 있다. 북한 동포들은 지금 전쟁 때문이 아니라 기아로 '이산가족'이 되어 모두로부터 거절받고 수모를 받으며 국경을 넘어 유리·방황하고 있다. 참으로 그들은 "목자 없는 양"과 같이 되어버렸다. 우리의 딜레마는 '목자'와 가난하고 굶주려서 울고 있는 백성들을 딱히 분리해 낼 수 없다는 것이다. 빈곤이 덮쳐버린 그들의 재난을 국가 붕괴의 호기로 삼으려는 강대국의 권력과 처절한 대항을 준비하는 권력 간의 군사적 긴장은 지금 한반도를 위협과 위기로 몰아가고 있다.

우리 한국 교회는 지난 90년대 후반부터 20여 년간 꾸준히 그리고 묵묵히 북한을 향한 사랑을 실천해 왔다. 한국 교회의 대북지원 패러다임은 '구호지원에서 개발원조'로 바뀌어 가고 있는 중요한 전환기에 처해 있었다. 그러나 최근 한반도를 둘러싼 위기는 남남 갈등을 촉발시키고 있다. 특히 교회는 수십 년간을 예수의 정신을 실천해 온 교회 공동체의 소중한 경험과 사랑의 수고를 어떻게 이어가야 할지 방황하고 길을 찾지 못하고 있는 듯하다.

과거에는 동포애적 차원에서 북한을 지원하는 것이었다면, 이제는 남과 북이 함께 살아가야 할 코리아의 새로운 역사 현실을 예견하고 준비해야 한다. 그것은 "통일 코리아" 시대를 만들어 가는 해산의 수고에서 시작되어야 한다. 그 비전을 추구하는 길은 매우 현실적이어야 한다. 물론 성서에서 현실의 정치경제적 전략을 발견할 수는 없다. 통일 코리아 시대를 살아가게 될 그리스도인은 그 시대를 열어가기 위한 실천적 패러다임과 모델을 만들어 길을 열어야 한다.

2000년 현재 북한에는 소학교 4,810개, 학생 수 1,631,000명, 중학교 4,840개, 학생 수 2,278,000명, 대학교 280개교, 학생 수 310,000명이 있다. 인구 만 명당 학생 수를 보면 초등학교의 경우 남한이

855명, 북한이 735명이나, 중등학교의 경우 남한이 836명, 북한이 1,027명으로 북한이 더 많다. 대학의 경우 남한이 601명, 북한이 139명으로 남한이 월등하게 많으나, 북한도 저개발국가 중에는 높은 수준이다. 북한은 11년 무상의무교육을 근거로 스스로 교육의 나라임을 자랑하고 있다. 그러나 1995년 이후 고난의 행군기를 거치며 교육 역시 심각한 타격을 입은 것으로 보인다. 북한 정부가 2001년 8월 유네스코(UNESCO)에 제출한 보고서에 따르면, 1995년 당시 145개 시군에서 4,120개의 유치원, 2,290개의 학교가 침수되거나 전면적으로 손상되었으며, 교육기자재 망실을 포함하여 피해액은 USD 144,884,000에 달하였다고 한다. 1996년에 다시 재해가 발생하여 305개 유치원과 403개의 학교가 전부 손상되었으며, 피해액은 USD 213,735,000로 추산되었다. 이 통계에 의하면 북한의 소학교와 중학교는 모두 9,650개인데, 그중 거의 30%에 달하는 2,693개 (2,290+403)의 학교가 손상되었으니 교육시스템 전반이 붕괴된 상황이라고 하더라도 과언이 아닐 것이다. 경제시스템 전반이 거의 마비된 북한형편에서 교육재원을 마련하는 것은 사실상 불가능할 것이고 그 결과 위와 같은 교육시설 등의 정상화 목표가 제대로 달성되지 못하고 있는 것으로 보인다.[42]

이 데이터는 통일 코리아가 가시화되면 필연적으로 직면하게 될 차세대 교육 문제를 상징적으로 보여준다. 자기의 자녀를 학교에 보

---

42. 박정수, 『성서로본 통일신학』, 178f.

내지 못하고 있는 나라라면 이미 미래를 상실한 셈이다. 그러나 그 미래가 어떤 것이든 우리의 미래와 함께 갈 수밖에 없다. 우리 한국의 그리스도인에게 통일은 단지 정치적 역학 관계의 산물이 아니다. 그것은 우리가 평화의 복음을 책임질 수 있는가를 판단하시는 하나님의 시험대다. 우리는 북한의 차세대가 우리와 함께 살아갈 수 있도록 빵과 함께 교육으로 그 미래를 준비시켜야 한다. 분단된 한반도에서 살아가는 그리스도인에게 그러한 마음은 예수가 명한 사랑을 행하는 것이자 화해의 길 끝에서 만날 평화를 지금 여기서 누리는 것이다.

긍휼히 여기는 자는 복이 있나니 그들이 긍휼히 여김을 받을 것임이요. 화평하게 하는 자는 복이 있나니 그들이 하나님의 아들이라 일컬음을 받을 것임이요(마 5:7, 9).

제6장
'반-유대주의'와 한반도의 평화담론

 유대교와 기독교는 서구의 역사에서 기나긴 사회문화적 갈등과 논쟁을 겪어왔다. 나치의 홀로코스트 사건에서 정점에 이르는 이른바 반유대주의라는 오랜 인종주의적 편견과 반(反)평화적인 종교적 적대감은 어디에서 시작되는가? 양 종교는 같은 뿌리, 즉 고대 이스라엘 종교의 전통을 공유하고 있다. 두 종교는 유일한 한 하나님 야웨를 섬기고 예언자 종교라는 전통에 함께 서 있으며, 서양 고대세계에서는 드물게 경전(經典)을 갖는 종교였다. 게다가 하나님의 창조에 관한 사상, 역사에 대한 종말론적 이해, 정의와 사랑과 같은 근본적 가치를 공유하고 있다. 그리고 결정적으로 두 종교는 구약의 이스라엘 역사를 하나님의 백성의 터전으로 공유하고 있다. 그럼에도 불구하고 이 터에서 어떻게 반유대주의라는 그런 '독버섯'이 배양되었을까? 신약성서는 과연 반유대주의를 배양한 토양인가?
 어떻게 보면 성경의 첫 장을 장식하는 마태복음서만 보아도 그

런 생각에 힘을 실어주는 듯하다. 예수는 탄생하자마자 그를 죽이려
는 유대인 왕의 음모를 피해 이집트로 내려가야 했다. 이로 인해 애
꿎은 다른 영아들을 학살하는 비극이 일어나고 만다. 그런가 하면 복
음서들의 예수 이야기는 시종 유대교의 종교지도자들과 예수가 한
판 싸움을 벌이다가 결국 수난과 죽음에 이르는 갈등 이야기라 할 수
있다. 여기서 유대인이 예수를 죽였다는 정황을 기정사실화하는 예
수의 수난 이야기는 역사상 교회와 회당의 불편한 관계를 재생산하
는 본문들로 남용되었다. 하지만 복음서가 반유대주의 산실이라는
주장은 지탱되기 어렵다. 한번만 다시 생각해봐도, 신약의 복음서 저
자들은 한결같이 유대인이었고, 모든 신약의 저자들은 유대적 전통
에 있었으며, 결정적으로 예수조차 유대인이었기 때문이다. 진실은
어디에 있는가?

　나는 우선, 기존의 반유대주의(Anti-Semitism)라는 용어를 '하이
픈'(-)을 사용하여 교정한 나의 용어 "반-유대주의"(Anti-Judaism)로 정
의하여 사용하겠다. 또 이 반-유대주의 논쟁이 발생한 자리는 **유대교
역내에서**(intra muros) **일어난 주류 종파와 소수 공동체의 갈등**이라는 것이
나의 주장이다. 그것은 유대교 역외에서(extra muros) 유대교와 유대교
인을 적대하던 반유대주의 혹은 반셈족주의와는 구별된다. 반-유대
주의의 갈등으로 초기 기독교는 유대교로부터 독립된 종교가 되었
다.

　나는 이러한 명제에 서서 반-유대주의가 가장 첨예하게 표현된
마태복음을 선택하여 이 담론을 다루고자 한다. 논의를 전개하기 위
해, 먼저 반유대주의라는 기존의 용어와 개념을 비판하고, 그 뿌리가

과연 신약성서에서 도출될 수 있는가를 검토하고자 한다. 다음으로 초기 유대교의 바리새주의를 설명하려 한다. 초기 기독교가 자신의 신학적·정치적 정체성을 형성하는 과정에서 필연적으로 직면해야 했던 대상이 바로 초기 유대교 내의 주류 종파인 바리새주의였기 때문이다. 여기서 출발해서 나는 서구의 반유대주의 역사를 간략히 검토하며, 마지막으로 과연 서구의 반유대주의에 대한 비판적 담론이 분단된 한반도에서 어떻게 적용될 수 있는가를 진단하고자 한다. 이런 소박한 시론(試論)이 한반도의 평화에 관한 신약의 관점을 제공할 수 있기를 기대한다.

1. "반-유대주의"(Anti-Judaism) 재정의

1) 반유대주의(Anti-Semitism)와 반-유대주의(Anti-Judaism)

나는 현재 반셈족주의와 혼동하여 사용하고 있는 반유대주의와 달리 "반-유대주의"라는 새로운 우리말 용어를 별도로 사용할 것을 제안한다. "반셈족주의"(Anti-Semitism)라는 용어는 1879년 독일의 저널리스트 빌헬름 마르(W. Marr)가 유대인과 유대교에 대한 증오를 서술하면서 처음으로 사용되었다.[1] 이 용어는 본래 아리아인을 셈족과 대립시키려는 의도로 사용되었는데, 시간이 지나면서 자연스럽게 셈족

---

1. 그의 책 『독일주의에 대한 유대교의 승리』(*Der Sieg des Judenthums über das Germanenthum*)에서 사용되었다. 최창모, 『기억과 편견: 반유대주의의 뿌리를 찾아서』(서울: 책세상, 2004), 20.

일반에 대해서가 아니라 유대인과 유대교에 대한 적대감을 지칭하는 것으로 굳어지게 되었다. 근대 이후 역사학자들은 반셈족주의를 자연스럽게 신약성서와 관련한 '안티-유다이즘'(Anti-Judaism) 개념과 구분하지 않고 사용하는 경향을 갖게 되었다.

그러나 이 근대적 개념을 초기 기독교 시대로 소급하여 두 용어를 동일시하여 사용하는 것은 다른 분야에서는 몰라도, 신약학에서는 중대한 문제를 야기한다. 왜냐하면 '안티-유다이즘'(Anti-Judaism)이란 신약과 초기 기독교에서 일어났던 유대인과 유대교에 대한 **신학적 반명제**를 의미하지, 고대의 "외국인 혐오"(Xenophobia)나 근대 이후의 "유대인 혐오"(Judaephobia)와 같은 문화사적 개념과 동일시될 수 없기 때문이다. 게이저(J. Gager)는 반셈족주의란 유대인에 대한 **비유대인**의 적대감이었지, 결코 유대교인에 대한 **기독교인**의 적대감은 아니었다는 것을 옳게 지적해 주었다. 그는 그런 의미에서 고대시대의 '안티-세미티즘'(Anti-Semitism)과 '안티-유다이즘'(Anti-Judaism)을 구분한다.[2] 다만 역사학에서는 두 개념이 구분될 수 있는지가 아직도 논쟁 중이지만, 적어도 신약학에서 학자들은 두 용어를 뚜렷이 구분해서 사용한다.

그러나 한국에서는 두 개념을 명확히 구분해 내지 못하고 그저 "반유대주의"라는 용어로 통합해서 사용하고 있다. 그 이유는 이 논

---

2. J. Gager, *The Origin of AntiSemitism: Attitudes toward Judaism in Pagan and Christian Antiquity* (New York: Oxford, 1985), 9ff. 물론 게이저는 마지막 장에서 근대 이후 일어난 기독교의 Anti-Semitism은 Anti-Judaism적인 요소를 내포하고 있다는 사실도 함께 지적한다.

쟁이 대체로 인문학, 그중에서도 역사학의 분야에서 진행되면서도, 정작 논쟁의 뿌리가 되는 신약성서 시대를 진지하게 고찰하지 않은 결과라고 생각된다. 또 다른 이유로는 용어 사용의 부적절성을 들 수 있는데, 주로 신약학 분야에서는 개념상 양자(兩者)를 구분한다 할지라도 '안티-유다이즘'(Anti-Judaism)을 반유대주의 혹은 반셈족주의와 구분하여 번역할 적절한 용어를 찾지 못해 반유대주의라는 용어를 '차용'(?)함으로써 구분을 할 수 없게 만들었기 때문이다. 이러한 오류는 결과적으로 이미 신약의 본문에 반셈족주의가 존재했고, 그것을 마치 초기 기독교가 자신의 이데올로기화된 신학적 도구로 사용했던 것처럼 인식하게 만드는데, 이는 일종의 시대착오(anachronism)가 아닐 수 없다.

따라서 이런 고민이 반영된 우리말 개념의 정립이 필요하다. 나의 견해로는 관용(慣用)으로 굳어진 "반유대주의"(Anti-Semitism)를 재정의 할 수는 없는 형편이라 해도, 최소한 '안티-유다이즘'(Anti-Judaism)을 번역함에 있어서 '안티-세미티즘'(Anti-Semitism)과 구별되는 용어를 사용하는 것이 옳다고 생각된다. 대안으로 '안티-유다이즘'(Anti-Judaism)을 반유대주의라 번역하지 말고, 구별하여 "반-유대주의"라고 명명하는 것을 제안해본다. 하이픈(-)을 첨가함으로써 유대주의와 대립되는 개념이라는 의미를 부가하여, 반셈족주의와 동일시된 반유대주의와도 구별되고, "반(反)유대교"라고 직역함으로써 유대교 밖에서 유대교를 적대시하는 것으로 들릴 수 있는 어감도 피할 수도 있다. 더욱이 신약의 본문은 아직 초기 기독교가 유대교로부터 완전히 분리되어 독립된 상황보다는, 점진적인 과도기적 상황을 반영하기에 나의 제안은 적절하다고 생각한다. 따라서 나는 '안티-유다이즘'(Anti-Judaism)을 반-유대주의(이제부터 "따옴표" 없이 사용함)로 정의하여 사용하겠다.

2) 유대주의와 반-유대주의

한편 "유대주의"의 어원인 그리스어 '유다이스모스'('Ιουδαϊσμος)는 유대교 자체를 표현하는 것이라기보다 헬레니즘 시대의 문화와 이방인에 대한 저항적 사상체계를 의미한다.[3] 이 용어는 역사적으로 구약외경 마카비서하 2장 21절에서 처음으로 등장하고 있는데, 여기서 "유대주의를 위해 용감히 싸운 그들은 …"(저자 사역) 누구일까? 헬레니즘 시대 팔레스타인은 기원전 2세기부터 시리아의 셀레우코스 왕조가 지배하였다. 이 왕조의 안티오코스 4세는 175년에 다음과 같은 헬레니즘화 정책을 선포한다.

> 모든 사람은 각자의 관습을 버리고 한 민족이 되어야 한다(마카상 1:41, 저자의 사역).

이 칙령은 그동안 단지 이방인 왕에 의한 유대교 박해라는 일면만 부각되었으나, 기실 이러한 역사적 사건은 국내의 친(親)헬레니즘 정치세력에 의해 기획되었던 사건이 그 배경에 있었다. 이미 기원전 176년, 이들은 예루살렘의 보수주의자들에 대항하는 과도한 개혁정

3.　M. Hengel, 『유대교와 헬레니즘 1』, 423. 공동번역성서(개정)은 "유다교"로 번역한다.

책을 추진하였다. 마치 구한말 개화파가 외세와 손을 잡고 수구적 보수파를 제압하여 갑신정변을 일으켰던 상황과 흡사하다. 아무튼 그들 정책의 핵심은 이방인으로부터 분리를 추구하는 지극히 보수적인 유대교의 율법 준수 이념을 포기하고 유대인의 삶과 유대교를 개혁하여 헬레니즘의 세계화로부터 고립을 면하자는 것이었다. 결국 예루살렘에서 일어난 일련의 개혁 조치로 예루살렘 성전 남동쪽 바로 코앞에 상징적으로 아크라(Acra)라는 이방인 "총독부"가 세워지기에 이르렀다. 급기야 기원전 167년 성전 분향이 중지되고 그리스식 제의로 대체되자, 유대인 대중은 광범위한 저항 운동에 나서게 되었다. 이 봉기가 마타티아스의 아들들이 선봉에 선 마카비 혁명(기원전 167-164년)인데, 일종의 내전이었다. 이 운동을 사상적으로, 그리고 대중적 운동으로 이끌어낸 조직이 '하시딤'(Hassidim)이다. "율법에 헌신된 사람들"이라는 의미를 가진 이들의 정체성은 마카비서에서 "유대주의를 위해 용감히 싸운" 자들로 묘사된다. 혁명이 성공한 이후 그들은 준엄한 율법 준수를 통해 유대교 주류의 유대주의를 형성하며 이방인에 저항하는 민족주의 문화 전통을 수호하기 위한 종교적 열성을 추구했다.

이렇게 원래 유대주의란 기원전 2세기 초, 헬레니즘 세력의 지배하에서 역사적으로 형성된 개념이며, 이는 유대교 주류의 사상체계라고 보아야 한다. 유대교 내부에는 유대주의와 충돌하는 여러 가지 다른 사상체계가 존재했으며, 바리새파와 에세네파, 사두개파와 같은 유대교 종파는 하시딤에서 그 기원을 찾을 수 있다. 마르틴 헹엘(M. Hengel)은 헬레니즘적 개혁을 주장했던 예루살렘의 개혁주의자들을 "그리스어 사용 유대인들"(Hellenist)이라고 부르는데, 이들은 율법에 대한 하시딤의 '열성주의'와는 달리 율법을 새롭게 해석하는 길을 개척한 집단으로 정의된다.[4] 약 200여 년 후 탄생한 초기 기독교 역시 이러한 유대주의와 충돌하는 반-유대주의적 성향을 가지고 있었다. 사도행전 6장 1절 이하에 등장하는 "헬라파 유대인들"(Hellenist)과 사마리아와 안티오크(안디옥)에서 활동했던 "나사렛 종파"(Ναζωραίων αἱρέσις, 행 24:5, 14; 참조, 8:1; 11:19)의 운동은 바로 그러한 역사적 사건으로 거슬러 올라갈 수 있다.

3) 초기 기독교와 반-유대주의

고대 유대교는 페르시아 시대 귀환 공동체에 의해 형성되었다. 막스 베버(Max Weber)는 고대 유대교의 특징을 종파 현상으로 규정한다. 유대교의 종파는 결국 헬레니즘이라는 이방인 문화와 지배에 대한 유대인의 다양한 관점에서 배양되었다고 볼 수 있다.[5] 이 관점은 헬레니즘의 지배에 가장 저항적이었던 열성주의자들부터 그 문화에 가장 친화적인 사마리아 종파까지 포괄할 만큼 그 폭이 넓었다. 물론이 다양한 관점에도 공통분모가 있었는데, 그것은 하나님이 역사 내

---

4.   M. Hengel, 『유대교와 헬레니즘 3』, 120-60 등.
5.   이러한 관점은 Joseph Blenkinsopp, "Interpretation and the Tendency to Sectarianism: An Aspect of Second Temple History," edited by E. P. Sanders, *Jewish and Christian Self-Definition*, Vol. 2 (London: SCM Press, 1981), 1-27을 보라. 이러한 관점은 일찍이 종교사회학자들에 의해서 제기되었다. 이를테면 Lewis A. Coser, *The Functions of Social Conflict* (London: Routledge, 1956).

에서 이방인의 지배를 종식시킬 것이라는 신앙이었다.[6]

유대교의 종파적 현상이 현실 정치의 당파(黨派)로 가시화되기 시작한 때는 반(反)이방인 민족주의 혁명을 승리로 이끈 마카비 가문이 하스몬 왕조를 이루게 되는 과정에서였다. 바리새파와 에세네파, 사두개파가 역사에서 모습을 드러내기 시작한 것은 바로 이 시기이다. 우리의 논의에서 중요한 것은 바리새파이다(바리새파의 발전 과정은 이하에서 자세히 살피게 될 것이다). 유대전쟁(기원후 66-70년 로마에 대한 유대인의 봉기)으로 예루살렘 성전이 파괴된 후, 70년부터 132년까지 현실적으로 바리새파가 회당 중심으로 유대교를 지배했다. 그렇다면 우리는 이 시기 유대교 주류의 사상체계였던 바리새주의를 유대주의, 그리고 이것에 대립되는 초기 기독교의 사상을 반-유대주의라고 규정할 수 있을 것이다.

초기 기독교는 랍비 유대교(기원후 200년부터 근대유대교 이전)가 형성되는 시기, 이른바 '형성기의 유대교'(Formative Judaism)였던 70-200년에 반-유대주의적인 신학과 실천을 통하여 점차 독립된 종교체제로 발전하고 있었다. 초기 기독교와 형성기의 유대교 사이의 구체적인 관계에 대한 논쟁이 남아있긴 하지만, 학자들의 의견을 정리하면 다음과 같은 개략적인 의견 일치를 발견할 수 있다. 먼저, 기원후 1세기 유대교는 다양했고 획일적이지 않았으며, 초기 기독교는 유대교의 한 종파운동으로 시작되었다. 또한 1세기 말 초기 기독교 공동체는

---

6. N. T. Wright, 『신약성서와 하나님의 백성』, 박문재 옮김 (서울: 크리스천다이제스트, 2003), 280.

이방인 선교에는 성공을 거두었지만 유대인 선교에서는 실패를 경험하였다. 결국, 그들은 유대교 회당으로부터 추방되면서 심각한 정체성의 위기를 겪었다. 이러한 요인들로 판단하건대, 신약의 본문에 나타나는 반-유대주의적 경향을 "집안 식구들 간의 경쟁"(sibling rivalry)으로 이해해야 한다는 주장이다.[7]

2. 마태복음의 반-유대주의 담론

반유대주의에 관한 혼란스러운 용어 사용과 다양한 논점을 정리하느라 서론이 너무 길어졌다. 이제 이 글이 다룰 성서 본문의 내용과 방법을 한마디로 말해보자. 나는 앞 절에서 정리한 랍비 유대교와 고대 기독교가 형성되던 시기의 '형성기 유대교'(Formative Judaism)와 초기 기독교 간의 관계 설정과, 헤어(Douglas R. A. Hare)가 정의한 기독교의 '예언적 반-유대주의'(prophetic anti-Judaism)의 범주에서 마태복음의 반-유대주의를 고찰하고, 그 신학적 의미를 해석하고자 한다. 이러한 논의는 불가피하게 마태복음이 유대 기독교적인가 이방 기독교적인가라는 포괄적인 논쟁, 더 나아가 마태 공동체가 여전히 '유대교의 내부'(intra muros)에 있는 상태인가 아니면 이미 '유대교에서 분리되어 나간 상태'(extra muros)인가에 대한 구체적인 논쟁과 연관된다. 사

7.　R. Hays, 『신약의 윤리적 비전』, 유승원 옮김 (서울: IVP, 2002), 618f.; U. Luz, *Studies in Matthew* (Grand Rapids: Eerdmans, 2005), 251f.

실 동전의 양면과도 같은 이 논쟁은 아직도 진행 중이기는 하다. 그
러나 양 입장의 주장을 뒷받침하는 논의는 대체로 마태 공동체가 어
느 정도 율법을 신실하게 준수했는지, 또 이방인 선교를 어느 정도
진행했는지, 그리고 회당과의 관계는 어느 정도 소원했는지에 따라
결정된다.[8] 그러한 논의를 다루는 것이 우리의 과제는 아니지만 그런
논쟁에 어떤 기여를 할 수 있도록, 그러한 논점들을 염두에 두고 서
술해 나가겠다.

중요한 것은 마태복음의 반-유대주의를 '어떻게' 다룰 것인가의
문제인데, 나는 마태의 예수 이야기에 각인된 예수와 유대 지도자들
과의 갈등 문제를 통하여 이 문제를 풀어나가려고 한다. 복음서를 문
학적 내러티브로 읽으려는 방법론은 1980년대부터 보편화되고 있
다.[9] 킹스베리(J. D. Kingsbury)는 채트먼(S. Chatman)의 문학비평 관점을 적

---

8. 이러한 주제들에 대한 논의는 G. Barth, "Das Gesetzesverständnis des
   Evangelisten Matthäus," edited by G. Bornkamm, G. Batth, Heinz J. Held,
   Überlierferung und Auslegung im Matthäusevagnelium (WMANT 1;
   Neukirche: Neukirchener Verlag, [4]1965), 54-154; Douglas R. A. Hare, "How
   Jewish Is the Gospel of the Matthew," *CBQ* 62/2 (2000), 264-277; Warren
   Carter, "Matthew and the Gentiles: Individual Conversion and/or Systematic
   Transformation?," *JSNT* 26/3 (2004), 259-282를 참조하라.
9. 복음서 연구에 이 방법을 적용한 선구적인 저저 두 권은 모두 우리말로 훌륭
   하게 번역되어 있다. Jack D. Kingsbury, 『이야기 마태복음』, 권종선 옮김 (서
   울: 요단출판사, 2000)과 D. Rhoads, J. Dewey and D. Michie, 『이야기 마가:
   복음서 내러티브 개론』, 양재훈 옮김 (서울: 이레서원, 2003). 킹스베리 이
   후에 마태복음의 문학비평을 한 단계 더 발전시킨 중요한 연구는 David B.
   Howell, *Matthew's Inclusive Story* (JSNT. Sup, 42; Sheffield: Sheffield Academic
   Press, 1990)이다. 독일어권에서 이러한 연구에 전승사적 연구를 결합한 개
   론적 서술은 U. Luz, 『마태 공동체의 예수 이야기』, 박정수 옮김 (서울: 대한

용하여 복음서를 통일된 서사로 이해함으로써 '내러티브'(narrative)로
서의 마태복음 읽기를 주도한 바 있다. 킹스베리는 우선 채트먼의
"이야기"(story)와 "담론"(discourse)을 분명하게 구별하여 사용하였는
데,[10] 예수의 생애라는 이야기 구성에 가장 중요한 영향을 미치는 요
인을 '갈등'으로 파악하고, 마태가 예수와 이스라엘, 특히 이스라엘
지도자들과의 갈등을 '어떻게' 다루고 있는가를 분석해 나간다. 예수
나 제자들이 다양한 관점에서 "입체적인 인물"로 묘사되는 것과는
달리, 지도자들은 "평면적 인물"로서 예수의 악한 적대자라는 단선
적인 관점으로 묘사된다.[11] (마태의 예수 이야기의 이런 갈등 전개는 마가복음 구성
에 충실한 결과라고 할 수 있다.)[12] 갈등은 예수의 가르침과 행동을 통해 유대
교의 율법 체제에 충돌하게 되면서 드러나기 시작하고, 지도자들이
예수를 죽일 공모를 함으로써 표면으로 드러난다. 또 성전 정화 행동
에서 갈등은 정점에 이르는데, 이러한 갈등 구조는 예수의 죽음과 부
활을 통해 해소된다.[13] 마태의 구성은 단지 이러한 갈등 구조로만 파
악될 수는 없다. 마태의 담론은 또 다른 특징들을 가지고 있다. 그는
마가와 '말씀 자료'(Q)의 장르를 유지하면서도[14] 이들을 다섯 개의 커

기독교서회, 2003[1992])이 있다.

10. 권종선, 『이야기 마태복음』, 14: 그는 "이야기란 말해지고 있는 내용"이고,
"담론은 그 이야기가 말해지고 있는 방법"이라고 정의한다.

11. 권종선, 『이야기 마태복음』, 38, 193.

12. Rhoads, 『이야기 마가』와 전승사적인 연구를 포함하고 있는 Theodore J.
Weeden, *Traditions in Conflict* (Philadelphia: Fortress Press, 1971), 70-100을 보
라.

13. 권종선, 『이야기 마태복음』, 145-155, 193-211.

14. G. Stanton, *A Gospel for a New People* (Edinburgh: T & T Clark, 1992), 66-71.

다란 강화(講話)로 정교하게 통합하여 구성하고 있다.[15]

그러므로 우리는 한편으로는 마가의 갈등 구조와 다섯 개의 강화를 직조하는 마태의 문학적 담론 방식에 주의하고, 다른 한편으로는 예수의 적대자로서 가장 전면에 부각되는 바리새인들의 역사적 배경에 초점을 두면서 마태의 반-유대주의 담론을 진술하게 될 것이다. 이를 통해 나는 마태의 반-유대주의가 유대교 내부에서 일어나는 종파적 논쟁 성격과 예언자적 비판의 특성을 가지고 있음을 설명하겠다. 또한 나는 주로 문학비평적으로는 마태의 사회 세계를, 역사적 접근으로는 초기 기독교가 유대교로부터 분리되는 정황을 파악하고자 한다. 그래서 갈등의 전체 구성을 따르고, 다른 한편으로는 다섯 개의 강화들 중에서 반-유대주의 논증에 의미 있는 '말씀 자료'와 이야기들을 중심으로 설명하려고 한다.

1) 갈등의 구도

마태의 예수 이야기의 갈등 구성에서 가장 중요한 요인은 예수와 유대교 지도자들의 대립 구도다. 이들은 시종일관 악한 의도를 가지고 예수를 대적한다. 마가복음에서는 예수의 적대자로 대제사장들과 서기관들, 바리새인들, 장로들, 헤롯의 사람들, 사두개인들이 등장

---

15. 전통적으로 B. W. Bacon, *Studies in Matthew* (New York: Holt, 1930)에 의해서 최초로 분석되었는데, 가장 중요한 척도는 반복되는 5번의 "Καὶ ἐγένετο ὅτε ἐτέλεσεν ὁ Ἰησοῦς τοὺς λόγους τούτους"(7:28; 11:1; 13:53; 19:1; 26:1 = πάντας)로 각 강화(5-7장의 산상강화, 10장의 제자 강화, 13장의 비유 강화, 18장의 공동체 강화, 그리고 23장 및 24-25장의 '심판 및 종말 강화'가 종결되기 때문이다.

하고 있다. 하지만 마태는 이 중에서 바리새인들을 가장 부각시킨다
(총 29번).[16] 마태는 "바리새인들"을 단독으로 사용하기도 하지만(10번),
자주 두 그룹으로 구성하기를 즐겨한다. "서기관들과 바리새인들"이
가장 자주 사용되고(9번), "바리새인과 사두개인들"(3장면, 6번), 그밖에
"대제사장들과 바리새인들"(1번)도 있다. 대제사장들도 적대자들로
자주 등장하는데(총 24번), "대제사장들과 장로들"(10번)이나 "대제사장
과 서기관들"(6번)로 결합되어 나타난다. 반면 "서기관들"이 독자적으
로 사용되는 것은 17번 중에 4번에 불과하다.[17]

서기관들은 이미 오래전부터 '율법 학자' 내지 성전과 회당의 직
무를 담당하는 기능인 역할을 했다. 바리새파는 에세네파나 혹은 '젤
롯인들'(Zealots)에 속했는데, '율법 학자'는 이들 종파 안에서 지도적
인 위치를 점하고 있었을 것이다. 또한 기독교 공동체에도 서기관들
이 있었다고 생각할 수 있다. 왜냐하면 마태는 "천국의 서기관"(γραμματεὶς
μαθητευθεὶς τῇ βασιλείᾳ τῶν οὐρανῶν, 13:52; γραμματεῖς, 23:34)을 언급하고 있기 때
문이다.[18] 그만큼 서기관들은 광범위하게 활동하고 있었다. 그렇다면

---

16. James, D. G. Dunn, "The Question of Antisemitism in the New Testament
    Writings of the Period", in Dunn (ed.), *Jews and Christians: The Parting of the
    ways, A.D. 70 to 135* (Tübingen: Mohr Siebeck, 1992), 177-211 (205)의 도표를
    참조하라.
17. 하지만 "서기관들"과 "사두개인들"이 조합되는 경우는 신약전체를 통틀어
    단 한 번도 없다.
18. 루츠(U. Luz)는 이들 서기관들이 마태 공동체에서 주로 칠십인역에 근거
    한 "성취 인용문"을 전수했고, 마태의 특수자료들도 관장했을 것이라는 가
    설을 주장했다. U. Luz, *Das Matthäusevangelium nach Matthäus* 1 (EKK I;
    NeukirchenVlyen: Neukirchener Verlag, ⁵2002), 83f.

마태가 자주 사용하는 "서기관들과 바리새인들"은 아마도 서로 다른
두 그룹이 아니라 당시 대중적인 활동을 하고 있었던 주류 바리새파
와 그 지도자들을 총칭한다고 볼 수 있다.[19] 특이한 것은 마태가 이스
라엘에서 "그들의 회당"(4번)이나 "그들의 서기관들"(7:29)을 언급하지
만, "그들의 바리새인들"이라고는 언급하지 않는다는 사실이다.[20] 이
것은 마태 시대 '형성기 유대교'의 리더십은 이미 바리새인들에게 돌
아갔다는 추측을 가능하게 한다.

　또한 예수와 적대자들 사이에서 예수와 연대하고 있는 세례 요
한의 모습이 강조되고 있다는 점도 살펴볼 만하다.[21] 세례 요한이 선
포한 "회개하라 천국이 가까웠느니라"(3:2)는 정확하게 예수의 선포
내용과 일치한다. 그뿐만 아니라 예수가 요한에게 세례를 받아야 하
는 이유를 "우리가 이와 같이 하여 의를 이루는 것이 합당하다"(3:15)
고 말하며 서로 간의 연대를 주장한다. 더 나아가 예수의 사역은 요
한의 활동과 유기적으로 연관되어, 예수께서는 요한이 체포되자 갈
릴리로 후퇴하시고(ἀνεχώρησεν, 4:12), 요한이 죽었다는 소식을 듣고 다
시 광야로 후퇴하신다(ἀνεχώρησεν, 14:12f.). 그리고 성전에서 행한 예수의
활동에 대한 논쟁에서도 요한의 권세를 자신의 권세와 연결시킨다

---

19. 이는 "서기관들이나 대제사장들"이라는 표현에서도 마찬가지이다.
20. 그렇다고 예수께서 가르치신 "그들의 회당"(4:23f.; 9:35; 10:17; 12:9; 13:54)
　　이 바리새인들의 회당이라는 말은 아니다. 이러한 표현들(αὐτῶν)로 인해 마
　　태 공동체가 이미 유대교 밖에 존재하고 있다는 것을 비판하는 것에 대하여
　　서는 Dunn, "Question," 206f.를 보라.
21. 박정수, "세례 요한의 세례와 마태복음의 죄사함," 『신약논단』 23/4 (2016),
　　933-68.

(21:23-32).

그렇다면 세례 요한, 그는 누구인가? 요한은 백성들이 인정한 참 선지자였다(21:26). 아니 "선지자보다 더 나은 자"였다(11:9). 마태는 말라기 예언(말 3:1)을 인용하고 엘리야 현현설(13:14)을 통해 세례 요한을, 종말을 앞둔 "이 세대"(ἡ γενεὰ ταύτη, 11:16; 12:38-45)에 심판을 선언한 예언자로 묘사한다(3:7-10). 요한은 바리새인들과 사두개인들을 향해 "독사의 자식들"(γεννήματα ἐχιδνῶν)이라고 심판을 선언하는데, 예수께서도 23장 33절에서 "서기관과 바리새인들"에게 동일한 심판을 선언한다. 또 요한은 "귀신이 들렸다"고 비난받고 있는데, 이는 예수에 대한 비난과 맥을 같이하고 있기에 바리새인들에 의한 것으로 볼 수 있다. 예수께서는 요한을 정죄한 "이 세대"에 심판을 선언한다(11:20-24). 이렇게 요한과 예수가 구약의 예언적 전통에 함께 연대하고 있는 것은 복음서의 후반부로 갈수록 점점 더 분명하게 드러난다. 특히 요한의 처형은 21장 33-46절과 23장 29-32절에서 예언자들을 죽인 이스라엘 지도자들에게 심판을 선언하는 예수가 결국 처형되는 것과 깊이 연관되고 있다. 예수와 요한은 적대자들인 지도자들, 특히 바리새인들과의 갈등으로 구약의 예언자들과 같이 죽음의 길을 가고 있는 셈이다.[22] 이 갈등 구도는 결국 요한과 그 뒤를 잇는 예수의 죽음으로 해소된다.

---

22. 박정수, "세례 요한의 세례와 마태복음의 죄사함," 928.

2) 산상강화와 율법 논쟁

산상강화는 예수와 바리새인들과의 갈등을 율법 해석의 차원에서 전개한다. 여기서 율법에 대한 강한 긍정과 그 율법 해석 전통에 대한 강한 비판이 동시에 나타난다. 마태는 당연히 토라 중심의 유대교 전통과 신앙을 부인하지 않았지만, 동시에 바리새인들이 시행한 토라 해석과 실천은 비판했다. 우선 "율법으로부터 일점 일획"(ἰῶτα ἓν ἢ μία κεραία ἀπὸ τοῦ νόμου)을 언급하고(5:18), 19절의 "지극히 작은 이 계명들 가운데 하나"(μίαν τῶν ἐντολῶν τούτων τῶν ἐλαχίστων, ἐλάχιστος κληθήσεται)를 언급하는 것은 이스라엘의 최고 유산인 토라를 긍정할 뿐만 아니라 더 철저하게 하는 것이다. 하지만 "…라고 말하는 것을 들었다"(ἠκούσατε ὅτι ἐρρέθη …) 혹은 "…라고 말했다"(ἐρρέθη δέ …)로 시작되는 여섯 개의 반(反)명제들(5:21-48)은 바리새인들의 율법 해석을 반박하는 형식을 띠고 있다.[23] 여기서 마태가 사용하는 담론의 방식으로 인해 이어지는 각각의 해석이 기독론적 권위를 갖게 된다. "내가 진실로 너희에게 말한다"(5:18)라는 확정적인 어조로 시작되는 개개의 반명제의 도

---

23. G. Strecker, 『산상설교: 그 신학적 해석』, 전경연, 강한표 옮김 (서울: 대한기독교서회, 1992), 75ff. G. Barth, "Gesetzesverständnis," 80-88. 바르트는 이른바 갈등의 "이중 전선"(*doppelte Frontstellung*)이론을 펼친다(88). 하나는 "무규범주의자들"(*Antinomisten*)이고 다른 하나는 "랍비적 유대교"(*das Rabbinat*)이다. 그의 주장은 근본적으로 유대교 내부의 갈등(*intra muros*)이라는 성격을 갖는다. 그러나 데이비스는 분명하게 마태가 바리새인들이 주도하는 유대교 밖(*extra muros*)에서 논쟁하고 있다고 주장한다. 마태, 특히 산상강화는 "얌니아에 대한 기독교적 응답"의 성격을 갖는다는 것이다. W. Davies, *The Setting of the Sermon on the Mount* (Cambridge: Cambridge Univ. Press, 1966), 315.

입구도 그렇고, 여섯 개의 반립 명제 전체의 도입구라고 할 수 있는 5장 17-20절에서도 그런 성격은 뚜렷이 드러난다.[24]

> 내가 율법이나 선지자를 폐하러 온 줄로 생각하지 말라 폐하러 온 것이 아니요 완전하게 하려 함이라(5:17).

기독론적 권위에 서있는 이 선언의 결론은 "서기관들과 바리새인들"과 제자들의 의(義)를 대조하는 것으로 끝난다.

> 너희 의가 서기관과 바리새인들보다 더 낫지 못하면 결코 천국에 들어가지 못하리라(5:20).

여기서 심판의 척도로 사용되는 "더 나은 의"(ἡ δικαιοσύνη πλεῖον)란 토라에 나타난 하나님의 뜻을 '행함'을 의미하지, 예수의 제자라는 특권적 우월성을 의미하지 않는다. 도리어 "더 나은 의"란 여섯 개의 반립 명제에서 심화될 토라를 의미한다. 게다가 심판은 "서기관들과 바리새인들"이 아니라, 도리어 제자들(ὑμῶν)에게 향하고 있다. 여기서 율법 자체가 아니라 율법 해석이 문제시되고 있다는 것은, 이 논쟁이

---

24. Ἐγὼ δὲ λέγω로 시작되는 율법확정적인 어투나, ἦλθον으로 시작되는 목적론적인 진술(비교, 마 9:13; 10:34f.)은 모두 1인칭으로 기록된 논쟁적이고 권위적인 표현에 해당한다. 마태에게서 그것이 예수에게 환원되고 있음은 물론이다. 참고. R. Banks, "Matthew's Understanding of the Law," *JBL* 23/3 (1983), 226-242 (227f.).

유대교 내부에서 벌어지고 있다는 사실을 말해준다. 비록 율법을 해석하는 권위가 누구에게서 나오는가가 다를지라도, 마태의 율법 논쟁은 동일한 대상을 두고 벌이는 **구성원 간의 담론**이지 유대교 외부에서 유대교를 공격하는 담론은 아니다. 그러므로 이 율법 논쟁이 반-유대주의 성향을 갖는다 해도, 그것은 유대교 내부의 종파적 경쟁의 성격을 갖는다는 주장은 설득력을 갖게 된다.

　　마태는 산상강화의 종결부에서 가르치시는 예수의 권세가 "그들의 서기관들"(οἱ γραμματεῖς αὐτῶν)과 비교할 수 없을 정도였다는 "무리들"의 반응을 남기고 있다(7:29). 마태의 예수 이야기의 이 첫 단계 강화에서 "그들"이 "바리새인들"이라는 것은 아직까지는 암시적으로 표현될 뿐이다.

3) 예수의 사역에 대한 논쟁

　　마태는 이어지는 8장과 9장의 기적적인 치유의 단화들을 자신의 문학적 포괄기법(inclusion)을 통해서 구성하고 있다. 즉, 그는 예수의 사역을 "선포"(가르침)와 "치유"(이적)로 요약하면서(4:23; 9:35) 5장에서 7장까지 산상강화와 짧은 기적 이야기들을 나열하고 있다. 물론 이 이야기들 사이에는 제자도(8:1, 10, 18-27; 9:9, 27)나 믿음(8:10, 13; 9:2, 18-31)과 같은 다양한 주제들이 등장하기는 하지만, 마태는 각각의 이야기에서 근본적으로 이스라엘에서 발생하는 "그들"과의 논쟁(9:2-17, 32-34)을 다루고 있다.[25] 그래서 각각의 기적 이야기들은 논쟁 양식과 혼합

---

25. Heinz J. Held, "Matthäus als Interpreter der Wundergeschichten," von Günther

되어 있다. 이를테면, 한 서기관은 예수께서 중풍병 환자를 치유하며
죄사함을 선언하자 그 권위를 문제 삼고(9:3), 바리새인들은 예수께서
말 못하는 사람을 치유하자 "귀신의 왕을 의지하여" 이런 능력을 행
한다고 비난한다(9:34). 마태는 바리새인들을 예수의 적대자들로 부
각시키려는 관점으로 이런 언급을 한다. 왜냐하면 12장의 바알세불
논쟁(12:22-29)에서도 역시 "눈 멀고 말 못하는 사람"을 고쳐주는 예수
의 기적을 그들은 동일하게 비난하고 있기 때문이다.

다른 한편으로, 8장의 논쟁에는 예수가 제자들을 부르는 이야기
들이 나타나고 있다(8:18-22; 9:9-13). 이러한 이야기들은 10장의 이른바
"파송강화"(제자담론/제자 강화)에서 계속된다.[26] 마태는 제자도(弟子道)의
핵심을 예수의 삶과 제자들의 삶의 일치에 두고 있는데, 이에 관한
'말씀 자료'를 제자 강화의 정중앙에 배치하고 있다.

제자가 그 선생보다, 또는 종이 그 상전보다 높지 못하나니 제자가
그 선생 같고 종이 그 상전 같으면 족하도다(10:24f.).

Bornkamm, Gerhard Barth, Heinz Joachim Held. *Überlieferung und Auslegung im Matthäusevangelium* (Neukirche: Neukirchener Verlag, 1960), 155-288 (155-99).

26. Luz, *Matthäus* 2, 74-79. 하지만 마태의 이야기는 제자들이 파송되는 것이 아니라, 도리어 예수께서 제자들을 가르치고 그곳을 떠난다(11:1). 파송이라 해도 마태는 누가와는 달리 그 대상을 이스라엘로 제한한다(10:5f.). 그러므로 이 강화는 파송보다는 예수의 제자가 되는 사항을 가르치는 "제자담론"이라고 해야 한다.

제자들은 예수의 선포와 치유를 반복한다. 예수가 이스라엘 안에서 일으킨 사역을 제자들이 따라하는 것이다. 예수가 이스라엘에서 거절당하듯 제자들도 거절을 경험한다(10:17f.). 예수가 가족의 배척을 받듯이 제자들도 가족 간의 불화(10:21)를 감수해야 한다.

여기서 다시 의미심장한 언급이 등장한다. "집 주인을 바알세불이라 하였거든 하물며 그 집 사람들이랴"(10:25). 이것은 9장과 12장에서 예수의 치유 행위를 비난하는 바리새인들을 염두에 둔 것이라고 볼 수 있다. 이 '말씀 자료'에서도 예수와 제자들이 겪어야 할 '집안의 갈등'이 묘사된다. 이제 마태의 예수 이야기는 예수와 제자들이 '이스라엘의 집' 안에서 시작한 사역이 바리새인들의 적대감을 유발시키는 단계로 들어왔다.

4) 용서받을 수 없는 죄

바리새인들의 적대감은 12장에서 분명히 드러난다. 이제 독자들은 대결 구도가 점점 극단으로 치닫게 되는 것을 느끼게 된다. 이 장에서 안식일 논쟁(12:1-21)은 마가복음 2장 23절에서 3장 6절과 같이 바알세불 논쟁(12:22-32)으로 심화되는데, 마태는 여기에 '말씀 자료'에 있는 악한 세대를 향한 심판(12:33-37)을 추가했다. 그뿐만 아니라 마태는 예수에게 표적을 구하는 또 다른 그룹인 "서기관과 바리새인"을 악한 세대로 규정하며, 요나의 표적을 제시한다(12:38-45). 또한 안식일 논쟁이 "그들의 회당"에서 일어났다고 묘사한다(12:9; 비교, 막 3:1; 눅 6:6에서는

"회당").[27] 마가는 회당에서 일어난 안식일 논쟁을 통하여 바리새인들이 예수를 죽이려고 헤롯당과 결탁하고 있다고 보도하지만(막 3:6), 마태는 바리새인들 단독으로 이 의도를 실행하고 있다고 묘사한다 (12:14; 비교, 눅 6:7, 11의 "서기관들과 바리새인들"). 이렇게 함으로써 마태는 이스라엘의 악한 지도자들을 바리새인들로 규정해 나간다.[28] 이들은 백성의 목자도 아니요, 이스라엘의 엘리트로서 하늘의 계시를 알지도 못하는 자들이다(11:25).

이제 이야기는 바리새인과의 갈등이 가장 고조되는 장면으로 달려간다(12:22-37). 예수께서 시각과 청각을 잃은 환자를 치료해주자, 무리들은 놀라며 예수께서 "다윗의 자손"이라고 고백한다. 논쟁의 발단은 바리새인들이 예수가 성령이 아닌 바알세불의 힘으로 축귀 활동을 하고 있다고 비난하는 데서 시작된다. 예수께서는 단호하게 그러한 비방이 성령을 모독하는 것이요 거역하는 것이라고 규정하고, 이는 "용서받을 수 없는 죄"라고 단언한다(12:31f.). 이 말씀은 마가복음과 '말씀 자료'에서 모두 발견된다(막 3:28f; 눅 12:10/마 12:32).[29]

---

27. 그렇다고 이것이 바리새인들의 회당이라는 의미는 아니고, 단지 유대인의 회당이지만 마태 공동체는 이미 그 그늘에서 분리되기 시작했다는 것을 암시할 것이다(Luz, *Matthäus* 2, 238). 반면 홈멜(Hummel)은 바리새파 유대교의 회당이라고 한다. 그는 기독교인들은 회당예배에는 참여했지만, 회당의 법적구속력에서는 벗어나 있다고 한다. R. Hummel, *Die Auseinandersetzung zwischen Kirche und Judentum im Matthäusevangelium* (München: Kaiser, 1966), 29f.

28. Kingsbury, 『이야기 마태복음』, 38-47, 193-209.

29. 아마도 원래의 형태는 아람어적 배경에서 나왔을 것이다. 이 주장에 대해서는 M. Black, *An Aramaic Approach to the Gospels and Acts* (Oxford: Clarendon

마태는 이 두 전승을 세심하게 통합한다. 먼저 그는 마가처럼 (3:22-30) 이 선언을 바알세불 논쟁(12:22-32)에 결합한다. 여기서 그는 마가처럼 직접적으로 예수에 대한 질책을 방어하지는 않지만, 새로운 관점에서 방어의 논증을 강화한다. 즉, 그는 '말씀 자료'에서 가져온 청각장애인을 치료하는 구체적인 기적 이야기(마 12:22/눅 11:14)를 결합한다. 이로써 두 개의 비유 사이에(12:25b, 29) 하나의 부정적인 논증 (12:27)과 추가적인 논증이 놓임으로 반바리새주의 논쟁은 정점에 이른다.

> 그러나 내가 하나님의 성령을 힘입어 귀신을 쫓아내는 것이면 하나님의 나라가 이미 너희에게 임하였느니라(12:28).

이어지는 12장 32절의 "이 세상과 오는 세상에서도" 용서받을 수 없다는 언급에는 종말론적 심판의 말로서 단호함을 표현하는 "내가 너희에게 이르노니"('Αμὴν λέγω ὑμῖν, 36절)가 사용되고 있는데, 이는 적대적인 그룹에 대한 경계를 분명히 한다. 이 표현은 또한 초기 공동체의 예언적 신탁으로 사용되기도 한다.[30] 구약성서의 예언자적 전통에서 성령을 거역한 행위는 하나님을 거역하는 것으로 인식된다.[31]

Press, ³1967), 189을 보라. 그리고 원래의 형태에 대해서는 M. E. Boring, "The Unforgivable Sin Logion Mk 3,28f/Mt 12,31f/Lk 12,10: Formal Analysis and History of the Tradition," *NT* 18 (1976), 258-79 (276)을 참고하라.

30. K. Berger, "Zur Geschichte der Einleitungsformel 'Amen, ich sage euch'," *ZNW* 63 (1972), 45-75 (56).

31. E. Lövestam, *Spiritus Blasphemia. Eine Studie zu Mk 3,28f. par Mt 12,31f., Lk*

성령은 종말론적 구원을 가져오는 하나님의 영이기 때문이다.

그러므로 우리는 마가나 '말씀 자료'에서 초기 기독교의 예언자적 전통의 영향을 충분히 염두에 둘 수 있을 것이다.[32] 하나님의 용서와 용서받을 수 없는 죄에 대한 관념 모두는 예수와 초기 기독교 예언자들이 공통으로 서 있던 구약의 예언적 전통이었다. 즉, 인간의 모든 죄는 용서될 수 있지만, 종말론적 성취로서 하나님의 구원을 가져오는 성령을 거역하는 죄는 용서받을 수 없다고 경고한다. 그런가 하면 마태는 마가의 예언자적이고 종말론적인 심판의 전통에 "내가 너희에게 이르노니"라는 기독교적 권위를 담은 '말씀 자료'의 심판 선언(12:36f.)을 결합함으로써 예언적 전통을 더욱 강화하고 있었던 셈이다. 이를 통해 마태는 자신의 공동체와 논쟁 중인 바리새인들의 전형적인 유대주의 관념과 분명한 선을 긋는다. 하나님 나라의 도래를 드러내는 예수의 치유를, "바알세불의 힘"으로 치부한 그들을 "독사의 자식들"(γεννήματα ἐχιδνῶν, 12:34. 비교, 3:7; 23:33)로 판단한다.

요컨대, 바리새인들을 향한 용서할 수 없는 죄에 대한 선고는 초기 기독교 공동체의 강력한 반-유대주의를 표현한다. 그럼에도 불구하고 이 논쟁의 상황은 그들이 유대교에서 이미 벗어난 상태(*extra muros*)라고 볼 수는 없다. 오히려 구약의 예언자적 전통에 속한 이스라엘에 대한 비판이요, 유대교 내부에서 바리새인들과 경쟁하고 있는(*in*-

---

12,10 (Lund: Gleerup, 1968), 16; 27f.

32. M. E. Boring, "How May We Identify Oracles of Christian Prophets in the Synoptic Tradition? Mk 3,28-29. As a Test Case," *JBL* 91/4 (1972), 501-21; Boring, "Unforgivable Sin," 276f.

tra muros) 마태의 반-유대주의를 반영한다.

5) 비유론

마태의 반-유대주의 신학은 또 다른 형태인, 이른바 "비유 이론" (Parabeltheorie)으로 표현된다. 초기 기독교의 비유 이론이란 초기 기독교가 이스라엘의 불순종을 해석하는 관점이다. 여기에서는 이사야서 6장 9f.절의 "듣기는 들어도 깨닫지 못할 것이다"라는 예언을 예수의 비유와 결합하는데, 이는 마가를 통해서 전수되고 있다. 마가는 독특하게 탈굼을 통하여 이사야 6장 9f.절을 인용한다.[33] 그런데 "그들이 용서받지 못하게 하려 함이라"(ἵνα βλέποντες βλέπωσιν καὶ μὴ ἴδωσιν, ... μήποτε ... ἀφεθῇ αὐτοῖς, 막 4:12)는 표현에서 나오는 용서하다는 동사 '아피에미'(ἀφίημι)가 칠십인역(καὶ ἰάσομαι)도 마소라(וְרָפָא)도 아닌, 탈굼의 본문(וְיִשְׁתְּבֵיק)을 따르고 있다는 사실은 주목할 만하다.[34] 또 접속사 '메포테'(μήποτε)는 "하지 않도록"이라고 번역되어야 옳다. 이렇게 되면 현재의 마가의 본문은 이스라엘의 눈이 멀고 귀가 막힌 상태가 하나님의 계획이라는 이사야의 문맥에서 벗어나있지 않다고 할 수 있다.[35]

---

33. 사도행전 28:26f.에 나오는 동일한 인용은 도입구만 제외하면 마태와 완전하게 일치하는데, 이는 칠십인역에 기초하고 있다.

34. "Make the heart of this people fat, and make their eyes heavy, and stop up their eyes;(lest) they see with their eyes, and understand with their heart"(사 6:10). Edited and translated by J. F. Stenning, *The Targum of Isaiah* (London:Clarendon Press, 1953), 22.

35. 왜냐하면 이사야는 하나님의 계획에 "주여 어느 때까지니이까?"(사 6:11)라고 반문하고 있기 때문이다. 랍비들은 이에 대하여 하나님의 용서는 이스라엘의 회개로만 가능하다고 주석한다. "For if they did, they would repent

그들로 보기는 보아도 알지 못하며 듣기는 들어도 깨닫지 못하게 하여 돌이켜 죄 사함을 얻지 못하게 하려 함이라(막 4:12).

칠십인역을 인용하는 마태의 관점도 근본적으로는 마가와 다르지 않다.[36] 하지만 여기서 마태는 다른 곳에서 사용하였던 성취 인용구와는 다르게 예수께서 비유로 말하시는 목적을 직접 설명하고 있다.[37]

그러므로 내가 비유로 말하는 것은 그들이 보기는 보아도 보지 못하며, 들어도 듣지 못하며 깨닫지 못하기 때문이라(저자 사역, 마 13:13).

또 마태는 칠십인역과 같이 "위하여"(ἵνα)를 배제함으로써 비유의 부정적 목적 " … 못하게 하려함"(μήποτε)이라는 마가의 표현을 약화시킨다(" … 돌이켜 내게 고침을 받을까 두려워함이라", 13:15). 문제는 예수께서 비

---

and receive forgiveness." T. W. Manson, *The Teaching of Jesus* (Cambridge: Cambridge Univ. Press, 1931), 78f.. 따라서 이스라엘의 현 상태는 회개하지 않기 때문이라는 이른바 신명기적 해석도 가능하게 된다.

36. 누가는 매우 짧게 축약하여 인용하지만(눅 8:10) 마태는 전체를 인용하고 있다(마 13:14f.). U. Luz, *Matthäus 2*, 302. 또 마태는 칠십인역의 ἰάσομαι를 사용하는데, 이는 비유적인 표현으로 구약에서 죄 용서에 관한 표상으로 종종 사용된다. Park, "Sündenvergebung," 210-27 (211).

37. 마태의 이른바 "성취 인용"은 11-13번 등장하는데, 이 이사야 인용만이 유일하게 마태의 해설이 아니라, 예수 자신의 인용임을 보여준다. 양용의, 『마태복음 어떻게 읽을 것인가』 (서울: 성서유니온, 2005), 235.

유로 말씀하시는 본래적인 이유다.

> 천국의 비밀을 아는 지식을 너희는 받았으나 저들은 받지 못하였다
> (저자 사역, 13:11).

여기서 "저들"이란 비유의 청중들인 "무리들"(ὄχλοι)을 지칭하지, 12장에서 등장한 "바리새인들"이나 "이 세대"로 볼 수는 없다. 예수의 청중들과 제자들의 이런 갑작스런 단절은 마태복음 독자들에게는 당혹스럽다. 왜냐하면 마태는 무리들을 이스라엘의 악한 지도자들과 구분하여 이제까지는 긍정적으로 묘사했기 때문이다. 그들은 예수의 청중들로서(5:1; 7:28; 13:2) 그를 "따르고"(4:25; 8:1; 12:15; 14:13; 19:2), 예수를 "다윗의 자손"(12:23)이요 "예언자"(21:11, 46)로 여긴다. 그들은 "목자 없는 양"과 같이 예수께서 긍휼히 여기시는 이스라엘의 백성이다(9:36).[38]

그렇다면 예수께서는 왜 무리들, 즉 이스라엘의 백성과 제자들을 그토록 날카롭게 구분하고 있는 것일까? 이 비유 이론을 마태의 해석으로 돌리는 것은 너무 자의적이다. 왜냐하면 비유 이론의 핵심인 이사야 인용은 예수 자신에 의한 것으로 보아야 하기 때문이다.[39] 학자들은 이사야서 인용과 이를 예수의 비유에 적용하고 있는 복음서

---

38. Luz,『마태 공동체의 예수 이야기』, 115-29.
39. 마태의 이른바 "성취 인용"은 11-13번 등장하는데, 이 구절만이 유일하게 마태의 해설이 아니라, 예수 자신의 인용임을 보여준다. 양용의,『마태복음 어떻게 읽을 것인가?』, 235.

의 비유 이론에는 초기 기독교의 이스라엘 선교 실패 및 믿지 않는 이스라엘을 부정적으로 보는 관점이 공통적으로 반영되고 있다고 간주한다.[40] 마태복음에도 예수와 제자들이 이스라엘에서 거절당했고 박해를 받았다는 인상이 깊이 남아있다.[41] 그래서 마태 역시 그리스도인들에 대한 유대인의 핍박이라는 주제를 매우 강조한다. 10장의 '제자 강화'(파송강화) 곳곳에서 나타나는 이 주제는 분명 제자들의 이스라엘 선교 실패와 연관되어 있다(10:6, 9-14, 16-20, 40-42).

그러므로 나는 이 난해한 문제를 이렇게 해석하고자 한다. "저들"이라는 표현은 단지 직접적인 수신자로서 "무리들"만을 지시하는 용어가 아니라, 암시적 수신자들이었던 "적대자들"이 내포된 마태의 수사학적 담론에 해당한다는 것이다. 그래서 마가는 "비유의 비밀"이 공동체(οἱ περὶ αὐτὸν, 막 4:10)를 "외인들"(ἐκείνοις δὲ τοῖς ἔξω, 막 4:11)에게서 분리시키는 기능에 초점을 맞추고 있지만,[42] 마태는 보지도 듣지도 못하는 이스라엘의 혼미한 상태가 제자들의 앎을 통해서 해제되고 있다는 사실에 집중한다. 이렇게 말이다.

그러나 너희 눈은 봄으로, 너희 귀는 들음으로 복이 있도다. 진실로

---

40. Haufe, "Erwägungen," 420.

41. Hays, 『신약의 윤리적 비전』, 638f. 루츠는 마태복음의 이러한 구조를 Howell의 용어를 빌어 내포적 예수 이야기라고 칭하고 있다. Luz, 『마태 공동체의 예수 이야기』, 91.

42. 예수께서는 "함께 한 그의 사람들"(저자 사역. οἱ περὶ αὐτὸν, 막 4:10)을 통한 이스라엘의 회복을 추구했을 것이다. J. Gnilka, *Die Verstockung Israels: Isaias 6,9-10 in der Theologie der Synoptiker* (StANT 3; München: Kösel, 1961), 204.

너희에게 이르노니 많은 선지자와 의인이 너희가 보는 것들을 보고
자 하여도 보지 못하였고 너희가 듣는 것들을 듣고자 하여도 듣지 못
하였느니라(13:16f.).

더 나아가 마가는 "하나님 나라의 비밀"인 비유 자체가 제자들에
게만 주어졌다고 보지만, 마태는 비유를 해석하는 지식의 열쇠가 제
자들에게 주어졌다고 본다. 마태는 이 "지식"을 권세로 이해하는데,
그는 '지식의 열쇠'가 "너희들"(ὑμῖν: 제자들)에게만 수여되었고, "저들
에게"(ἐκείνοις)는 없다고 한다(13:11).[43] 더 나아가 이 지식은 가진 자와
못 가진 자가 대립되면서 더 부각된다(13:11f.).

이 '지식의 열쇠'를 둘러싼 대립은 마태의 갈등을 구성하는 또 하
나의 요인이다. 11장에서 하늘에서 온 인자를 인식하는 지혜는 "어린
아이들"(제자들)에게는 주어지지만 이스라엘의 엘리트 지혜자들은 그
지식을 가지지 못한다(11:19, 25, 29). 그 지식의 권세는 예수를 하나님의
아들로 고백하는 제자들에게(16:19), 그리고 공동체에, 최종적으로는
부활하신 주를 경험하는 제자들 모두에게 수여된다(28:18f.).[44] 반면 바
리새인들은 자신들이 가진 천국의 열쇠 즉, "매고 푸는" 지식의 열쇠
를 남용하고 있다고 비난을 받는다(23:13).

결국, 마가가 이사야서를 통해서 현재 이스라엘(무리들)의 상태를
부정적으로 보고 자신의 공동체를 비밀스러운 공동체로 이해하고

---

43. 비교, G. Haufe, "Erwägungen zum Ursprung der sogenannten Parabeltheorie
     Mk 4,11-12," *EvTh* 32 (1972), 413-21 (413f.).
44. 박정수, "카리스마적 권세와 교회적 권위," 『신약논단』 10/2 (2003), 263-84.

있다면, 마태는 이 지식의 권세를 둘러싼 제자들과 바리새인들의 경쟁을 통하여 이스라엘 안에서 일어나고 있는 하나님 나라의 시작과 리더십을 담론화한다. "세례 요한의 때로부터 천국은 침노를 당하고 있고, 침노하는 자들은 빼앗을 것이다"(11:12, 저자의 사역). 그러므로 마태의 반-유대주의는 이제 이스라엘의 엘리트들과 공격적인 경쟁으로 들어가게 된다.

6) 구속사적 반-유대주의 담론

이제 예수와 지도자들, 특히 바리새인들에 대한 대립 구도는 점점 현실로 나타난다. 마태복음 21장의 예루살렘 성전 입성과 성전 심판은 마가의 구성을 따르고 있다. 예수께서 성전을 정화하는 행동(21:12f.)이나 이유 없이 무화과 나무를 저주하는 사건(21:18f.)은 이스라엘에 심판을 선언하는 일종의 "예언자적인 상징 행위"다.[45] 예수께서 예루살렘 성전에 들어서서 다시 가르치기를 시작하자 "대제사장과 백성의 장로들"은 그의 권위를 문제 삼았다. 그러자 예수께서는 백성들에게 참된 선지자로 인정받고 있는 요한의 권세와 자신의 권세를 연관시키고 있는데(21:23-27), 여기에 마태의 독특한 세 개의 비유가 결합된다(21:28-22:14). 이 비유들은 모두 구속사적, 알레고리적인 의미를 갖는다. 구속사는 구약의 예언자들과 세례 요한, 예수, 제자들의 시기, 그리고 최후의 심판까지 아우른다. 마태복음의 구속사 도식에

---

45. G. Theissen, "Jesus und die symbolpolitischen Konflikte seiner Zeit: Sozialgeschichtliche Aspekte der Jesusforschung," *EvTh* 57/5 (1997), 378-400.

서 세례 요한은 중요한 역할을 한다. 이미 11장에서 "모든 선지자와 율법이 예언한 것은 요한의 때까지"(11:13)라고 언급되었고, 여기 두 아들(21:28-32) 비유에서는 "요한이 의의 길(ἐν ὁδῷ δικαιοσύνης)로 너희에게 왔으나 너희는 그를 믿지 아니하였다"(32a절)고 판결한다. 이 "의의 길"은 요한과 예수가 연대하여 함께 가는 길이다. 예언자 요한은 이미 이스라엘의 지도자들에 의해 살해당했다(14:1-12). 요한의 죽음은 나머지 두 비유에서 이스라엘의 예언자 살해 역사로 소급된다. 두 번째 비유 "악한 포도원 소작인" 이야기는 마가복음과 누가복음에서도 등장하는 이스라엘의 불순종을 표현하는 대표적인 알레고리다(21:33-46). 하나님은 종들을 보냈으나 이스라엘은 거절한다. 마지막으로 아들을 보냈으나 살해당한다. 하나님에 대한 이스라엘의 최종적인 거역은 마태에 의해서 의미심장하게 해석된다.

> 그러므로 내가 너희에게 이르노니 하나님의 나라를 너희는 **빼앗기**
> 고 그 나라의 열매 맺는 민족이(ἔθνει) 받으리라(21:43, 저자 사역).

 그러면 구속사에서 이스라엘의 종말이 선언되고, 교회가 이스라엘을 대치하는가? 여기서 '에트노스'(ἔθνος)는 단수일 경우 "민족"으로, 복수일 경우 "이방인들"로 번역되는데, 마태는 "백성"을 의미하는 '라오스'(λαός)와 구별하여 이 단어를 사용하고 있다. 우선 "민족"과 "이방인"이라는 두 의미 모두를 고려하더라도 이 단어는 직접적으로 교회를 의미할 수는 없다.[46] 왜냐하면 교회가 언제나 "열매를 맺는 백성"은 아니기 때문이다. 마태의 교회론에서 교회란 행함이라는 척도에 따른 심판을 피해갈 수 있는 공동체가 아니다(13:24-30, 36-43; 25:31-46). 또 문맥상 "너희"란 비유 이론에 등장하던 "저들"(13:11)과는 다르게, 예수의 권위를 비난하던 "대제사장들과 백성의 장로들"이지 이스라엘 전체를 지칭하지 않는다. 그러므로 이 문장만으로 교회가 이스라엘을 대체한다는 이른바 '구속사적 대체이론'을 주장할 수는 없다. 마태는 권위 논쟁(21:23-22:46)을 종결하는 마지막 문장에서 다시금 "바리새인들"을 등장시킴으로써 이스라엘에 대한 심판을 그 지도자들, 특히 바리새인들에게 돌리고 있다. 그러나 무리들은 아직 예수의 편에서 예수를 선지자로 알고 지지하고 있다.

> 대제사장과 바리새인들이 예수의 비유를 듣고 자기들을 가리켜 말씀하심인 줄 알고 잡고자 하나 무리를 무서워하니 이는 그들이 예수를 선지자로 앎이었더라"(21:45f.).

이어지는 세 번째의 구속사의 심판 비유는 왕의 초청을 거절하고 그 종들, 즉 예언자들을 죽이는 자들을 심판하는 이야기이다(22:1-10). 비유에 나오는 마태의 독특한 묘사에서 이스라엘의 심판이 예루살렘 패망으로 현실화되고 있다.

---

46. Luz, *Matthäus 3*, 226; W. Trilling, *Das Wahre Israel* (Leipzig: St. Benno-Verlag, 1958), 61; Stanton, *People*, 151. 세 번째 혼인잔치의 비유에서 "예복을 입지 않은 사람"이라는 초기 기독교의 알레고리가 이것을 말한다.

임금이 노하여 군대를 보내어 그 살인한 자들을 진멸하고 그 동네를 불사르고… (22:7).

예루살렘 파멸을 하나님의 심판으로 보는 것은 구약은 물론 요세푸스, 더 나아가 랍비문헌들에서 한결같다. 물론 그 이유는 제각기 다르다. 요세푸스는 '젤롯인들'의 악행 때문으로(『유대전쟁사』 6.109ff., 124ff.), 구약 위경(『시빌의 신탁』 4.115-118)과 랍비문헌들(이를테면, b. Sabbat 119b)은 이스라엘의 죄 때문으로 본다. 하지만 마태는 예수의 죽음 때문으로 본다.[47] 왜냐하면 여기 종들을 "능욕하고 죽였다"(22:6)는 표현은 예수의 수난을 묘사하는 데 다시 사용되기 때문이다. 물론 그런 박해는 제자들에게도 가해졌다(21:35; 23:37).[48]

이제 계속해서 바리새인들이 이 비유를 책잡으려고 모의하며 움직이고 있다. 그들은 때로는 헤롯 당원들(22:16)과, 때로는 사두개인들과(22:34) 함께 연대한다.

7) 반(反)바리새주의 담론

마태의 갈등 구성에서 23장은 그 정점에 해당한다. 이 장은 마태

---

47. Luz, *Studies*, 246 (각주 8). 요세푸스에 의하면 백성들은 헤롯이 의로운 사람 요한을 죽임으로 나바테아 왕 아레타스와의 전쟁에서 패배한 것이라고 믿었다고 한다(『유대고대사』 18.116-119).

48. 마태복음에서 단 한 번만 등장함. 비교, 눅 18:32의 "ὑβρίζειν". Donal A. Hagner, 『마태복음』 WBC 33하, 채천석 옮김 (서울: 솔로몬, 2006), 982.

의 다섯 개의 강화 중 마지막 심판과 종말에 관한 강화(23-25장)의 첫 부분을 이루면서, 동시에 마태복음에서 반-유대주의의 성격을 마지막으로 각인하는 역할을 한다. 구조적으로 23장은 "서기관들과 바리새인들"을 향한 심판의 선고로, 24-25장은 공동체를 향한 권고로 이루어지고 있다. 내용적으로는 도입부(23:2-12)에 이어, "서기관들과 바리새인들"을 비판하는 일곱 번의 탄식(23:13-33)을 중심부에 담고 있으며, 종결부에는 "이 세대"를 향한 심판과 예루살렘을 향한 탄식이 울려난다(23:34-39). 종국적으로 심판은 예루살렘 성전 파괴를 예언하는 것으로 향한다(24:12).

이 심판 강화는 일종의 담론적 성격 즉, 서기관들과 바리새인들의 허위와 위선을 질타하는 내용으로 되어있다. 예수는 그들에게 "너희는 개종자 하나를 얻으면 지옥의 자식을 만든다"(15절)라든가, 혹은 "돈에 어두워 거룩한 것들을 저버렸다"(16f.절), 혹은 "회칠한 무덤과 같은 위선자"(27절)라든가, "선지자들의 피를 흘렸던 자들"(29-31절)이라고 거칠게 몰아붙이며, 결국 그 대가를 예루살렘과 성전 파괴로 고스란히 받게 될 것이라고 선언하고 있다(35f.절).

우리는 여기서 이 심판 선고의 내용을 개별적으로 주석하기보다는 이 담론이 갖는 문학적 특성을 규명함으로써 마태의 반바리새주의 담론의 성격을 살피는 것으로 만족해야 하겠다. 먼저 말씀의 전승사로 볼 때, 23장은 예수의 '말씀 자료'(비교, 마 23:1-36/눅 11:39-54; 마 23:37-39/눅 13:34f.)에서 그리고 일부분은 마가복음(12:38-40)에서 유래한다. 비록 마태가 율법에 관한 말씀이나 심판의 말씀을 자신의 스타일과 문학적 강조 효과로 가다듬어 이 담론을 형성하고는 있지만, 개개의

'말씀 자료'들 자체는 마태의 신학적 산물이 아니다.[49]

마태는 이 담론의 중심부(13-33절)에서 7번의 "너희에게 화 있을진 저!"(Οὐαὶ ὑμῖν)로 시작되는 문학 양식을 사용한다.[50] 이것은 예언적 전통(사 5:8-24; 10:1-11; 합 2:6-20; 비교, 사 28-33장; 암 5:16-6:11)에서 이스라엘의 죄를 탄식하는 신탁으로 잘 알려진 표현들(הוֹי 혹은 אוֹי)인데, 묵시문학 전통에서도 나타난다(에녹1서 94:69; 95:57; 96:48; 98:9-99:2; 99:11-15; 계 9:12; 11:14; 18:10, 16, 19). 이는 또한 요세푸스(『유대전쟁사』 6.301-311)나 쿰란문헌(1QpHab 10.5; 11.2; 4Q162; 4Q169)에도 등장한다.[51] 내용적으로 특별히 이 탄식의 신탁은 대부분 이스라엘 지도자들을 향하고 있다. 마태는 이 표현을 한번은 "눈먼 인도자들"(ὁδηγοὶ τυφλοί, 16절)과, 나머지 여섯 번은 모두 "위선적인 서기관들과 바리새인들"(γραμματεῖς καὶ Φαρισαῖοι ὑποκριταί, 13, 15, 23, 25, 27, 29절)과 결합한다. 하지만 여기서 "맹인"이라는 은유는 "눈먼 바리새인들아"(26절)나 "어리석은 맹인들아"(17절), "맹인 된 인도자여"(24절)라는 호칭을 통해서 바리새인들을 지칭하게 된다.

마지막 부분의 이스라엘에 대한 예수의 심판 선언(23:34-24:2) 역시 예언자적 전통에 서있음을 확인할 수 있다. 마치 하나님을 거역하여

---

49. Luz, *Matthäus* 3, 291ff.
50. 마태에서 ouvai,는 대부분 '말씀 자료'에서 유래한다(11:21; 18:7; 23:13, 15, 16, 23, 25, 27, 29; 24:19; 26:24).
51. Luz, *Matthäus 3*, 316ff.; Luz, *Studies*, 246; D. L. Turner, "Matthew 23 as Prophetic Critique," *JBL* 4/1 (2004), 23-42 (34)를 보라. 터너는 이 형식은 예언자적 심판, 저주의 계약(신 27:15) 그리고 애가(렘 22:18)에서 발전되었을 것으로 생각한다. R. Clements, "Woe," *Anchor Bible Dictionary* 6 (New York: Doubleday, 1992), 945f.

바빌로니아를 통해 성전이 파멸되고 도시가 불에 타게 될 옛 이스라엘을 향해 눈물을 뿌리며 예언했던 예레미야처럼, 예수께서는 로마의 공격에 의해 파멸 직전에 놓일 이스라엘을 향해 탄식한다.

> 예루살렘아 예루살렘아! 선지자들을 죽이고 네게 파송된 자들을 돌로 치는 자여 암탉이 그 새끼를 날개 아래에 모음 같이 내가 네 자녀를 모으려 한 일이 몇 번이더냐 그러나 너희가 원하지 아니하였도다 보라 너희 집이 황폐하여 버려진 바 되리라(23:37f; 23:38 = 렘 12:7; 22:5).

그러므로 예수의 심판 말씀을 바리새인들에게로 향하게 배열한 마태의 이 담론은 이스라엘에 대한 예언적 탄식으로 이해해야 하겠다.

다른 한편으로 심판의 내용을 구성하는 "위선자들"(ὑποκριταί)이라는 표현은 원래 헬레니즘 배경에서 신탁을 해석하고 이에 대답하고, 드라마에서 단역을 맡거나 다른 사람을 흉내 내는 의미로 사용되었기에 부정적인 의미로 사용되지는 않았다.[52] 하지만 마태는 이 용어를 산상강화에 나타나는 이른바 '기독교적 경건수칙'(6:1-18)에서 외적인 경건과 내적인 생각이 불일치하는 일종의 종교적 기만이라는 개념으로 부정적인 이미지를 새겨 놓았다. 바리새인들의 행동은 "사람들에게 보여주기 위한 행동"(6:1)에 불과했다. 이런 행동으로 그들은

---

52. "ὑποκριταί," *ThWNT* 8, 559-71. R. Smith, "외식하는 자," 『예수 복음서 사전』, 요단출판사 번역위원회 옮김 (서울: 요단, 2003), 809-93.

"위선자들"(6:5, 16, οἱ ὑποκριταί)로 묘사되는데, 이 위선의 논리는 23장
의 반바리새주의 담론에서 심화된다(23:5). 이러한 의미는 마태가 구
약의 예언서에서 얼마든지 발견할 수 있었을 것이다(사 29:9-14; 48:1f.;
58:1ff.; 렘 3:10; 7:4-11; 12:2; 겔 33:30-33; 미 3:11; 말 1:6ff.; 비교, 시 50:16-23; 78:36f.). 이
를테면, 마태는 이사야 29장 13절을 인용하여 이 개념을 설명한다.

> 위선자들아(ὑποκριταί) 이사야가 너희에 관하여 잘 예언하였도다. 일
> 렀으되 이 백성이 입술로는 나를 공경하되 마음은 내게서 멀도다
> (15:7f.).

이 표현은 구약의 예언서는 물론 헬레니즘 시대의 유대교 문헌
들과 랍비문헌에 다양하게 등장하는데, 이는 헬레니즘 시대의 수사
학 전통의 영향하에서 가능했을 것이다.[53] 이러한 분석을 통하여 터
너(D. L. Turner)는 그 지도자들에 대한 예수의 분노와 탄식이 성격상 예
언적 비판이며, 동시대의 수사(修辭)로서는 그렇게 독특한 것도 가혹
한 것도 아니었다고 주장한다. 또한 마태가 묘사하는 "위선자들"이
나 앞서 언급한 예언자 살해 행위를 이스라엘의 지도자들이 아닌, 유
대인 전체를 비난하는 것으로 해석할 이유는 없다고 주장한다.[54] 마
태는 도리어 이스라엘의 지도자들을 바리새인들로 구체화하고, 이른

---

53. 『솔로몬의 시편』 4장; 『모세 승천기』; 1QS 4.10; Philo, 『가이우스에게 파
    견된 사절단』 162; 요세푸스, 『유대전쟁사』 2.587; 『유대고대사』 16.216;
    Turner, "Prophetic Critique," 36f.
54. Turner, "Prophetic Critique," 41.

바 반-유대주의 심판의 담론을 "무리와 제자들"(23:1)에게 들려주고 있다. 무리들에게 "서기관들과 바리새인들"은 예수를 따르는 자들 모두의 반면교사의 이미지로 나타난다.

> 그러므로 무엇이든지 그들의 말하는 바는 행하고 지키되 그들이 하는 행위는 본받지 말라(23:3).

그리고 "서기관들과 바리새인들"에 대한 전체적인 이미지는 4-7절에서 개별적인 행위로 묘사되고, 이것을 8-12절에서 공동체에 대한 개별적인 권면의 반면교사로 사용한다. 즉, 23장은 무리를 두고 진행되는 바리새인들을 향한 반-유대주의 담론이라는 말이다. 이러한 관점은 반바리새주의 논쟁을 유대교 내부에서 일어난 "예언적 반-유대주의"의 가장 격렬한 경쟁 담론으로 읽을 수 있게 한다.

24장부터 종말 담론의 도입부 24장 12절이 시작된다. 예수가 성전을 빠져나와 성전을 향해 "돌 하나도 돌 위에 남지 않고 다 무너뜨려지리라"라고 예언하고, 이것은 이스라엘에 대한 최종적 선고가 된다. 마태복음의 다섯 개의 강화는 여기서 마감된다. 예수는 "이 모든 말씀을 마치시고"(26:1) 수난과 죽음으로 향한다.

8) 수난 이야기

예수의 수난 내러티브 26장과 27장은 두 종류의 법정, 즉 이스라엘 대제사장과 이방인 총독의 뜰에서 전개된다. 이 공적인 고소와 심문의 단계에 바리새인들은 나타나지 않는다. 여기서 예수와 바리새인들의 갈등은 새로운 차원으로 진입한다. 이제까지 그것은 이스라엘 내부의 문제였다. 그러나 이 갈등이 대제사장과 장로들에 의해서 이방인 총독에게 넘겨지면서, 유대인이라는 어휘가 부각될 수밖에 없다. 사실 마태복음에서는 "유대인"(Ἰουδαῖοι)이라는 어휘가 관사 없이 독립적으로 사용되는 곳은 단 한 번 이 로마의 군인들 앞에서 뿐이다(28:15). 또 다른 용례는 예수를 "유대인의 왕"(ὁ βασιλεὺς τῶν Ἰουδαίων)이라고 부르는 곳인데, 이것은 빌라도 총독의 심문 과정(27:11, 29, 37)과 동방박사들의 방문(2:22)에서만 나타난다. 이스라엘인은 스스로를 유대인이라고 부르지 않는다. 유대인이란 이방인과의 관계에서만 사용되는 상대적인 호칭이요 개념일 뿐이다.[55] 그래서 이스라엘 지도자들의 입에서는 '유대인의 왕'이 아니라 "그가 이스라엘의 왕이로다!"(27:42)라는 조롱 섞인 고백이 나오는데, 이것은 의미심장하게 들린다. 이제 무리들은 이들의 충동으로 인해, 후대에 '반유대주의', 즉 반셈족주의에 깊은 인상으로 맺어질 함성을 외친다.

그 피를 우리와 우리 자손에게 돌릴지어다(27:25).

이스라엘의 "백성"(λαός), 즉 '유대인'이 예수를 죽였다는 것이다. 우리는 이른바 인종적인 '반유대주의' 선언을, 마지막 수난 내러티브를 이방인의 관점에서 묘사함으로써 나타나게 된 부산물이라고 생각할 수도 있다. 아마도 마태 자신은 이런 불가피한 내러티브의 관점

55. K. G. Kuhn, G. von Rad, W. Gutbrod, "'Ἰσραήλ κτλ.," *ThWNT* III, 356-94.

의 변화가, 역사 속에서 그토록 치명적인 영향을 주었으리라고는 상
상도 못했을 것이다.

* * *

이제 길었던 마태의 반-유대주의 담론의 신학적 의미를 정리하
도록 하자. 우선 신약의 반-유대주의(Anti-Judaism)는 반유대주의(Anti-
semitism)라는 용어와 구별되어야 한다. 마태의 반-유대주의는 당시 이
스라엘의 지도자들, 특히 바리새인들이 주도했던 "유다이즘"(Judaism)
과 대결적인 양상을 보였다. 이 갈등은 마태복음의 반-유대주의 담론
의 가장 중요한 요소가 된다. 마태는 우선 바리새인들이 시행한 토라
해석과 실천을 논쟁의 대상으로 삼는다. 토라 자체가 아니라 그 해석
이 문제시되고 있다는 것은 이 논쟁이 유대교 **내부에서**(intra muros) 벌
어지고 있다는 것을 말해준다.

예수의 선포와 치유의 행동도 이스라엘 안에서 일어나고, 바리새
인들은 그의 사역이 바알세불의 힘으로 일어난다고 비난한다. 이에
대하여 예수는 인간의 모든 죄는 용서될 수 있지만, 종말론적 성취로
서 하나님의 구원을 가져오는 "성령을 거역하는 죄"는 용서받을 수
없다고 선언한다. 이러한 언급은 초기 기독교 공동체, 특히 마태의
강력한 반-유대주의를 표현한다. 이는 구약의 예언자적 전통에 속한
이스라엘 비판으로, 유대교 내부에서 공동체와 바리새인들 사이에
분명한 경계를 긋는 기능을 한다.

또한 마태는 초기 기독교의 비유 이론의 핵심을 하나님 나라의

비밀을 아는 '지식'으로 파악한다. 그는 지식의 권세를 둘러싼 제자
들과 바리새인들의 경쟁을 통해서 이스라엘 안에서 일어나고 있는
하나님 나라의 시작과 리더십을 담론화한다.

> 그러므로 내가 너희에게 이르노니 하나님의 나라를 너희는 빼앗기
> 고 그 나라의 열매 맺는 민족이 받으리라(21:43).

이 구속사적 투쟁의 양상은 결국 예언자들을 죽였던 이스라엘의
역사로 소급될 수 있다. 마태는 그 책임을 이스라엘의 지도자들에게
돌리고 있다. 특히, 바리새인들에 대한 예수의 분노와 탄식(23장)은 예
언자적 심판의 성격을 분명히 드러내는데, 이는 유대교 내부의 '예언
적 반-유대주의'의 가장 격렬한 담론이 된다.

다른 한편으로 마태복음을 사용하는 공동체가, 바리새인들이 주
도하고 있는 유대교의 회당 연합에서 현실적으로 분리되었을 개연
성은 여전히 남아있다(extra muros).[56] 이른바 "그들의 회당" 혹은 "그들
의 서기관"이라는 표현들(4:23f.; 9:35; 10:17; 12:9; 13:54)에서 나타나는 유
대교로부터의 정신적인 거리두기는 공동체가 유대교로부터 분리된
지 얼마 되지 않았다는 것을 암시할지도 모른다.[57] 그들은 약자요 소
수였을 것이고, 그만큼 그들이 분리되는 과정에서 경험했던 트라우
마는 매우 강렬했으리라. 이런 의미에서 마태의 신학에는 예수의 예

---

56. 대표적으로 Davies, *Sermon on the Mount*; Hare, "The Rejection," 27-47.
57. 이러한 표현들, 즉 αὐτῶν을 근거로, 마태 공동체가 이미 유대교 밖에 존재하
   고 있었다고 비판하는 주장에 대하여서는 Dunn, "Qusetion," 206f.를 보라.

언자적 심판 말씀들을 토대로 유대교 내부에서 격렬하게 전개된 초기 기독교의 반-유대주의적인 '정체성 논쟁'이 표현되어 있다. 그것은 아직 정신적으로는 유대교에서 "분리되어 나가는 과정"(per murum)에 있었을 한 유대 기독교 공동체의 신학적 정체성이 치열하게 표현된 담론이었으리라.[58] 유대교를 주도하던 바리새인들과 그들의 유대주의에 대항했던 이 거친 저항의 신학은 훗날 이스라엘 전체에 대한 거절의 신학과 반셈족주의의 도구로 사용될 수 있으리만큼 날카로운 결정체를 가지고 있었던 것이 사실이었다.

3. 초기 기독교의 정치적 관점[59]

1) 바리새주의의 역사와 정치적 성격

복음서의 예수 이야기에서 나는 예수의 반-유대주의 담론의 주된 상대는 "서기관들과 바리새인들"이라고 진단했다. 그렇다면 바리새인들"은 누구인가? 그리고 왜 그들은 이런 비난을 받아야 했던가?

---

58. 이러한 주장을 하는 대표적인 학자는 Luz, *Studies*, 258; *Matthäus 1*, 84-104; Kun-Chun Wong, *Interkulturelle Theologie und multikulturelle Gemeinde im Matthäusevangelium zum Verhältnis von Juden und Heidenchristen im ersten Evangelium* (NTOA 22; Göttingen: Vandenhoeck und Ruprecht, 1992)을 참조하라.

59. 아래 3절과 4절은 마태복음의 반-유대주의를 한반도 평화에 적용하는 담론으로 2013년 인문학자들과 공동집필하여 출간하였고, 이를 개정증보판으로 최근에 전우택 외 7인, 『평화와 반(反)평화』, 한반도평화연구원 총서 16권(서울: 박영사, 2021)에서 재출간했다.

우선 '서기관'이라는 명칭은 '바리새인'이라는 명칭보다 훨씬 더 오랜 역사를 가지고 있다. 이미 포로기 이전부터 왕궁 서기관이 있었고, 이들은 포로기 이후에는 율법을 연구하는 전문적인 율법 서기관들로 활동하게 된다. 이 밖에도 서기관은 대다수의 사람들이 문자를 사용할 수 없는 고대에 문자를 사용하도록 훈련받아 결혼이나 매매 등의 계약서 작성은 물론 일상생활의 각종 문서 작업을 담당하였다. 따라서 서기관은 단지 율법 학자들만이 아니라 법률가, 교사 등 대부분이 일반인 평신도들이었고, 일부 제사장들 가운데도 서기관이 있었다. 그러므로 모든 서기관들이 바리새인은 아니었지만, 대부분의 바리새인들은 서기관이었다고 말할 수 있겠다.

바리새인들은 유대교의 율법 준수를 강화하여 실천함으로써 이스라엘을 정화시키려는 신학적 지향성을 가지고 있었다. 특히 이들은 성전을 중심으로 지배력을 강화했던 제사장들과 차별화되어, 일상생활이라는 유대교의 '비공식 부문'에서 세세한 율법 해석을 통하여 섬세한 종교적 전통과 경건생활을 추구했다. '바리새'의 어원 '파루쉼'으로 보건대, 그 의미는 '분리주의자'라는 냉소적인 호칭이라고 볼 수 있다. 이 호칭은 바리새운동의 기원의 역사에서 나온 것이거나, 그들이 '부정한 것으로부터의 분리'를 추구하는 제의적 정결을 강화했기 때문에 나온 호칭으로 추측된다. 하지만 이들의 분리주의적 활동은 예루살렘을 중심으로 한 현실 정치의 장에서 활동하고 있는 사두개파나, 이들을 비판하며 정치 현실과 세속으로부터 거리를 두고 금욕적인 태도를 취했던 에세네파와는 달리, 강력한 대중적인 영향력을 가지고 있었다. 물론 이들의 세력 확장은 율법 연구와 실천을 통해서 가능했고, 그들의 사상은 예수 시대는 물론 특히 성전파괴 이후 유대인의 삶과 신앙에 큰 영향력을 미치고 있었다.

우리의 논의에서 중요한 것은 바로 바리새파의 정치적 활동과 영향력이다. 바리새인들은 역사적으로 기원전 2세기 중반경 반(反)이 방인 투쟁을 지원했던 하시딤 운동에서 기원한다.[60] 하시딤은 당시 민족주의적인 세력이었던 마카비 가문과 연계하여 이방인의 세력에 저항할 수 있는 정치적 입지를 확보하고 있었다. 하지만 이방인에 대 항한 전투에서 유대인들이 안식일을 준수하다가 저항조차 못하고 학살되자, 이들 가운데 "일군(一郡)의 하시딤"(sunagōgē Hasidaiōn)이 안식 일 준수에 대한 견해를 달리하며 '분리주의적'인 움직임을 시작했다 (마카상 2:32-42: 물론 이 집단은 바리새파의 기원에 대한 암시만을 줄 뿐이다). 그런데 얼마 후 팔레스타인을 지배했던 셀레우코스 왕조의 새로운 왕 데메 트리오스가 알키모스를 대제사장으로 옹립하자 일단 바리새인들은 이것을 수용하는 정치적 태도를 취한다. 그러나 바키데스가 군대를 이끌고 유대인을 공격하면서 알키모스를 통해 거짓 평화사절단을 보내어 당시 민족적 저항을 이끌고 있었던 바리새인들(마카상 7:8-25, 여 기서 이들은 "서기관들"로 등장함)을 속이고 60여 명을 죽이게 된다. 그 후 그들은 기원전 152년 사독계도 아론계도 아닌 마카비 가문의 형제 요나단이 예루살렘의 대제사장 자리를 차지하는 것을 지원하고, 기

---

60. 이러한 내력은 요세푸스의 『유대고대사』 13.290이하에 자세히 나오며, 전체 적인 자료에 대한 개관으로는 정연호, 『유대교의 역사적 과정: 바리새파의 재발견』(서울: 한국성서학연구소, 2010), 45-112와 박정수, 『고대 유대교의 터·무늬』, 267-75를 참조하라.

원전 142년에는 "제사장들과 백성들, 백성의 지도자들과 원로들의 모임"에서[61] 다시 그의 형제 시몬을 공식적으로 대제사장으로 추대하게 된다(마카상 14:28, 35). 이렇게 이스라엘의 역사에서 대제사장이 세습되지 않고 추대되는 의미심장한 '반란'이 일어난 것이다. 이로써 바리새인들은 최초의 '유대성전국가' 하스몬 왕조(142-63년)를 건립하는 데 중차대한 역할을 하였을 뿐만 아니라, 이후 이방인에 의해 위임된 자치적인 '대의 지도 체제'의 최고 권력자인 대제사장을 '선출'할 수 있는 구조를 만들어 낸 것이다. 따라서 이 왕조에서 바리새인들의 정치적 위력은 대단할 수밖에 없었다. 그래서 때로는 강력한 정복 군주 휘르카노스 1세(기원전 134-104년) 때 그의 영토 확장 정책에 제동을 걸 수도 있었다(『유대고대사』 12.291).

당시 바리새파는 구전율법 해석 전통에 입각한 할라카, 즉 "장로(조상)들의 유전"을 법령으로 실행하고 추인받았는데, 휘르카노스는 성문율법 중심의 사두개파의 좀 더 엄격한 할라카로 그것을 대치하게 되었다. 하지만 이를 통해 일반 대중들 속에서 바리새파의 할라카에 대한 지지도는 더욱 높아지게 되었다. 휘르카노스가 죽은 후 알렉산더 얀나이오스도 정치적으로 사두개파의 친(親)헬레니즘 세력과 손을 잡게 되었다. 따라서 대중들과 이들 정치가들의 이반현상은 가속화되고 결국 폭동과 학살로 이어지게 된다. 이 와중에 바리새인들 800명이 십자가형을 당했다는 요세푸스의 보고가 사실이라면(『유대

---

61. 이는 아마도 페르시아 시대 이래로 존속하였던 전통적인 유대인 최고의 자치기구였던 "게루시아"(Gerousia)였을 것이며, 제2성전기 유대교의 후기에는 "산헤드린"(혹은 헤베르)으로 불렸을 것이다.

고대사』 13.410), 이 반란이 바리새파와 무관하지 않았을 것이다. 얀나이 오스는 죽으면서 권력을 승계받은 그의 왕비 알렉산드라 살로메에 게, '바리새인들의 말을 거역하고는 왕권을 유지할 수 없다'고 충고해 주었다(『유대고대사』 13.403ff.). 이후 사두개파와 바리새파는 각각 그녀의 아들 아리스토불로스 2세와 휘르카노스 2세를 등에 업고 형제간의 권력투쟁을 부채질하게 된다. 결국 로마의 폼페이우스가 사두개파와 아리스토불로스를 지원하며 팔레스타인에 진격하고서야 내전은 종식되는데, 그 와중에 바리새인들은 로마의 통치를 수용하되 종교적 자치를 허용해 달라는 현실적인 중재안을 폼페이우스에게 관철시킨다. 이런 이방인 통치 허용(불간섭)의 원칙은 바리새파의 정치적 행동에서 일관되게 유지된다. 그러자 이번에는 사두개파가 폼페이우스에게 저항하다가 끝내 기원전 63년에 성전이 함락되면서 하스몬 왕조는 종말을 고하고 유대지역은 로마의 수중에 들어가게 된다.

이 와중에 로마와의 권력 관계를 이용하여 유대의 맹주로 등장한 헤롯 가문의 실력자 헤롯 대왕은 기원전 37년 로마의 원로원에 의해 유대지역의 왕으로 재가를 받게 된다. 결국, 유대지역은 로마와 그의 대리인 헤롯 대왕의 통치하에 들어가게 되면서, 바리새인들이 실질적인 권력을 행사할 가능성은 줄어들게 된다. 하지만 바리새파의 세력은 통치자들에게 늘 부담이 될 수밖에 없었다. 요세푸스의 보고에 의하면 기원후 1세기 당시 예루살렘의 바리새파의 수는 6천명이었는데, 이는 당시 인구를 감안할 때 무시할 수 없는 세력이었다. 게다가 그들의 영향력은 대중들에게서 토라 연구와 실천을 통해서이미 깊이 뿌리박히고 제도화되어 '압력 단체'로서 그들의 영향력을

무시할 수 없었다.[62]

한편 팔레스타인에서 정복 군주 헤롯을 통한 로마의 통치는 점점 하층민들의 희생을 강요하는 식으로 진행되었다. 자영농은 물론 소작농까지도 몰락하고 가족 구조 안에서 그들을 더 이상 수용할 수 없어, 탈출한 노예들과 도적떼가 빈번히 출현하는 상황이 만연되었다. 바리새파의 할라카 전통의 법령은 현실에서 멀어져 있었고, 대중들이 그들에게서 이반될 수 있는 상황이 조성되었다. 이제 무력 혁명을 주장하는 젤롯파가 힘을 얻을 수 있었다. 기원후 66년에 촉발된 제1차 반로마 유대전쟁은 비록 직접적으로는 유대 총독 플로루스(64-66년)의 성전금고 유출 행위에 대한 종교적 저항으로 촉발되었지만, 경제적 반란의 성격을 가지고 있었다.[63]

우리는 66년 발발한 유대 전쟁까지 유대인 민족주의의 흐름 속에서 초기 기독교를 자리매김할 필요가 있다. 여기서 헬레니즘 군주들과 로마가 팔레스타인을 지배하던 시대 유대인의 민족주의에 관해서 나는 멘델스(Doron Mendels)의 견해를 인용하고자 한다.[64] 그는 유대인 민족주의는 궁극적으로 유대인 국가의 설립을 목표로 하는데, 이는 정치적 민족주의로서 성전, 영토, 왕권, 군대라는 네 가지 '상징'

---

62. 이러한 주장은 Wright, 『신약성서와 하나님의 백성』, 303-40에 근거한다.

63. 요세푸스의 유대전쟁에 대한 관점은 이 반란을 젤롯파에게 돌리고 있는데, 결국 종교적 평화를 위해서는 이방인의 통치는 문제시 될 것이 없다는 바리새파의 관점을 대변한다. Josephus, 『유대전쟁사』1권 서문(1.1-30)및 역자 해제를 참조하라.

64. Doron Mendels, *The Rise and Fall of Jewish Nationalism* (Grand Rapids, Michigan / Cambridge, UK: Eerdmans, 1992).

이 당대의 문헌들과 역사가들을 통하여 표현된다고 한다. 민족주의
흐름의 양대 산맥은 마카비 혁명과 유대 전쟁이었다. 마카비 혁명으
로 국가가 형성되기는 했으나 그것은 종착점이 아니었다. 하스몬 왕
조의 정통성이 유대 민족주의의 이념에 완전히 부합될 수 없었음은
앞에서 지적한 바와 같다. 하스몬 왕조가 멸망한 기원전 63년경부터
그 후 로마의 대리 통치자(client)로 등장한 헤롯 가문 역시(아그립바 1세가
사망했던 기원후 44년경까지) 유대인들에게는 이방인 지배자요, 유대인 민
족주의의 "거짓" 상징(pseudo-Jewish ruler)이었다. 유대인들이 로마지배
의 대안을 찾는데 있어서, 민족주의는 이상화되는 경향을 갖게 되었
다. 멘델스는 로마의 직접통치 시기(기원전 63-기원후 66년)에 정치적 민
족주의에 대한 네 가지 흐름을 다음과 같이 정리하고 있다.[65]

1. 유대인 다수는 로마 통치로부터 독립하여 국가를 세우려는 열
망이 거의 없었다. 그렇다고 민족국가 건립의 희망을 포기한 것은 아
닌데, 이러한 잠재성은 66년 혁명 집단의 유대 국가 설립을 위한 혁
명이 개시되었고 이것이 유대 전쟁의 도화선이 되었다. 2. 그리스도
인들을 포함한 유대인 집단에서 민족주의 상징을 정치적인 것보다
는 영적인 것으로 보는 관점이 대두된다. 즉, 영토는 정치적 개념이
아니고, 성전은 '영적인' 제도이며, 왕권은 역사적 다윗왕조가 아닌
영적이고 초월적인 지배권을 의미하게 된다. 예컨대, 예수와 바울을
비롯한 많은 유대인들은 유대인 민족주의의 실제적이고 물리적인
측면에 지쳤고, 영적인 대안으로 하나님의 나라(바실레이아)를 창시했

---

65. Mendels, *The Rise and Fall of Jewish Nationalism*, 7f.

다는 것이다. 3. 그런가 하면 혁명적인 민족주의 집단이 존재했는데, 이들은 유대교의 주변부에 존재했고 오랜 동안 잠재해 있다가 반로마 항전에서 부상하기 시작했다. 이들에게서 메시아사상이 나왔는데, 이것은 성서적 "다윗의 아들" 개념이기는 하지만 하스몬 왕조로의 복귀를 의미하지는 않는다. 4. 마지막으로 로마 지배를 수용하는 집단을 상정할 수 있는데, 이들은 하나님의 심판으로 유대인들이 이스라엘 왕조를 빼앗기거나 아니면 독립된 국가가 반드시 필요한 것이 아니라고 생각하였다는 것이다.

유대인의 독립과 주권과 같은 민족주의 의식은 헤롯 가문과 같은 대리적 상징이 부상할 때는 잠재되거나 수면 아래로 가라앉았지만, 44년 아그립바 왕의 죽음 이후 유대아에 로마의 지방장관들이 파견되지 못하고 시리아에 부속된 지역을 관리하는 장교들에 의해 유대아의 경제가 파탄되며 자신들의 종교적 상징이 유린되자 유대전쟁이 발발할 수밖에 없었다. 물론 혁명의 지도자들은 언제나 유대인 민족주의의 상징을 회복해야 한다는 대의명분을 내세워야 했다. 성전과 성지의 탈환, 새로운 왕국과 통치권에 대한 이념이 없는 혁명은 없었던 것이다. 유대인과 그리스도인은 다양한 상징과 이념을 통해 각각의 다양한 민족주의를 표출했다. 예수와 초기 기독교의 하나님 나라 선포도 이러한 맥락에서 벗어나지 않는다. 엄밀한 의미로 고대 유대교에서 정치와 종교의 분리는 불가했기 때문이다. 나는 멘델스의 분류에서 예수와 기독교의 정치적 위상을 이른바 유대인 민족

⬛ 7 # 7 # 7 # 7 # 7 # 7# 7#7# 7#7#7# 7 ###7#7#7# 7#7 # 7 # 7 #####777

주의의 "영성화"(spiritualization)와[66] 평화주의로 생각할 수 있다고 생각한다.

유대전쟁 전후의 이러한 민족주의 흐름에서 바리새파의 대응은 두 가지로 요약할 수 있다. 하나는 기원후 약 70년까지 유대교를 주도한 샴마이 학파로 대변되는 율법에 대한 '열성'이다. 회심 전 바울의 '열성'도 유대주의를 고수하려는 바리새주의를 대변한다. 여기에는 이방인에 대한 저항을 의미하는 민족주의적 경향도 내재되어 있었다. 바리새인들에게 옛 하시딤의 묵시적 사상의 불씨는 여전히 꺼지지 않고 있었다. 그들은 결코 이스라엘의 독립과 신정국가로의 회복이라는 이상을 포기할 수 없었다. 그들이 추구하는 '정결한 이스라엘의 회복'은 이미 하시딤의 묵시적 토양에서 자라난 것이었다. 이들은 이스라엘의 해방을 추구하는 젤롯당의 무장봉기에도 참여할 수 있는 가능성을 열어두었다. 비록 요세푸스가 유대전쟁을 젤롯당의 반란으로 묘사하며 바리새인들의 책임을 회피하려는 듯이 묘사하지만, 아나니아 벤 사독의 이야기(『유대전쟁사』 2.451)나 기원후 6년에 일어난 반란을 바리새인의 활동과 결부시키는 것을 고려한다면(『유대전쟁사』 2.118; 『유대고대사』 18.4-10) 바리새인들이 제1차 유대전쟁은 물론 마지막으로 반로마 봉기를 일으킨 기원후 132-135년의 바르 코흐바 항전에도 참가하였을 가능성을 배제할 수 없다.

다른 하나는 힐렐 학파로 대변되는데, 이 흐름은 종교를 지탱하기 위한 정치적 '평화유지' 정책을 고수하며 유대교를 새로이 재편하

---

66. 이는 슈바르츠의 용어다. Daniel R. Schwartz, *Studies in the Jewish Back-ground of Christianity* (Tübingen: J. C. B. Mohr, 1992).

려 하였었다. 유대전쟁으로 성전과 예루살렘이 파괴되어 유대교 전체가 무너지는 상황에서도 그들은 무장 항쟁이 아닌, 랍비 요하난 벤 자카이를 중심으로 야브네(혹은 얌니아)에서 바리새파의 재건을 위한 로마와의 협상을 수행한다.[67] 이렇게 바리새인들은 유대전쟁으로 성전이 멸망하자, 팔레스타인에서 성전을 중심으로 존속할 수 있었던 다른 종파들, 이를테면 대제사장 가문이나 정치적 우위에 있었던 사두개파보다 우세한 정치적 입지를 차지하고, 회당 중심의 유대교를 건설할 수 있었다. 게다가 제1차 유대인 봉기(66-70년) 이후 유대인의 이방인에 대한 강력한 저항의 사상을 품고 있었던 에세네파의 묵시사상은 대중들에게 호소력을 잃어가고 있었다. 이렇게 에세네파 역시 역사 속에서 서서히 자취를 감추게 되었는데, 이들은 일찍이 요나단이 대제사장직에 오르자 하시딤에서 이탈하여 광야의 쿰란공동체를 조직했던 집단이었다. 따라서 바리새파는 회당을 중심으로 한 이른바 '성전 없이도 존속 가능한 유대교'을 재건하며 유대교의 주류를 형성했을 것이다.

2) 반(反)바리새주의와 평화의 메시아사상

유대전쟁 이후 이러한 역사적 상황에서 기록된 마태복음의 반(反)

---

67. 요하난 벤 자카이의 대부분의 기록이나 일화는 자료로서의 가치가 높지 않다. 하지만 그가 당시 로마의 장군 베스파시아누스에게 '얌니아 재건 프로젝트'를 정치적 재가나 후원을 받지 않고 그곳이 랍비 기독교의 중심지로 재건되기는 어려웠으리라. 이에 대해서는 Daniel R. Schwartz, *Studies in the Jewish Background of Christianity* (Tübingen: J. C. B. Mohr, 1992)를 참조하라.

바리새주의 담론을 해석함으로써, 초기 기독교의 정치적 정체성을
서술해보자. 우선 기원후 70년 성전의 파괴는 이미 예수의 예언대로
실현되었다. 마태의 관점에 의하면 그것은 예수의 예언자적 선포를
받아들이지 않은 이스라엘의 불순종에 대한 하나님의 심판이었다
(22:7). 예수 공동체는 부활하신 예수 그리스도를 통하여 이제 토라를
새롭게 해석하며 이스라엘을 넘어 '모든 민족'으로 나아가려 했다.
그러나 이는 반(反)바리새주의, 즉 반-유대주의를 의미했다. 게다가
유대전쟁과 성전파괴의 후유증, 그리고 로마의 경제적 불안 상황에
대응하는 바리새파는 새로운 진로를 모색해야 했다. 바리새주의는
여기서 로마체제에 대한 저항 또는 순응이라는 양대(兩大)진영으로 나
뉘었다.

　기독교 공동체는 유대교의 회당연합으로부터 분리되기 시작함
으로써 필연적으로 로마에 대한 정치적 태도를 취해야만 했을 것이
다. 이는 저항의 길은 아니었다. 그렇다고 로마의 징세에 대하여 "가
이사의 것은 가이사에게 하나님의 것은 하나님에게"(막 12:17/눅 20:25)
라는 태도 즉, '두 왕국설'적인 관점에 서 있었던 것도 아니었다. 그
것은 "그들이 실족하지 않게 하는 길"(마 17:27)로서 아마도 충돌을 피
하는 길이었을 것이다. 다시 말해, 마태 공동체는 로마가 유대인에게
일종의 인두세(fiscus Judaicus)로 부과했던 "반 세겔"(17:24-27) 정책에 대
항해 젤롯파와 같은 전면적인 거부 투쟁의 길을 가지 않았다는 말이
다. 그런가 하면 바리새주의 가운데 샴마이 학파와 같은 민족주의적
저항과도 거리를 두었다. 하지만 동시에 이방세계로부터 분리된 종
교공동체 네트워크를 설립하는-요하난 벤 자카이와 같은-이른바 유

대교의 '비정치화 프로그램'과도 거리를 두었다. 왜냐하면 기독교 공동체가 선포한 하나님 나라는 종말론적인 성격이 강했는데, 예수를 참다운 왕으로 고백했다. 따라서 이러한 사상은 로마제국 하에서는 본질적으로 정치적 성격을 가질 수밖에 없었다. 말하자면, 반로마항 쟁이나 민족주의적인 경향과는 멀었지만, 비정치적이라고 말할 수도 없었던 셈이다. 당시 초기 기독교인들은 이방인의 세계에서 살아가면서 모든 민족을 포괄하는 문화적 포용성을 가질 수밖에 없었다. 그것은 평화를 추구하는 공동체의 에토스로서(5:9), 로마 군인들이 억지로 오 리를 끌고 가고자 하면 십 리를 가고(5:41), 원수를 증오하지 않고 사랑하는(5:44) 그런 삶의 태도였다. 이러한 일종의 '신학적 포괄주의'는 필연적으로 민족주의적 성격의 '유다이즘'과 충돌할 수밖에 없었을 것이다.

그렇다면 이러한 정치적 태도는 어디에서 시작된 것일까? 이미 언급한 대로 마태의 예수 이야기는 마가복음과 깊이 연관을 맺고 있다. 마가의 메시아상은 수난의 종과 섬기는 종이라는, 유대교에서는 매우 독특한 메시아사상이라 하겠다.[68] 최초의 복음서인 마가복음서는 예수를 수난의 메시아로서 세상을 위한 '하나님의 종'으로 묘사하고 있다. 교회는 수난의 그리스도를 따르는 예수 제자들의 공동체이다. 또한 예수의 죽음은 하나님과 세상을 위한 화해의 죽음이라는 의미로 기념되었다. 그리하여 이 죽음의 의미는 신약성서의 복음서 기

---

68. 이하는 나의 저서, 『성서로 본 통일신학』 (서울: 한국성서학연구소, 2010), 117-23를 요약함.

록의 씨줄과 날줄이 되어 아로새겨지고 있다. 이를테면, 세배대의 아들들의 요구(막 10:35-45. 공관복음 병행)에서 예수의 죽음은 "모든 사람의 종"이 되는 섬김의 행동이었고, 모든 사람들을 위한 화해의 죽음(대속물)이었음이 암시된다(막 10:45). 이 종교적 행동은 지배와 분쟁의 세계 한복판에 선 제자 공동체에게는 평화의 행동이라는 의미를 갖는다.

> 이방인의 집권자들이 그들을 임의로 주관하고 그 고관들이 그들에게 권세를 부리는 줄을 너희가 알거니와 너희 중에는 그렇지 않을지니 너희 중에 누구든지 크고자 하는 자는 너희를 섬기는 자가 되고 너희 중에 누구든지 으뜸이 되고자 하는 자는 모든 사람의 종이 되어야 하리라(막 10:42-44).

우리는 이러한 메시아사상을 초기 기독교의 '평화의 메시아사상'이라고 불러도 좋을 것이다. 초기 기독교가 추구한 바, 폭력을 포기하고 원수를 사랑하라는 예수의 요구는 팔레스타인—수백 년간 이방인에 대한 투쟁으로 얼룩졌고, 불과 십여 년 전 발발한 잔혹한 유대전쟁의 불씨가 사라지지 않은—에서 단지 이상적인 평화주의 노선으로 존속할 수는 없었을 것이다. 당시의 상황에서 유대교나 초기 기독교 모두에게 평화의 문제는 매우 긴급한 현안문제였을 것이다. 평화는 유대전쟁 이후 정치적 안정의 갈구였을 뿐만 아니라, 유대인과 이방인 기독교 공동체와의 대립이 형성됨으로써 요청된 과제이기도 했다. 이러한 사회적 분위기에서 마태복음의 평화의 메시아사상은 중요한 의미를 갖는다.

마가복음에 기초하고 있는 마태복음은 초기 기독교 공동체가 처한 '국제정치적 환경'에서 이 평화의 메시아사상을 부각시키고 있다. 먼저 마태복음 1장과 2장에 나타난 예수 탄생과 동방박사의 방문, 그리고 헤롯대왕의 영아학살, 그리고 아기 예수의 피신 이야기를 보자. 헤롯대왕은 로마제국이 지배하는 세계 질서에서 유대 민족국가의 명운을 이끌었던 강력한 정복군주였다. 당시 유대교는 기원전 129년 이후 '유대 성전국가'에 의해 통합되었던 사마리아 지역과 유대 지역 간에 형성된 적대감과 이질감이 고조되었다. 그러나 헤롯대왕은 지중해 연안의 항구도시들의 건설, 예루살렘 성전의 엄청난 증축공사, 그리고 사마리아 도시의 재건 등, 수많은 도시들의 재개발과 신도시를 건설하였는데, 이 가시적 성과들은 팔레스타인에 각인된 유대와 사마리아 지역의 갈등을 어느 정도는 완화시켰을 것이다.[69] 사실 헤롯대왕은 이두매아 출신의 '반쪽 유대인'으로서 종교적으로야 한계를 가지고 있었지만, 유대인들은 그를 로마의 세계지배 하에서 유대인의 위상을 드높인 왕으로 인정하고 있었다. 그러나 마태는 이 절대군주를 영아학살을 자행한 폭군으로 묘사하고 있다(2:16-18). 헤롯대왕이 이렇게 '나쁜 왕'으로 묘사되었던 것은 수난의 죽음을 겪게 될 평화의 메시아 때문에 얻게 된 '색깔'이었을 것이다. 반면 로마제국의 동쪽 국경을 맞대고 있는 파르티아 제국에서 온 동방의 "현자"(magoi)들은 평화의 왕을 찾아가는 외교관처럼 묘사되고 있다(2:1-12). 이 이야기대로라면 예수 탄생의 소식은 로마제국과 파르티아 제국이 대

---

69. 박정수, 『성서로 본 통일신학』, 72-75.

치하고 있는 트란스요르단 국경지대에서 정치적 동요를 일으킨 것
이 된다.

이런 측면에서 이 이야기는 초기 기독교가 간직한 평화의 메시
아사상의 윤곽을 스케치 해준다. 초기 기독교가 고대하는 메시아는
힘과 무력으로 '로마의 평화'(*pax romana*)를를 유지하는 황제와는 대조
되는 평화의 통치자였다. 메시아는 오히려 동방의 현자들에 더 잘 어
울리는 현왕(賢王)의 모습으로 묘사된다. 그리하여 그는 하늘의 계시
를 '작은 자들'에게 수여하고(11:28-30), 겸손하여 나귀를 탄 왕으로 장
차 전쟁의 폐허가 될 예루살렘에 등극한다. 반면 "평화의 도시"라는
이름의 예루살렘은 이 평화의 복음을 알지 못하고, 로마와의 잔혹한
전쟁으로 예루살렘의 성전과 함께 함락될 운명에 처하게 된다(23:37-
39).

그렇다면 유대전쟁 이전에 기록되었을 마가복음에 나타난 수난
의 메시아사상은, 유대전쟁 이후에 기록된 마태복음에서는 로마의
평화를 위협하는 이 전쟁의 소용돌이 직후 역동적인 평화의 메시아
사상으로 변화되었을수 있겠다. 예수는 그런 힘의 평화를 주러 온 것
이 아니라, 죽음으로서 이루어 내는 '화해의 평화'를 실현하려고 온
것이다. 화해의 평화를 위한 이 죽음은 힘의 평화를 무력화시키는 불
씨가 된다.

> 내가 세상에 화평을 주려고 온 줄로 아느냐 내가 너희에게 이르노니
> 아니라 도리어 분쟁하게 하려 함이로라(눅 12:51).

메시아의 죽음이 가져온 화해의 평화는 대립된 인간 관계에서부터 변화를 가져오는 역동적 운동이었다. 그것은 단지 관념적인 신학 사상이 아니라, 반(反)평화적인 모든 세력을 무력화시키는 실제적인 힘이었다. 왜냐하면 예수 그리스도의 대속의 죽음은 하나님과 인간 사이에 원수된 것을 무너뜨렸고, 그를 따르는 제자들은 "평화를 이루는 자"(5:9)로 정의되었기 때문이다. 따라서 이러한 공동체의 '평화의 에토스'를 가진 초기 기독교에서 유대인과 이방인의 문화의 벽은 느슨해질 수밖에 없었고, 그리스도의 화해의 징표인 성만찬을 지속함으로서 이방인 공동체에서 가난한 자와 부유한 자의 대립, 그리고 비록 제한적이었지만 남자와 여자, 주인과 종의 대립을 넘어서게 했다.

4. 반유대주의 역사와 한반도 평화 담론

1) 기독교의 반유대주의 역사

이제까지 우리는 초기 기독교의 반-유대주의 역사와 신학의 뿌리를 탐구했다. 마태복음은 물론 신약성서 전체는 유대인에 대한 문화적 적대감을 의미하는 이른바 반유대주의 혹은 반셈족주의를 증빙하는 텍스트로 사용될 수 없다. 왜냐하면 초기 기독교 공동체는 유대교 내부에 존재하는 유대인으로 구성되어 출발했기 때문이다. 바리새인들에 대한 예수와 초기 기독교의 갈등과 논쟁은 본질적으로 유대교 내부의 개혁운동의 흔적이라고 할 수 있다.

그럼에도 기독교의 역사는 그런 본문들을 반유대주의 즉, 반셈족주의 관점으로 읽어왔다. 고대시대의 교부들은 기독교의 터전을 놓으면서 복음서의 이야기를 반유대교적인 신학의 본문으로 읽었다. 교회는 이방인들의 교회가 되었고, 반유대교적인 논쟁을 구가하며 회당과 유대인들을 비난하게 되었다. 유대인이 교회를 박해했고, 그리스도를 십자가에 못박았다고 그들을 몰아붙였다. 급기야 기독교에서 구약을 없애자는 이단 마르시온주의가 나오기도 하였다. 정경의 남용이 정경의 부정에까지 이르게 된 것이다.

중세 시대 기독교가 명실공히 제국의 종교로 자리 잡으면서 유대교와 유대인들에 대한 문화적 적대감은 확대된다.[70] 기독교인들은 유대인들을 박해하고 사회의 주변부로 내몰았다. 유대인들에 대한 악성 루머들이 만들어지기도 했다. 이를테면, 유대인들은 기독교도들의 피를 마신다든가, 뿔과 꼬리가 달린 악마의 화신으로 등장한다. 사회경제적으로는 유대인에게 고리대금업자라는 꼬리표가 붙었다. 결국 16세기 이탈리아와 합스부르크 제국은 유대인의 강제집단거주지 게토(ghetto)를 건립하게 된다. 종교개혁 시대 칼뱅은 유대인에 대한 긍정적인 태도를 취했다. 루터도 처음에는 유대인들의 개종 가능성을 열어두고 그들에 대한 우호적인 태도를 취했다. 그래서 그는 "유대인이야말로 그리스도의 혈통을 이어받은 자들이며, 우리가 오

---

70. 반유대주의에 대한 문화적 분석 및 비판은 우리나라에서 최창모에 의해 탁월한 필치와 논리로 전개되고 있다. 중세 이후 현대까지의 반유대주의는 이 글의 직접적인 연구 주제는 아니기에 여기서는 최창모, 『기억과 편견』, 73-110 가운데서, 특히 81쪽 이하의 진술만을 통해, 요약적으로 정리하도록 한다.

히려 이방인이다"라고 하며 유대인과의 형제적 연대를 강조했다. 하지만 유대인 개종의 현실성이 점점 없어지는 것을 직시하고는 태도를 바꿨다. 요컨대, 사탄을 개종시키는 것보다 유대인을 개종시키는 것이 더 어렵다는 것이었다.

　근대에 들어서서 존 로크는 종교적 관용에 대한 사상을 피력하며, 인간은 누구도 자신의 종교로 인해 시민권이 제한될 수 없다고 주장하였다. 계몽주의는, 유대인이 추구하는 종교성이란 '하나의 국가'가 아닌 '신앙의 백성'이라고 주장하며, 유대인을 수용하는 합리적 근거를 마련하기도 했다. 하지만 사상적 분위기는 기독교가 유대인의 종교 그 자체보다 우월하다는 식의 반셈족주의적인 경향을 띠게 되었다. 마침내 나치에 이르러서 서구의 문화적·인종적 반셈족주의의 후예가 탄생되었다. 히틀러는 "그리스도가 시작하고 마무리하지 못한 과업을 내가 완성할 것이다"라고 외쳤다. 이제 유대인 문제에 대한 '마지막 해결책'은 '수정(水晶)의 밤'(Kristallnacht) 대학살로 마감되며, 홀로코스트라는 엄청난 비극을 인류에 남겼다. 물론 기독교가 그 죄악을 조장한 것은 아니라 하더라도, 이 강력한 독성에 자양분을 제공했다는 것을 부정하기는 어렵게 되었다. 오랜 기독교 문명이라는 토양에 세워진 십자가는 이제 날카로운 칼이 되어버린 것이다.

　칼은 칼을 낳는가? 유대인은 팔레스타인 난민을 학살하는 자리에 서게 되었다. 역설이 아닐 수 없다. 기독교와 유대교의 불편했던 관계는 다시금 유대인과 이슬람인들의 관계에서 재생산되고 있는 것인가? 역설적인 것은 이 세 종교는 모두가 유일하신 한 하나님을 섬기고, 아브라함을 자신들의 조상이라고 생각한다는 사실이다.

2) 한국의 반유대주의?

극동 아시아의 '젊은 기독교'의 역사를 써내려가고 있는 한반도에서도 2천년 서구 역사의 한편을 빼곡히 채워나간 반유대주의라는 주제는 현안문제가 될 수 있을까? 대체로 그럴 가능성은 많지 않은 것 같다. 왜냐하면 아직까지는 유대인을 직접적으로 접촉해보지 못한 한국의 상황도 그렇거니와, 현대사에서 한국인에게 유대인과 이스라엘은 각별한 친화력을 가지게 된 계기가 있기 때문이다.[71] 이를테면, 한 손에 총을 들고 다른 한 손에는 삽을 들고 이스라엘을 건설해 낸 유대인들은 박정희 정권하에서의 재건국가 모델이 되었고, 게다가 이스라엘의 키부츠를 새마을 운동의 모델로 삼기 위해 정부 고위 관계자들은 이스라엘을 방문하기까지 했다. 대표적인 반유대주의 문서인 히틀러의 『나의 투쟁』은 청년 시절 박정희의 애독서가 되었고, 급기야는 반공투쟁의 교과서처럼 읽히는 웃지 못 할 일도 벌어졌다. 다른 한편 '유대인'은 이른바 '영재와 부자 만들기'라는 상업적 영재교육 이미지로 사용되기도 했는데, 이는 자원이 부족한 나라에서 인력을 통한 선진화를 추구할 수밖에 없는 한국인들에게 호소하는 바가 컸다.

종교적인 측면에서 본다면, 구약 이스라엘의 출애굽 이야기는 일본 제국주의 시대 우리 민족의 해방의식을 고취하는 소망을 주는 텍

---

71. 최창모, "한국사회의 유대인 이미지 변천사 소고," 『한국이슬람학회지』 18/1 (2008), 113-38.

스트였다. 게다가 탈무드의 지혜를 공중파를 통해 대대적으로 소개
함으로써 유대인의 종교적 이미지를 교육과 결합시킬 수 있었다. 여
기에 1990년부터 폭발적으로 증가한 성지순례 프로그램은 기독교
인들에게 유대교나 유대인들에 대한 친화력을 가져다주었다. 물론
이원복 교수의 『먼나라 이웃나라(미국인 편)』에서 "8. 유대인을 알아야
미국이 보인다—미국을 움직이는 막강한 세력 유대인"(219-249쪽)에 등
장하는 유대인에 대한 묘사가 반유대주의적이라면서 2007년 4월에
시몬 비젠탈 센터(The Simon Wiesenthal Center)가 출판사에 정식 시정을
요구하고, 이런 처사에 대한 네티즌의 반발이 있기도 했다.[72] 이런 사
건은 유대인들에 대한 일부 네티즌들의 비우호적인 감정을 드러내
기는 하지만, 한국인이나 한국 기독교인들의 유대인들에 대한 정서
에 크게 저항을 일으키기는 어려웠다. 10여 년 전 이슬람 자금의 도
입방안으로 제기된 이슬람 채권(수쿠크) 지원법에 관한 진지한 토론에
서도, 대체로 적대적인 감정보다는 차분한 논리적인 대응이 힘을 얻
는 분위기였다. 그래서 이슬람교도들이 한국에 진출하는 것에 대한
기독교계의 지혜롭지 못한 종교적 반감을 경계해야 한다는 것에 한
목소리를 내었다.[73] 만일 이와 유사한 논쟁이 유대인들에 대하여 벌
어졌다면, 기독교인들은 적대적인 감정보다도 어쩌면 적극적인 유대
인 선교의 기회로 활용해야 한다는 주장을 했을지도 모른다. 이러한

---

72. 최창모, "한국사회의 유대인 이미지 변천사 소고," 129-35; 이원복, 『먼나라
　　이웃나라(미국 편)』 (서울: 김영사, 2004), 247.
73. 한반도 평화연구원 제26회 포럼, 『수쿠크법의 쟁점: 평화를 위한 정부, 미디
　　어, 교회의 역할』 (2011. 4. 13).

양상은 한국에서 기독교와 유대인에 대한 친화적 관계를 보여주는 다양한 스펙트럼이라 하겠다. 그러므로 한국에서 이른바 반유대주의적 경향을 걱정하기는 아직 이르다고 생각한다. 나는 한국에서 이른바 반셈족주의적인 반유대주의를 문제 삼기보다는, 오히려 이 글에서 논한 신약의 반-유대주의 담론이 민족분단의 트라우마를 안고 살아가는 한반도에 더 많은 시사점을 줄 수 있다고 생각한다.

3) 반-유대주의와 한반도의 평화

내가 주목하고자 하는 것은 한반도의 역사에서 정파(政派)간 갈등이 고대 유대교 내부의 종파적 갈등 양상과 유사한 점이 있다는 사실이다. 해방 이후 분단 과정은 세계사적인 이념 갈등의 산물이었다. 외세의 지배에 대항했던 민족주의 세력은 독립된 국가를 꽃피워보지도 못한 채 시련을 맞이하였다. 한반도는 일본 제국주의로부터 해방되어 자주 민족국가를 설립할 기회를 선용하지도 못하고, 제2차 세계대전 후 공산주의와 자본주의를 추종하는 양대 세력으로 편입되어 냉전의 희생양이 되었고, 결국 강대국의 비참한 대리전쟁 6.25를 겪어내야 했다. 이 전쟁은 말이 한국전쟁이지 세계전쟁의 성격을 띠는 것이었다. 전쟁으로 분단은 장기화되었다. 그것은 우리의 분단일 뿐 아니라, 세계의 분단을 고스란히 반영했다.

6.25 전쟁을 겪으면서 남북으로 갈린 민족은 분단을 체험적으로 학습했다. 수도 서울은 불과 1년 안에 공산세계와 자유세계 사이를 3번 오가면서 주인을 맞이해야 했다. 그런가 하면 지리산은 낙동강 전투에서 승기를 잡은 남한의 반격에 미리 퇴각하지 못한 인민군의 서

식처였다. 지리산 자락 어느 마을에서건 아침은 자본주의 세상이요, 밤은 공산주의 세상이었다. 사람들은 살아남기 위해서 밤에는 공산주의자로, 낮에는 자본주의자로 처신해야 했다. 수십 년을 같이 살아온 동네 사람을 그렇게 끊임없이 두 개의 의혹의 눈초리로 갈라내야 했다. 이렇게 남한에서 생존을 견뎌낸 그 세대는 타인을 적으로 보는 눈초리를 몸서리치며 학습해야 했다. 지금까지 한국사회에서 진보에서 보수에 이르는 이념의 스펙트럼이란 북한을 대하는 이념적 체온에 따라 나열되었다고 볼 수 있다. 마치 유대주의에서 종파라는 스펙트럼이 이방인과 그 문화에 어느 정도의 수용성을 가지느냐에 따라 펼쳐지듯이 말이다.

북한에서의 상황도 마찬가지였다. 그들은 6.25 전쟁 이후 70년을 미국과 남한에 대한 적대감의 충성도에 따라 사회계층을 구성하고 있다. 제국주의와 그 앞잡이를 얼마나 적대시하느냐가 출세의 길을 좌우했고, 그 적대감으로 서로를 감시하는 경쟁을 체제의 근간으로 지속하고 있다. 남과 북의 정치공동체는 정권을 획득하고 유지하기 위해 끊임없이 분단과 전쟁의 트라우마를 떠올려 공격하고 방어해야 했다. 공격과 방어의 도구는 분단이라는 현실 그 아래 감추어진 분단의 기억이기에 그것은 얼마든지 재생산될 수 있었다. 이제 분단은 구조화되어 "한 민족 안에서 집단적 기억으로 남아 부모가 자식에게 전하는 이야기가 되고, 한 집단의 정체성을 형성하는 원천이 된다. … 그리하여 한쪽은 다른 쪽에게 잔혹 행위를 하게 되며, 친구는 적이 되고 이웃은 원수가 된다."[74]

　이렇게 민족공동체를 관통하고 있는 이 분단의 트라우마를 고대 팔레스타인 유대인 역사의 관점에서 본다면 어떤 통찰을 얻을 수 있을까? 우선, 유대교와 초기 기독교의 갈등은 이방인의 지배에 대항하는 민족 내부의 정치적 지형에서 생산된 사상적 갈등이라 하겠다. 반면, 우리 민족의 갈등은 외부에서 주입한 이념에 의해 공동체 내부의 갈등과 분단으로 고착된 측면이 강하다. 이러한 차이로 결국, 유대인의 갈등은 기독교가 유대교에서 세계종교로 그 외연이 확대되었던 반면, 한민족의 갈등은 모든 구성원의 뼛속과 심장을 파고드는 내면화로 치닫게 되었다. 하지만 이 내면화된 트라우마는 신학적 관점에서 무의미하지 않다. 고난이란 역사 속에서 어떤 의미를 갖는가? 함석헌은 『뜻으로 본 한국 역사』에서 한국의 역사를 고난의 역사로 해석한다. '고난은 생명의 원리'라는 간디의 사상도 여기서 멀지 않다. 고난은 우리 민족사에서 선연히 드러나지만, 동시에 세계역사의 보편성이기도 하다. 기독교 신학은 예수 그리스도의 십자가 사건을 과거의 상처와 기억을 치유하는 패러다임으로 가진다. 그래서 기독교의 복음은 용서와 화해의 복음 그 자체이다.

　그러나 준엄한 정치 현실에서 종교적 화해가 어떤 역할을 할 수 있는가? 제5장에서 언급했듯이, 한나 아렌트(Hannah Arendt)는 종교적 차원의 용서의 행동은 정치 현실에서 실현될 인간의 행위와 불가분의 관계를 맺는다고 주장한다. 정치적 화해란 용서의 현실적 구현인

---

74. Jonathan Sacks, 『차이의 존중』, 임재서 옮김 (서울: 말·글빛냄, 2007), 294.

데, 그것의 첫걸음은 증오와 보복을 단념함에서 시작된다. 마치 예수의 원수 사랑의 요구가 증오와 보복의 단념에서 그 첫발을 떼듯이 말이다(5:21-26, 38-39). 그러나 화해는 적대감을 정체성으로 삼는 공동체에게는 배신으로 비치기 쉽다. 이그나티에프(M. Ignatieff)가 지적한 대로, "화해의 길목을 가로막는 가장 커다란 도덕적 장애는 복수에 대한 욕망이다 … 복수는 도덕적으로 이해하면 사자(死者)와의 신의를 지키려는 욕망이며 그들이 남기고 떠난 대의를 받아들여 그들의 영광을 드높이려는 욕망이다 … 이처럼 화해가 어려운 것은 그것이 폭력이라는 강력하기 이를 데 없는 대안적인 도덕성과 경쟁해야 하기 때문이다."[75] 한반도의 역사 속에 깊이 새겨진 이념의 대립, 전쟁과 분단, 증오와 보복의 악순환을 끊고, 우리는 어떻게 새로운 미래를 만들어갈 수 있을까? 우리는 유대인들이 저 긴 반유대주의라는 고난의 역사에서 고통스럽게 얻은 교훈에서 많은 것을 배워야 할지 모른다.

> 나는 유대인이다. 유대인이기에 조상들의 눈물과 고통을 뼈저리게 느낀다 … 그들의 눈물은 유대인의 기억, 다시 말해 유대인의 정체성에 깊이 새겨 있다. 내가 어찌 내 영혼에 쓰인 고통을 놓아줄 수 있겠는가? 그러나 그렇게 해야 한다. 내 자식들과 아직 태어나지 않은 내 자식들의 자식들의 미래를 위해 과거의 증오 위에 그들의 미래를 세울 수는 없으며, 그들에게 사람들을 덜 사랑하는 방식으로 하나님을

---

75. M. Ignatieff, *The Warrior's Honor*(New York: Metropolitan Books, 1997), 188. Sacks, 『차이의 존중』, 308-309 (재인용).

더 사랑하라고 가르칠 수는 없다. 나를 용서해 달라고 하나님께 기도할 때마다 그들을 용서하라는 하나님의 음성을 듣는다 … 내가 신앙 때문에 목숨을 잃은 조상들에게 빚진 의무는 더 이상 신앙 때문에 죽는 사람이 없는 세상을 만드는 것이다. 나는 과거를 반복하기 위해서가 아니라 과거에서 배우기 위해 과거를 존중한다 … 우리가 증오에는 사랑으로, 폭력에는 평화로, 원한에는 관대한 마음으로, 갈등에는 화해로 응답해야 하는 이유가 바로 여기에 있다.[76]

---

76. Sacks, 『차이의 존중』, 312.

제3부

교회의 위기와 윤리적 소명

제7장
위기의 교회론과 목사직

1. 위기의 본질

한국의 프로테스탄티즘이 위기를 맞고 있다는 데에 이견을 표할 사람은 많지 않은 것 같다. 이 위기는 신학과 사회 전반을 아우르는 포괄적 담론을 통해 분석될 필요가 있다.[1] 하지만 문제의 내면을 좀 더 깊이 들여다보면 거기에는 교회론과 목사직에 관한 신학적 딜레마가 놓여있음을 알 수 있다.

먼저, 한국 교회는 성장주의의 위협에 심각하게 노출되어 있다.[2]

---

1. 대담한 필치로 이러한 담론을 이끌어가고 있는 성서학자의 저서로는, 차정식, 『예수, 한국사회에 답하다』 (서울: 새물결플러스, 2012)을 꼽을 수 있다.
2. 최근의 여론조사를 통한 한국 교회의 위상과 현실, 지표와 그 평가에 대해서는, 한목협, 『한국기독교 분석리포트』 (서울: 도서출판 URD, 2013)을 보라. 특히, 교회의 성장주의와 물질주의에 대한 부정적인 인상에 대하여는 433, 439쪽을 보라.

이러한 진단에는 교회의 형태와 본질에 관한 문제가 포함되는데, 사실 양자는 불가분리의 관계에 있다. 교회는 교인 수 증가를 일차적 과제로 설정함으로써 자연스럽게 대형 교회를 지향하게 되었다. 이러한 경향은 한국 교회가 이미 초창기부터 "선교적 교회"로 구조화되면서 예고되었고, 그 결과 놀라운 부흥을 향유한 것도 사실이다.[3] 6·70년대의 부흥회와 성령 운동을 지나 8·90년대 말씀 운동의 시대를 맞이하면서, 신앙의 형태는 말씀 중심의 패러다임으로 정착되어 갔다. 이로 인해 교회에서 교인은 자연스럽게 말씀 교육의 대상, 혹은 설교의 청중이 되어갔다. 성서 지식 향상을 통해 개인의 삶을 관조하고 내면화하는 데 집중하게 된 것이다. 이러한 경향은 큐티와 제자 양육 등 일련의 성서 프로그램으로 발전하게 된다. 하지만 실천과 멀어진 성서 지식 학습과 말씀 청취에 집중하게 하는 신앙은 믿음과 행동이 일치되는 실천적 제자도나 교회의 공동체적 존재 방식으로부터 멀어지게 했다. 대천덕 신부가 지적한 바대로 한국 교회는 "사귐의 모임"(交會)이 아닌 "가르침의 모임"(敎會)으로 그 형상이 굳어지게 된 것이다.[4]

이로써 예수를 따라 하나님의 뜻을 행하도록 부름을 받은 제자가 되기보다 마치 늘 실천의 숙제를 달고 다니는 학생처럼 되어, 행

---

3. 한국일, "선교와 교회갱신: 교회와 선교의 상관성에 관한 연구," 『바른교회 아카데미 세미나 자료집』 (2007), 4f.
4. 미국의 기독교현상을 비판적으로 진단하고 있는 이러한 주장에 대해서는 Skye Jethani, 『하나님을 팝니다?』, 이대은 옮김 (서울: 죠이선교회, 2009)를 보라. 현장목회자의 목소리도 있다. 신광은, 『메가처치 논박』 (부천: 도서출판 정연, 2009), 271-333.

함/믿음의 이원화가 커다란 딜레마로 자리 잡게 되었다. 한 시대를 말씀 운동과 열정적인 설교, 그리고 제자 양육으로 주도했던 옥한흠 목사가 2007년 평양대부흥 100주년 기념 대회에서 올렸던 통회의 자복 기도는 그런 딜레마를 보여준다.[5]

주여, 이놈이 죄인입니다. 입만 살고 행위는 죽은 교회를 만든 장본 인입니다.

다음으로, 교회의 직제 가운데, 목사직의 통제 불능상태를 언급할 수 있다.[6] 신학 교육 문제는 이미 오래전부터 예견된 한국 교회 위기의 불씨였다. 최근 신학대학원들의 입시 통계에서 드러나고 있는 지원자의 급격한 감소 추세는 단지 학생 인구 감소의 결과가 아니라, 한국 교회의 성장률 하강과 함께 나타나는 현상이다. 10년마다 진행되는 종교 인구 통계에 의하면 개신교 인구는, 1995년에 10대였다가 2005년에 20대를 지낸 청소년의 감소세가 다른 연령층보다 2배 이상이었다.[7] 이들이 현재의 대학원 진학 연령대라고 보아야하기 때문에 이 수치에 신학대학원 지원자 수의 변화가 반영되어 있을 것이다.

이러한 현상을 초래한 또 다른 요인은 목사직을 수적으로 통제

---

5.   김한수, "한국 교회 부흥은 가슴 치는 회개로부터," 『조선일보』 2007. 7. 9.

6.   권위의 문제를 성서학적 관점에서 고찰한 박정수, "초기 기독교적 권위구조 의 변화," 『한국기독교 신학논총』 31 (2004), 123-55을 참조.

7.   1995→2005년 통계 수치는 다음과 같다. 10→20대는 -4.6%, 20→30대는 -2.0%, 30→40대는 -2.3%, 40→50대는 -2.2%. 최현종, 『한국 종교인구 변동 에 관한 연구』 (부천: 서울신학대학출판부, 2011), 24.

하기 어렵게 된 한국 교회의 현실이다. 20세기말 신자유주의적인 세계질서가 한국과 세계를 지배하면서 90년대 이후 한국의 대학교육은 대학 정원 증가를 대학경영의 목표요 열매로 인식하였다. 이 시기에 신학교로 출발한 기독교 사립교육 재단 대부분이 정식 교육기관 인가를 득하고 신학생 모집에 대거 나서기 시작하면서 문제가 발생했다. 각 교단은 통신 신학교나 학점은행제를 통해서 학위를 취득한 학생들까지도 대거 신학대학원에서 학위 받을 기회를 제공했다. 또 조기에 퇴직을 하거나 고령화 사회로 진입하면서, '시니어'(senior) 학생 수가 신학대학원에서 점차 늘어나게 되었다. 은퇴 후 '의미 있는 삶'의 한 대안으로서 목사직을 '선택'하는 일이 벌어지게 된 것이다.

여기서 파생된 후유증은 심각하다. 학교 경영을 위해 어찌하든 지원 미달은 막아야 했고, 이렇게 불어난 신학생들의 정원을 유지하기 위해 대폭 늘려야 했던 교수의 수를 줄이기도 쉽지 않았다. 기독교 명문 사립대에서는 학생들이 타과로 전과하기 위해 상대적으로 입학이 수월한 신학부로 '잠입'하는 사태까지 벌어지기도 했다.[8] 소명의 치열한 자기검증도, 신학 교육의 검증도 되지 않고 목사직을 '라이센스'처럼 남발하게 되면서 학생들의 질적인 문제는 물론, 수를 통제하는 데에도 어려움이 가중된 것이다. 이러한 현실로 인해 소명을 가지고 충실히 목회를 감당하는 대다수의 목사들은 목회 현장에서 생존 게임의 양상은 물론, 목사직의 형태와 본질 사이의 깊은 딜

---

8. 내로라할 만한 한국의 대표적 명문 기독교 사립대학에서 이런 사례가 발생하고 있다.

레마를 경험하게 되었다. 이로써 이른바 이중직의 문제는 이제 각 교
단의 핵심 이슈가 되었다.

위기는 기회가 될 수 있을 것이다. 한스 큉이 "교회의 실제적인
본질은 역사적 형태 내에서 일어난다"고 진단한 대로,[9] 한국 교회의
이러한 위기 속에서 역사적 형태에 대한 신학적 성찰을 통해 교회와
목사직의 본질이 정립될 수 있을지 모른다. 목사직은 신앙인으로서
은퇴 후 의미 있는 삶의 한 형태일 수 있는가? 목사나 선교사로서 스
스로 생계를 책임지는 이른바 '자비량 목사직'이나 '비즈니스 선교사
직'이[10] 새로운 형태로 뿌리내리게 될까? 이에 따라 셀교회, 혹은 가
정교회의 형태가 점차 정착될 것인가?[11] 여기서 새로운 형태의 교회
론과 직제가 나타나게 될 것인가?[12]

이제부터 나는 이러한 한국의 프로테스탄티즘의 교회론과 목사
직의 위기/딜레마를 성서적 제자도를 통해서 검토하려고 한다.[13] 구
체적으로는 마태복음 10장의 파송강화를 제자도의 관점에서 해석하

9.　Hans Küng, 『교회』, 정지련 옮김 (서울: 한들, 2007), 6f.

10.　이러한 새로운 선교사의 형태를 주장하는 백바울, 『위대함을 선택하라』 (서
　　울: 샘솟는기쁨, 2013)을 보라.

11.　가정교회에 대한 성서학적인 깊은 고찰에 대하여는 Robert Banks, 『바울의
　　그리스도인 공동체 사상』, 장동수 옮김 (서울: 여수룬, 1991)을 보라.

12.　새로운 교회의 유형과 본질을 이른바 "생태학적 교회"로 정의하는 선교신
　　학자 Howard Snyder, 『참으로 해방된 교회』, 권영석 옮김 (서울: IVP, 2005),
　　95-132, 157-86, 353-67을 보라.

13.　마태복음의 제자담론을 성서학적 방법론으로 접근하는 관점으로는 David B.
　　Howell, *Matthew's Inclusive Story* (JSNT Sup 42; Sheffield: Sheffield Academic
　　Press, 1990)의 독자반응비평을 중심으로 서술하게 될 것이다.

며[14] 한국 교회의 문제 상황과 연관시켜 보려고 한다. 하지만 본 장은 교의학이나 실천신학의 구체적 교회론이나 목사직의 새로운 형태를 제안하려는 글이 아니라, 교회의 발생 그 근원으로 돌아가 한국 교회의 위기 상황을 성서 읽기와 주석적 방법으로 성찰하고자 하는 하나의 성서학 담론이라 하겠다.

2. 마태의 제자담론과 사도직

1) 형성기의 교회론

그러면 왜 마태복음이고 '제자담론'인가? 오늘의 한국 교회의 위기에 관한 담론을 신약성서의 교회론으로 접근하고자 한다면, 바울서신이나 요한 문헌, 혹은 목회/공동서신보다는 공관복음서의 교회론이 더 유용하다고, 나는 생각한다. 공관복음서는 유대전쟁 이후 초기 기독교가 유대교로부터 독립되어가는 과정에 있는 일종의 '형성되어 가는 교회론'을 반영하기 때문이다. 바울서신은 가장 초기의 교회론을 대변하는데, 바울의 교회론은 교회의 기독론적 기원과 공동

---

14. 여기서 루츠(U. Luz)가 마태복음을 통해 주장하고 있는 '역동적 교회론'을 중요한 논점으로 사용하고자 한다. 이에 대한 자세한 주석은 U. Luz, *Das Evangelium nach Matthäus. II (Mt 8-17)*. EKK 1 (Neukirchen-Vluyn: Neikirchener Verlag, 1990), 74-161. 영어로 번역된 논문 형태로는 "Discipleship: A Matthea Menifesto for a Dynamic Ecclesiology," in tr. by Rosemary Seele, *Studies in Matthew* (Grand Rapids, Michigan/Cambridge, U.K.: Eerdmans Co, 2005), 143-64를 보라.

체적 본질에 집중하고 있기도 하고, 또 교회가 회당으로부터 독립되
어가던 유대전쟁 이전 시대를 반영하고 있기에 공동체론에 더 가까
울 것이다.[15] 요한복음의 교회론은 제자도에 관한 중요한 사상을 내
포하고 있지만, 상당히 후대의 독특한 교회론이 반영되어 있기도 하
고 제도화된 교회의 직제와 분명한 거리감도 있다.[16] 그런가하면 목
회서신은 이미 제도화되어 가고 있는 교회의 형태를 보여준다.[17]

　물론 신약의 교회론에는 이런 다양성들뿐 아니라 통일성도 존재
하는데, 이를테면 구약의 하나님 백성의 본질과 표지를 공유하고 있
다. 신약의 교회 관념을 탐구하는 롤로프(J. Roloff)는, 초기 기독교의 이
런 다양한 역사적 경험에서 나온 교회 관념이 "하나님의 뜻을 따르
는 교회란 무엇이고, 무엇이어야 하는가"라는 규범적인 담론을 특징으
로 가지고 있다고 주장한다.[18] 마태는 교회가 아직은 가시화되지 않
은 형성기 교회의 상황에서 한 지역 공동체를 대상으로 복음서를 기
록한다. 그러면서 그는 교회란 무엇인가를 정의하지 않고, 자신의 공동
체 독자들에게 교회가 무엇이어야 하는가를 담론한다.

---

15. Banks, 『바울의 그리스도인 공동체 사상』, 73-85, 147-190; John H. Schütz, "Charisma and Social Reality in Primitive Christianity," *Journal of Religion* 54 (1974), 51-70; 유승원, "그레코-로마 세계의 몸 메타포와 바울의 교회 공동체 개념", 『신약논단』 7 (2000), 149-66.
16. 이러한 관점에 대하여는 김동수, "요한복음에 나타난 교회와 교직 이해," 『신약논단』 7 (2000), 245-62와 『요한복음의 교회론』 (서울: 대한기독교서회, 2005), 17-32을 참고하라.
17. J. Roloff, *Die Kirche im Neuen Testament* (Göttingen: Vandenhoeck & Ruprecht, 1993), 250f, 259-66, 311.
18. Roloff, *Die Kirche*, 310 (고딕체는 원저자의 강조).

마태는 과거 역사적 예수와 제자들의 이야기로 거슬러 올라가 교회의 역사적 기원을 구체적으로 풀어내는가 하면, 현재 마태 공동체 독자들의 경험이 투영된 서사 세계를 수사학적으로 묘사하기도 한다. 이러한 담론 방식은 한 지역공동체의 독특성을 포기하지 않으면서 교회의 보편성을 추구하는 방식이다. 자신들의 이야기가 투영된 복음서를 읽으며 마태 당시의 독자들은 물론 미래의 가상 독자들도 예수의 참된 제자가 되는 이야기에 참여할 수 있게 된다. 그래서 형성 중인 마태의 교회론은 '제자담론'을 통해서 진행된다.

이 '제자담론'을 10장의 '파송강화'를 통해 분석해보면 그 면모가 잘 드러난다. 미리 말하자면, 마태의 교회는 세상에 보내진 예수를 따르는 제자 공동체로 살아간다. 제자들은 곧 마태 공동체의 구성원이요, 시공을 초월한 그리스도인 독자 전체다. 예수가 이 세상에 파송한 제자 공동체의 본질과 표지는 무엇인가? 이것이야말로 마태가 추구하는 '제자담론'의 구체적 소재다. 나는 우선, 예수를 따랐던 '열두 사도들'의 파송에 관한 이야기가 어떻게 교회의 기원과 역사상 존재했던 사도직에 관한 담론으로 사용되었는가를 분석하고, 그것을 오늘 우리의 문제 상황과 결부시키려고 한다.

2) 마태의 '내포적'(inclusive) 이야기

앞서 이 책 제6장에서도 언급했지만, 복음서 내러티브에서의 담론 개념을 여기서도 간단하게나마 재론하고 넘어가자. J. D. 킹스베리(Kingsbury)는 채트먼(S. Chatman)의 문학비평적 관점을 적용하여 통일된 서사체(narrative)로서 마태복음 읽기를 주도했다.[19] 여기서 그는 우선 채트먼의 분석 도구인 이야기(story)와 담론(discourse)을 구별하여, "이야기란 말해지고 있는 내용"이고 "담론은 그 이야기가 말해지고 있는 방법"이라고 정의한다.[20] 마태복음의 예수 이야기는 독특한 구성과 전달 방식을 가지고 있다. 이것은 마태가 자신만의 독특한 서사 방식으로 예수 이야기를 독자들에게 전달하는 담론 구조다. 논의를 위해 필요한 몇 가지 요소만 간략하게 언급해보자.

마태는 마가와 '말씀 자료'(Q)의 장르를 유지하면서도 이들을 5개의 커다란 강화(講話)로 정교하게 작업하여 복음서 전체를 구성한다.[21] '강화'란 예수가 청중들에게 전달한 다양한 말씀들을 후대의 독자들에게 전달하기 위한 마태의 문학적 구성 기법이다. 예수는 대적자들에게는 변론과 논증으로, 대중들에게는 주로 비유로 말씀하셨다. 마태는 이 말씀들을 담론으로 재구성하여 예수 이야기를 펼쳐나간다.

우리가 다룰 본문 마태복음 10장 '파송강화'를 예로 들어보자. 공

---

19. Kingsbury, 『이야기 마태복음』, 권종선 옮김 (서울: 요단, 2000). 킹스베리 이후에 마태복음의 문학비평을 한 단계 더 발전시킨 중요한 연구가 David B. Howell, *Matthew's Inclusive Story* 이다. 독일어권에서 이러한 연구에 전승사적 연구를 결합한 개론적 서술은 U. Luz, 『마태 공동체의 예수 이야기』, 박정수 옮김 (서울: 대한기독교서회, 2003)이 있다.

20. Kingsbury, 『이야기 마태복음』, 14.

21. B. W. Bacon, *Studies in Matthew* (New York: Holt, 1930)에서 이것을 최초로 분석했다. 5-7장의 산상강화, 10장의 제자강화, 13장의 비유강화, 18장의 공동체강화, 그리고 23장 및 24-25장의 '심판 및 종말강화'는 각각 "καὶ ἐγένετο ὅτε ἐτέλεσεν ὁ Ἰησοῦς τοὺς λόγους τούτους"(7:28; 11:1; 13:53; 19:1; 참조, 26:1)로 종결된다.

관복음서에는 예수께서 제자들을 파송하며 가르친 이른바 파송의 말씀이 몇 곳에 흩어져있다. 그 내용의 기본 틀은 마가복음 6장 7-13절과 '말씀 자료'인 누가복음 9장 1-6절에서 찾을 수 있다. 이 자료들과 마태의 특수 자료들이 10장에 모여 마태의 독특한 파송에 관한 강화를 형성했다.[22]

하지만 이것으로는 제자들을 파송하는 예수 이야기가 마태의 담론 구조에서 어떻게 사용되는지를 분석하는 데 한계가 있다. 그래서 우리는 마태의 이른바 '내포적 이야기'(inclusive story)라는 개념을 이해할 필요가 있다. 이 개념은 독자반응 이론의 수사학과 구조주의를 절충한 문학적 패러다임이다.[23] 독자반응비평에서는 문학작품을 해석

---

22. 여기서 이 본문의 전승사적 연구는 생략하고, 마태복음 전체에서 이 파송 강화의 위치와 본문의 단락구조를 파악하기만 하면 되겠다. 10:5-15는 막 6:8-11과 Q = 눅 10:4-12에서, 10:16-23은 Q = 눅 10:3; 12:11f.과 막 13:9-13에서, 10:26-33은 Q = 눅 12:2-9에서 유래하고 10:34-36은 눅 12:51-53과, 10:37-39는 Q = 눅 14:26f와 막 8:34f.(비교, 요 12:25f.)과, 10:40-42은 Q = 눅 10:16, 막 9:38-40과 연관된다. 본문구성에 대한 기본적인 논의는 Luz, *Matthäusevangelium* II, 86-153; P. Hoffmann, *Studien zur Theologie der Logienquelle* (Münster-Westfalen: Verlag Aschendorff, 1972), 263-84; R. Laufen, "Doppelüberlieferungen der Logienquelle und des Markusevangeliums," (Dr. Theol. Diss. Universität Bonn, 1978), 201-301을 보라.

23. 이 용어는 하우엘(Howell)이 역사비평의 "과거시점"(*Einmaligkeit*) 중심을 극복하고 본문에 "내포된"(included) '현재' 중심으로 본문을 읽기 위해 사용한 개념이다. Howell, *Inclusive Story*, 17, 51f. 루츠는 역사비평적인 자신의 주석의 토대 위에 하우엘의 개념과 관점으로 마태복음에 관한 단행본을 저술했다. Luz, 『마태 공동체의 예수 이야기』, 86-91. 여기서 "inclusive story"라는 용어를 '포괄적 이야기'이라고 번역할 수는 없다. 그렇게 되면 어떤 내용을 두루 담고 있는 이야기가 되는데, 이는 하우엘의 개념에서 멀다.

하는 데 있어서 저자와 독자 사이의 역할을 고려하기 때문에 복음서 저자와 공동체의 상황에만 문맥이 제한되지 않고, 복음서 독자 역시 의미를 생산하는 역할을 한다. 물론 저자가 사용한 의사소통 기술 내에서 말이다.[24]

역사비평이 본문을 통시적으로 구성하는 과거 차원에 집중한다면, 문학비평은 공시적(共時的)인 서사 구성으로 현재 시점을 포괄한다. 즉, 내포적 이야기라는 문학적 담론에는 언젠가 사건이 전개되었던 '한 시점'과 이야기가 진행되는 '현재'가 공존한다. 그래서 '암시된 독자'는 이야기에 내포되어 시공을 초월하여서 어디에나 현존하게 된다. 사용되고 있는 이런 서사 방식이 예수와 내레이터를 확고히 결합시켜주기 때문에, 예수는 신뢰할 메신저요 암시된 독자의 가치 체계를 전달하는 매개자가 된다. 이런 의미에서 하우엘(Howell)은 마태의 내포적 이야기를 "메타-비평"으로 정의한다.

> 암시된 독자들이든 '내포된 독자들'이든 그들은 내레이터의 설명과 주석을 수용하기에 복음서에 등장하는 어느 인물이나 그룹들보다 더 많은 지식을 가지고 있다. 이 지식으로 그들은 예수와 내레이터 혹은 암시된 독자와 함께 서도록 요청받고, 예수와 그의 가르침을 받아들이는지 아니면 거절하는지에 따라 모든 인물들을 판단한다.[25]

---

24. Howell, *Inclusive Story*, 51.
25. Howell, *Inclusive Story*, 53.

이러한 기능으로 독자는 서사 세계를 통하여 예수를 따르도록 초대받을 뿐만 아니라 동시에 모든 독자들이 그를 따르도록 동기를 부여한다. 그러므로 제자들의 이야기는, 당시의 공동체는 물론 미래의 모든 그리스도인들을 참된 제자도로 초대하는 "열린 창"이다.[26]

> 그래서 제자도란 예수와 암시된 저자로부터 들려오는 규범과 가치의 수용을 의미한다. 제자들은 암시된 독자 그리고 따라야 할 예수의 가르침 사이를 연결하는 기능을 한다. 그들은 가끔 예수의 가르침의 수준에 다다르지 못한다. 하지만 예수는 자신의 삶에서 이 가치들을 구현함으로써 제자들에게 요구한 삶의 모델로 보일 수 있게 한다.[27]

우리가 독자반응비평의 수사학을 통해 마태의 예수 이야기를 읽을 때 교회론과 제자직의 위기 상황을 그 이야기 안으로 가져가게 된다. 이 과정에서 우리는 교회가 무엇인가를 정의하지 않고, 제자 공동체는 어떠한 삶을 살아야 하는가를 **담론**한다. 이렇게 마태의 '제자담론'은 신학적 교회론이 아닌, 예수를 따르는 그리스도인 공동체의 이야기에서 시작된다.

3) 선교파송과 '제자담론'

마태의 담론 형식에서 이제 그 내용으로 들어갈 차례이다. 그리

---

26. 이런 투과되는 구조는 마태의 예수 이야기 전체를 특징짓는다. 특히 8-9장의 기적 이야기에 대한 루츠의 설명을 참조하라. Luz, *Matthäus II*, 64-68.

27. Luz, *Matthäus II*, 53.

스도를 따르는 제자란 어떤 표지를 가지며, 제자 공동체로서의 교회란 어떤 삶의 이야기를 가지고 있는가? 여기서 다룰 본문은 예수께서 제자들을 이스라엘 사역으로 보내는 이른바 '파송강화'다. 마태는 문학적 포괄 기법(inclusion)을 통해서 산상수훈과 파송강화를 구성한다. 즉, "예수께서 온 갈릴리를 두루 다니시면서, 그들의 회당에서 가르치며, 천국복음을 선포하며, 백성 가운데 모든 질병과 모든 아픔을 고쳐 주셨다"(4:23/9:35)라는 두 번의 요약 문장 사이에 5-7장의 산상설교와 8-9장의 기적적인 치유 단화(短話)들을 배치하고 있다. 예수의 사역의 표지는 "선포"(=가르침)와 "치유"(=기적)인데, 이 문장에서 키워드로 사용된 "선포하다" 혹은 "가르치다"는 파송강화의 맺음말이 11장 1절에도 사용되어, 파송강화(9:36-11:1)에서[28] 예수의 사역을 제자들이 이어받고 있다는 인상을 준다. 이러한 배치는 '예수를 따름'이라는 주제로 더욱 부각된다. 우선 치유이적 단화(短話)들 사이에는 제자도(8:1, 10, 18-27; 9:9, 27)와 그에 필요한 믿음(8:10, 13; 9:2, 18-31)에 관한 이야기가 나온다. 또 8장의 논쟁에도 예수가 제자들을 부르는 단화들(8:18-22; 9:9-13)이 나타나고 있다.

다음으로 마태의 본문 구성을 보자. '말씀 자료'에서 전승된 파송의 말씀에는 서론이 없고[29] 마가의 본문에만 존재하는데(6:6b), 마태는

---

28. D. J. Weaver, *Matthew's Missionary Discourse: A literary Critical Analysis* (Sheffield: Univ. of Scheffield, 1990), 71-73. 비교, W. D. Davies & D. C. Allison, *The Gospel according to Matthew II*, ICC 1 (Edinburgh: T. & T. Clark, 1991), 143ff.; Donald Hagner, 『마태복음』 WBC 33상, 채천석 옮김 (서울: 솔로몬, 2009), 451-56.

29. 파송강화에 대한 전승사적 연구에 대해서는 R. Laufen, "Doppelüber-

이것을 자신의 요약 진술로 사용한다(9:35). 또 마가의 "목자 없는
양"(6:34)이라는 상징을 9장 36f.절에 삽입하여 예수가 이스라엘을 긍
휼히 여겨서 제자들을 파송한다고 이야기한다. 또 누가복음에는 예
수의 제자 파송이 두 번 나타나는데, 9장 1-6절은 마가복음 6장 7-13
절에서, 10장 1-16절은 '말씀 자료'에서 온 것이다. 마가복음과 누가
복음에서 예수께서 제자들을 선택하는 이야기는 파송강화와 분리되
어 있지만, 마태는 양자를 결합시켜 10장 1-4절에 배치한다. 여기에
마태는 자신만이 알고 있는 예수 말씀을 전수하여 기록하고 있다. 하
나는 파송을 이스라엘에만 제한하는 것이고(10:5f.), 다른 하나는 예수
자신이 행했던 선포와 치유의 사역을 제자들에게 그대로 위임하는
내용이다.

> 가면서 전파하여 말하되 천국이 가까이 왔다 하고 병든 자를 고치며
> 죽은 자를 살리며 나병환자를 깨끗하게 하며 귀신을 쫓아내되 너희
> 가 거저 받았으니 거저 주라(10:7f., 비교, 4:23f.; 9:35).

이와 같이 마태는 예수께서 자신의 사역과 권위를 열두 제자들
에게 위임하여 계승하도록 한다는 것을 분명히 인식하고 있다.[30] 마

---

lieferungen," 201, 204를 보라. Hagner, 『마태복음』, 459f.
30. 이 사실은 산상강화에서 파송강화에 이르는 내포적 예수 이야기에서 예수가
　　가진 가르침과 치유의 권위에 대한 묘사를 추적해보면 분명히 드러난다. 파
　　송강화에서는 우선 예수께서 다시 제자들을 부르시고, 치유의 권위를 그들
　　에게 위임하고 있다(10:1). 박정수, "δεῖν καὶ λύειν: 카리스마적 권세와 교회
　　적 권위," 『신약논단』 10/2 (2003), 263-84. 사실 예수가 제자들에게 권위를

태가 이러한 방식으로 제자담론을 구성하고 있다는 사실은 본문의
구조에서도 입증된다. 우선 마태는 도입부와 맺음말(9:37; 11:1)을 제외
하더라도, 서론과 중심, 그리고 끝에 "제자"라는 용어로 다시 한번
포괄 기법을 구사한다(μαθητής, 10:1, 24f., 42).[31] 특이한 것은 이 파송강화
후 제자들은 파송되지 않는다는 사실이다. 도리어 예수께서 제자들
을 가르치고 자신이 그곳을 떠난다(11:1). 또 파송이라 해도 마태는 누
가와는 달리 이스라엘로 제한한다(10:5f.). 그러므로 우리는 이른바 파
송강화를 파송 자체에 관한 교훈이라기보다는, 예수의 제자 됨을 이
야기하는 마태의 '제자담론'으로 보는 것이 옳다.

그래서 이 담론은 파송 자체보다도 제자들의 파송을 예수 자신
의 파송과 동일시하여 예수의 사명을 이어가는 것으로 본다는 사실
에 핵심이 있다.[32] 즉, 예수가 이스라엘로 보내졌듯이(10:5f., 23) 그들도
이스라엘로 파송된 것이다(15:24). 다만 이 파송장면에서 제자들은 이
스라엘로 파송되지만, 복음서의 마지막 장면에서는 "하늘과 땅의 모
든 권세"를 부여받아 이방인에게로 파송된다(28:16-20). 마태의 내포적

부여하였다는 것은 결코 마태복음에서 새롭게 다루어지는 주제는 아니다.
이미 Q(마 9:1/눅 10:1)와 마가(3:14bf.; 6:7, 13)에게서도 나타난다. Laufen,
"Doppelüberlieferungen," 203.

31. Luz, *Matthäus II*, 75f. 이 외에도 5절과 23절의 "이스라엘"이라는 키워드도
단락의 구분기준이 된다. 본문을 키아즘적 대칭 구조, 즉 5-15, 16-23, 24f.,
〈26-31〉, 32f., 34-39, 40-42절로 분석할 경우 26-31절이 중앙에 오기도 한다.
Davies & Allison, *Matthew*, 160-62. 하지만 이는 내용적인 측면이 강하고 루
츠와 같이 우선 형식적인 측면으로 나누는 것이 더 유용하다.

32. H. Frankemölle, *Jahwebund und Kirche Christi* (Münster: Aschendorff Verlag,
1973), 105-43; 261f.를 참고하라.

수사학으로 본다면, 이 장면 이후 "교회"의 가시적 출현(16:18; 18:18)으로 이방인에게 확대될 뿐 위임의 내용, 즉 선포와 치유는 변함이 없다. 요컨대, 제자란 예수가 세상에 파송된 것처럼 언제나 세상으로 파송되는 존재라는 뜻이다.

그래서 예수의 치유 사역(θεραπεύων πᾶσαν νόσον καὶ πᾶσαν μαλακίαν, 9:35)은 제자들의 모델이 되어 10장 1절에서 반복 표현되고, 예수의 선포(4:17)도 제자들의 선포(10:7)와 완전히 일치한다. 이러한 관점은 철저하게 마태가 제자 됨의 표지를 '예수 닮기'에 두고 있기 때문이다. 이 연관성을 상징하는 예수의 말씀이 본문 정중앙에 배치되어 있다.

제자가 그 선생보다, 또는 종이 그 상전보다 높지 못하나니 제자가 그 선생 같고 종이 그 상전 같으면 족하도다(10:24f.).

예수가 이스라엘 안에서 일으킨 사역을 제자들도 행하는 것이다. 예수를 모방함이 따름의 표지이자 제자로서의 삶이다. 그래서 제자들이 겪게될 경험도 근본적으로 예수와 동일할 수밖에 없다. 또 제자들을 영접하는 자들은 예수를 영접하는 자들이다(10:40). 그런가 하면 예수가 이스라엘에서 거절당하듯이 제자들도 이스라엘로 보내어져 거절당한다. 가난, 정처 없이 떠도는 삶, 생존의 위험에 그대로 노출되는 것은 물론(10:9-11), 여행을 위한 자금이나 필수 장비에 대한 본문의 묘사는 거의 아무런 대책 없이 모든 것을 하나님에게 의존한 상태를 보여준다. 이것 역시 산상수훈에서 제자들에게 요구된 보복 금지(5:38-42)나 하나님에 대한 절대적 신뢰(5:24-32)를 모방하고 있는 제자 됨의 표지다. 마태복음에서는 교회론이 기독론과 깊이 연관되는데, 그 이유는 바로 이렇게 표현할 수 있다.[33] 예수를 모방하고 따르는 제자의 삶이 제자 공동체를 참된 교회 되게 한다.

마태는 이렇게 교회가 어떤 존재이어야 하는가를 제자담론의 후반부(10:26-42)에서도 계속 이야기한다.[34] 교회는 예수의 형상을 닮는 존재다. 이것은 교회가 어떤 신비적인 그리스도의 몸이라는 것을 의미하지 않는다. 교회는 예수의 삶과 고난, 세상으로의 파송, 그리고 죽음을 향해 걸어감으로써 그의 형상을 구현하는 존재라는 말이다. 제자의 길에는 필연적으로 박해와 죽음의 위협이 따른다(10:17-19, 28-31, 38f.). 또 가족 내의 불화는 물론 박해를 받도록 넘겨짐까지도 감수해야 한다(10:21, 35-37).

여기서 이 후반부의 예수 말씀은 과거 역사적 예수 당시 "이스라엘 집의 잃어버린 양"을 찾아 떠나던 시기의 선교 규정도 아니고, 아직도 공동체에 남아있는 방랑선교사들의 삶의 방식(life-style)을 반영하는 회고록도 아니다. 그것은 언제나 세상 속으로 파송되어 자신의 사명을 감당함으로 예수의 제자가 되는 마태 공동체의 내포적 예수 이야기다. 마태의 독자들은 제자들을 파송하였던 역사적 예수 이야기에서 이방인에게 선교하고 있는 자신들을 비추는 사명의 위임을

---

33. H. J. Held, "Matthäus als Interpreter der Wungergeschichten," in G. Bornkamm, G. Barth and H. J. Held, *Überlieferung und Auslegung im Matthäusevangelium* (Neukirchen: Neukirchener Verlag, 1965), 159-181.

34. Luz, *Matthäus II*, 155.

진지하게 듣는다.[35] 독자들은 제자 됨의 본질과 표지를 과거 예수께
서 열두 제자들에게 위임했던 사명의 본질과 형태를 통해서 이해하
고, 동시에 모든 교회 공동체의 본질과 표지로 읽게 된다.

　이렇게 마태는 하나의 교의(敎義)로서 교회론을 말하지 않고, 무엇
이 교회 되는 본질이며 표지인가를 이야기하고 있다. 따라서 마태 공
동체의 교회론은 완성된 교리가 아니라, 예수가 세상으로 파송한 제
자들의 경험으로부터 교회가 무엇이어야 하는가를 진지하게 고민하
는 '제자담론'이라 하겠다.

4) '제자담론'과 교회의 기원

　마태는 "열두 제자들"(δώδεκα μαθηταί, 10:1 = 11:1)과 "열두 사도들"(δώδεκα
ἀπόστολοι, 10:2)을 굳이 구분하지 않는다. "열둘"은 교회의 역사적 기원
을 간직하는 상징적 숫자이다. 예수는 "열둘"을 불러 이스라엘의 대
표성을 부여하려 했다(마 19:28 공관병행).[36] 또 10장 2절에 나오는 사도들
의 명단을 자세히 보면, "첫째는 베드로라고 부르는 시몬"(πρῶτος Σίμων
ὁ λεγόμενος Πέτρος)이라는 표현이 나온다. 마태복음은 베드로를 열두 제

---

35. 마태 공동체에 관한 간략한 스케치는 다음과 같다. 그들은 유대교 내부의 공
　　동체로 존속하면서, 이스라엘에서 하나님 나라를 선포했고, 예수의 이름으
　　로 치유를 행했다. 그러나 그들은 이스라엘에서 거절을 당했고 박해를 받았
　　다(5:11f., 10:23, 23:34). 부활 사건 이후 그들은 시리아 북쪽, 이방인의 땅의
　　이주하며 선교에 나서고 있었다. 그러므로 마태 공동체의 예수 이야기에는
　　부활하신 주와 함께했던 그들 자신의 경험이 투영되어 있다. Luz, 『마태 공동
　　체의 예수 이야기』, 33-37.
36. 박정수, "권위구조의 변화," 129ff.; Luz, *Matthäus II*, 467-71을 참고하라.

자의 대표로 자주 등장시킨다(15:15; 16:16-20; 17:1-4, 24-27; 18:21f.; 19:27f.; 26:33f., 75 등). 예수를 하나님의 아들로 고백하는 베드로의 이야기(16:16-20)는 단지 그의 고백이 아니라 제자 공동체의 고백으로 인정된다 (16:13, 15, 20, 공관비교). 하지만 마태복음에서는 독특하게 예수께서 "너는 베드로다. 나는 이 반석 위에(ἐπὶ ταύτῃ τῇ πέτρᾳ) 내 교회(μου τὴν ἐκκλησίαν)를 세우겠다"(16:18, 저자 사역)고 선언하고 있다. 또 베드로를 통한 사도직 승계 개념을 여기서 말할 수는 없다.[37] 교회는 베드로의 고백도 아니고 베드로라는 한 인물도 아니라, 그를 통하여 대변되는 열두 제자들 위에 세워진 역사적 실체이기 때문이다.[38]

그렇다고 이 교회가 어떤 인물들의 카리스마적 권위에 기원을 두고 있는 것은 아니다. 사실 제자담론에서 제자도는 말할 수 있으나, 교회가 사도적 기원을 갖거나 카리스마적 권위에 기초한다고 말할 수 없다. 권위는 '열두 사도들'이 아니라 오히려 "열두 제자들"에게 이양된 것으로 나타난다(10:1). 마태가 주장하는 교회의 정당성은 "열둘" 혹은 사도적 카리스마에 있지 않고, 교회가 예수의 삶을 따르는가에 달려있다. 마태 공동체가 사도적 권위를 갖는 인물들과 근원적 일치를 추구하는 것은 바로 그런 의미에서다. 예수를 따르는 것에서 열두 제자들이 위임받은 사명의 본질과 표지에 일치하게 될 때만 공동체는 교회가 된다. 열두 사도들과 같이 정처 없이 떠도는 카리스마적 방랑 선교사들(10:5f. 9-14, 23, 40)과 정착하는 공동체(10:41f.)에게 위

---

37. 박정수, "권위구조의 변화," 132f.

38. Luz, *Matthäus II*, 450-62, 471-83.

임된 사명도 근본적으로 구분되지 않는다.[39] 다만 마태 공동체에서 모든 것을 버리고 예수를 따르는 사도적 삶의 형태(19:21)는 공동체의 모든 그리스도인이 추구할 이상적인 "완전함"(τέλειος, 비교, 5:48)으로 이 해된다.[40]

그런가 하면 마태의 제자담론에 의하면 교회 됨은 예수의 자비와 은혜, 선택하심, 권위 이양으로 거슬러 올라간다. 제자들의 파송은 백성들을 긍휼히 여기는 예수의 자비로부터 시작되고(9:36), 제자들이 기도함으로써 파송이 실현된다(9:38). 예수께서는 제자들을 선택하고 그들에게 능력과 권위를 부여함으로써 비로소 그들은 사명을 실행할 수 있게 된다(10:1). 그러므로 교회는 예수의 긍휼과 하나님의 은혜로부터, 그리고 역사적으로는 열두 제자들을 통해서 시작되었다고 할 수 있다.

비록 지역 공동체로서 교회가 현실적으로 '세 단계의 증인규정'(18:15-17)과 같은 다양한 제도가 불가피할지라도, 교회는 그런 제도 이상의 역사적 기원을 갖는다. "두 사람이" 일치되어 기도할 때, 그리고 "두세 사람이" 예수의 이름으로 모여 그리스도의 몸을 이룰 때 그리스도가 임재한다(18:19-20).[41] 교회의 일치는 단지 민주적인 절차와 방법에만 기초하는 것이 아니라, 인격적으로 그리스도의 몸을 이루어 예수의 위임을 행함으로 완성된다.

---

39. E. Schweizer, 『마태오복음』, 국제성서주석 27, 번역실 옮김 (서울: 한국신학연구소, 1992), 250.

40. Luz, *Matthäus II*, 154f.

41. 박정수, "권위구조의 변화," 134ff.를 보라.

그러므로 교회란 규정과 제도로 표현되는 외적인 형태를 소유함
으로써 교회되는 것이 아니라, 예수가 위임한 하나님의 뜻을 행하고
예수를 따름으로써 교회가 된다. 그런 의미에서 "교회는 존재하는
것이 아니라 되는 것이다."[42] 역사적으로 형성된 제도로서의 교회는
예수를 따르는 제자담론에 의해 언제나 새로워질 수 있어야 한다.

3. 역사 속의 제자직

마태의 제자담론에서 우리는 사도직을 직접적으로 말할 수는 없
다. 하지만 교회의 기원을 말함으로써 간접적으로 그것을 말할 수는
있다. 제도로서의 교회가 간직하고 있는 사도직은 제자도의 에토스
와 분리될 수 없다. '사도적'이라는 말의 가장 일반적인 의미는 "그리
스도의 사도들과 관계를 맺는 것"이다.[43] 신약에서 "사도"란 이중적
인 의미, 즉 부활하신 주님의 증인이요 주님으로부터 선포를 위임받
은 자다(행 1:22). 사도들은 교회의 '으뜸가는 자들'이요(고전 12:28; 엡 4:11),
교회는 첫 사도들의 증언과 봉사 위에 자리잡고 있다. 그런 의미에서
교회는 사도적이다.

그런데 사도들에게서 기원하고 있는 '사도직'이란 열두 사도에
게 제한되거나 사도 시대에만 한정되지 않고, 역사 속에서 개방되어

---

42. Luz, *Studies*, 163.
43.   Küng, 『교회』, 493f.

항시 존재한다.[44] 프로테스탄티즘은 '사도직 승계'란 개념을 수용하지 않는다. 왜냐하면 사도의 후계자는 특정한 사람들이 아니라 전(全) 교회이기 때문이다.[45] 이렇게 되면 교회를 벗어난 사도직, 사도성은 있을 수 없다. 반면, 교회 역시 사도적 증언과 파송, 봉사에 있어서 지속적인 일치를 보존할 때만 사도적 교회가 될 수 있다.

더 나아가서 교회의 직제, 특히 목회자와 목사직이 역사 속에서 어떻게 실행되었는지를 다루어보자. 제2차 바티칸 공의회 문헌은 "하나님의 백성의 소명"이라는 개념 안에 "일반 사역직"(세례받은 모든 사람들의 사역)과 "특수 사역직"(안수례받은 사역)을 포함시키고 있다.[46] "일반 사역직"에는 설교와 세례, 성만찬 집례, 교회의 치리나 권징의 직책이나 교회의 감독직이 포함되어 있지 않다. 이것들은 "특수 사역직"에 해당하는데, "사도들에게서 기원하고 그러한 사역들을 통하여 하나님 백성 전체의 신앙과 삶과 증거에서 교제를 강하게 만든다."[47]

그러므로 "특수 사역직"에 속하는 목사라는 직제의 뿌리 역시 사도적 성격을 가지고 있다. 신약성서에서 "장로"(πρεσβυτέρος)와 "감독"(ἐπίσκοπος), "목사"(ποιμήν)는 교회의 동일한 직책이라고 보는 것이 중론

---

44. F. von Campenhausen, *Kirchliches Amt und Geistliche Vollmacht in den ersten drei Jahrhunderten* (Tübingen: Mohr Siebeck, 1953), 13f. 22. 29.

45. Küng, 『교회』, 508f.

46. 이형기, "로마가톨릭교회와 동방정교회의 직제론," 바른교회 아카데미 편집, 『교회 직제론』 (서울: 예영커뮤니케이션, 2012), 78-112 (82).

47. 이형기, 송인설 편역, "로마가톨릭교회와 동방정교회의 직제론,"『교회의 본질과 선교』, 신앙과 직제문서 198, 한국기독교교회협의회 신앙과 직제 위원회 편집 (서울: 한국기독교교회협의회, 2009), III. E. 86, 88, 102 (재인용).

이다.[48] 기원후 66년 예루살렘 성전이 무너지면서 서서히 유대교 내부에서 독립적인 경전과 제의를 추구하던 기독교공동체는, 132-35년 바르 코흐바 항전을 통해 유대인들이 예루살렘에서 완전히 축출되면서 회당으로부터 완전히 분리되었다. 이 과정에서 교회는 자신의 독자적인 직제를 가지게 되었다. 이 시기에 장로 체제와 함께 '하나의' 감독직에 대한 요구가 강력히 제기되었다. 그래서 공동체의 장로들과 "집사들"(διακονοί)은 물론 더 넓은 지역의 "감독자들"이 등장하였다. 예컨대, 안디옥의 이그나티우스의 "삼중직"(감독-장로단-집사단)은 여기에 토대를 두고 있었다. 바울을 중심으로 역동적 카리스마를 제도 안에서 수용한 공동체에서는 점차 사도들과 예언자들, 교사들이 권위주의화되어 가는 현상이 일어나게 되었는데, 이로 인해 교회 내에 유급 성직자 제도가 생기게 되었다. 이것은 이미 2-3세기부터 무소유와 독신 추구의 금욕주의적인 성격을 갖던 사도직의 현실적인 대안이기도 하지만, 동시에 하나의 타협이었다고 보아야 한다. 결국 교회는 기원후 250년경에 군주제 감독직을 확립하고 이단에 대처해야 했다. 이것이 중세의 교황 제도로 가는 첫 걸음이었다.[49]

동방 정교회의 경우, '첫 교부' 격인 오리게네스는 이그나티우스의 "삼중직"을 유지하되, 베드로의 수위권(首位權)이나 승계권(承繼權)

---

48. 논란은 있지만 디도서 1:5-9에 의하면 '장로'와 '감독'은 동의어이다. 이에 대해서는 조석민, "신약성서의 장로직분," 바른교회 아카데미 편집, 『교회 직제론』, 9-26.
49. 이에 대해서는 Adolf M. Ritter, 『고대 그리스도교의 역사』, 조병하 역 (서울: 기독교문사, 2010), 45f. 조병하, "초대교회의 교회직제 발전에 대한 연구," 바른교회 아카데미 편집, 『교회 직제론』, 26-39(28, 38).

과 같은 독점적 권위를 인정하지 않고, 성도들의 제사장직을 주장하였다. 베드로는 단지 이들과 "동등한 자들 가운데 으뜸"(primus inter pares)일 뿐이라는 것이다.[50] 따라서 베드로와 연계된 교황은 "로마의 감독"으로서 (동방정교회의) 지역별 독립교회의 "총대주교들"과 동등하지만 기능과 영예에 있어서만 우월할 뿐이라고 생각했다. 하지만 오리게네스는 회중과 구별되는 "사제"과 "감독", "목사"라는 개념을 여전히 사용하며 지역적인 교회의 위계적인 질서를 인정하고 있었다.[51] 여기서 중요한 것은 세계교회협의회가 로마 가톨릭교회와 동방 정교회에서 분화된 직제를 "역사 속의 교회"라는 항목에서 언급하고 있다는 사실이다.[52] 이것은 직제가 결코 교회의 초역사적인 본질에 관한 문제가 아니라, 역사적인 형성에 관한 문제라는 것을 암시한다. 교회의 본질은 영구불변하는 것이 아니라, 역사 속에서 자신의 형태를 구현함으로 실현되는 것이라는 한스 큉의 주장은 이러한 현실에 근거한다.

그렇다면 교회 공동체에서 목회자란 누구일까?[53] 목회자는 성도 가운데 하나이지만 분명히 구별된 권위를 갖는다. 교회에서 자유롭게 봉사하는 이들이 단지 공동체의 인정을 받는 것이라면, 목회자는 특별한 파송에 의해 권위를 갖기 때문이다. 그러므로 말씀과 세례, 죄의 용서, 성만찬은 전(全) 교회에 위임된 것이지만 이 사역에 있어

---

50. 이형기, 송인설, "로마가톨릭교회와 동방정교회의 직제론," 95.

51. 이형기, 송인설, "로마가톨릭교회와 동방정교회의 직제론," 95을 참고하라.

52. 이형기, 송인설, "로마가톨릭교회와 동방정교회의 직제론," 106f.

53. 박정수, "권위의 성서적 기원," 『복음과 상황』 2009년 9월호.

"공동체는 공적인 목회로 부름 받은 사람들의 봉사를 요청하고 있는 것이다." 여기서 안수란 바로 공동체를 위한 공적인 봉사로 파송하는 특별한 위임을 의미한다. 그것은 교회의 머리이신 그리스도가 위임한 목회적 사명에 기초한 공적인 파송이다. 그러므로 우선 목회자에게 부여된 사도적 직무는 공동체가 목회자에게 위임함으로써 성립하는 것은 아니라, 목회자를 위임하여 세운 주님에게 기원한다는 것을 말해두어야 하겠다.[54]

> 그분이 어떤 사람은 사도로, 어떤 사람은 예언자로, 어떤 사람은 복음 전도자로, 또 어떤 사람은 목사(τοὶς ποιμένας)와 교사로 삼으셨습니다. 그것은 성도들을 준비시켜서 봉사의 일을 하게하고 그리스도의 몸을 세우게 하려고 하는 것입니다(엡 4:11-12, 새번역).

그렇다고 목회자가 안수를 받으면 자동적으로 사도적 직무가 계승된다는 말은 아니다. 이를테면, 교회의 '기초석'인 베드로에게 내린 "내 양을 먹이라"(요 21:15-18)는 위임은 그의 내적 소명과 깊이 연관되어 있는데, 이것은 예수가 부르시고 함께했던 베드로의 경험이 내면화된 형태로서, 이런 의미에서 일종의 카리스마(은사)적 성격을 갖는다. 이 소명이 그에게 사도적 권위를 부여하지만, 동시에 이 권위는 오직 자신에게 주어진 사명에 복종할 때만 실현될 수 있는 권위다. 그러므로 오늘날 개개의 목회자들에게 있어서도 그들의 소명은

---

54. Campenhausen, *Kirchliches Amt*, 41-49.

훈련을 거치고 공동체의 검증을 받아야 하며, 동시에 공동체는 목회
자의 특별한 파송 자체가 사도적 근원을 갖게 됨을 인정하고 받아들
여야 한다.[55] 결국, 목회자 혹은 목사라는 직제의 본질은 외적인 삶의
형태에 있는 것이 아니라, 그리스도를 따르는 제자의 소명과 사도적
직무를 수행함에 있다.

4. 과제와 전망

나는 교회론과 목사직의 위기에서 논의를 시작했다. 마태의 '제
자담론'으로부터 우리는 '교회의 교회 됨'을 말할 수 있었다. 이런 의
미의 역동적 교회 담론은 한국 교회의 위기상황을 극복하는 과정에
서 의미 있는 통찰력을 줄 수 있을 것이다. 왜냐하면 마태는 완성된
교회론을 가지고 있지 않았기 때문이다. 그래서 마태 공동체의 예수
이야기는 오늘 우리를 독자와 청중(聽衆)으로 끌어들인다. 2000년 교
회사에서 상대적으로 오래되지 않은 '젊은' 한국 교회 역시 지금 어
떤 교회가 될 것인가라는 기로에서 마태복음을 읽고 있는 '내포적 독
자'가 될 수 있다.

한국 교회 담론은 목사직이나 신학적 교회론에서가 아니라, 예수
의 위임을 따랐던 한국 교회 이야기를 제자 공동체의 이야기와 결부
시키는 '내포적 이야기'에서부터 시작해야 한다. 여기서 한국 교회

---

55. Küng, 『교회』, 626-28.

이야기는 독자가 새로운 담론을 주체적으로 펼쳐갈 수 있는 매체요 동력이 된다.

오늘날 급속히 확산되고 있는 스토리텔링 문화에서 사람들은 더이상 청중으로만 남아있지 않고, 주인공 배우로 등장하여 자기 이야기를 한다. 스토리텔링이란 본질적으로 '사실을, 감정을 담아 이야기로 표현해내는 방식'이라 하겠다. 인터넷상에서 사람들은 웹카메라, 스마트폰을 통해 주로 자신의 이야기로 끊임없는 스토리텔링을 한다. 여기서 이른바 '연극적 자아'가 형성되어 허구가 개입될 수밖에 없다. 이렇다 보니 스토리텔링 문화에서 가장 빛을 발하는 것은 스토리텔러의 진실성이다. 허구를 표현하더라도 스토리 자체의 진실성이 사람들의 감동과 공감을 이끌어내는 가장 중요한 요소가 된다.[56]

교회는 함께 모여 예수 이야기를 읽으면서 성령의 감동이 일어나, 독자들이 끊임없이 자신의 이야기와 예수의 이야기를 동일시하는 스토리텔링 공동체가 되어야 한다. 설교란 바로 그런 의미의 이야기의 전달이라고도 할 수 있는데, 예수 이야기를 읽고 해석하여 권면과 교의를 생산하는 것에만 집중하다보면 성령의 감동이 제한적으로 전달될 수밖에 없다. 하지만 예수 이야기와 교회 이야기, 또 예수를 따랐던 선배들과 우리들의 이야기를 진실성 있게 결부시킬 때 감동의 파도가 일어난다. 그래서 설교보다 간증이 더 영향력이 클 수있다. 체험적이고 공감을 불러일으키기 때문이다. 초기 기독교회는

---

56. 이문식은 스토리텔링 문화의 본질을 인격과 감정으로 파악하고, 스토리텔러의 진실성이 가장 중요한 감동의 요인이라고 인식한다. 이문식, 『이문식의 문화 읽기』 (서울: 두란노, 2011), 148f.

바로 이 체험적 이야기로 설교를 했기 때문에 영향력이 컸다. 거기서 설교는 그야말로 예수에 대한 제자들의 스토리텔링이었다. 제자들은 표정과 눈동자로 감정과 감동을 전달한다. 교인들은 함께 탄식하고 기뻐하고 회개한다. 그래서 변화되고, 새로운 세상에 대한 꿈과 희망을 나눈다. 그 희망으로 살다가 실패하면 실패한 대로 승리하면 승리한 대로 눈물과 기쁨을 함께한다. 그리스도를 따르면서 승리하기도 하고 실패하기도 하면서 드러나는 그리스도인의 진실성, 이것이 감동의 파도를 일으키고 교회를 교회 되게 할 것이다.

마지막으로 오늘 우리가 처한 교회론적 위기는 목사, 목회자로 부름받은 사람들의 내적인 소명을 길러내는 신학대학(원)이 제 기능을 상실하고 있는 현실에서 나온다는 사실을 인식하는 것이 필요하다. 나 자신이 신학교사로서 지금 이 현실에 깊이 연루되어 있기에 책임감은 물론, 죄책감까지도 느끼고 있다. 여기서 몇 가지 설익은 대안이나마 제안하고 싶다. 우선, 목사 양성 첫 단계에서 지역 교회의 신학생 파송제를 정착시켜야 할 필요성이 있다. 이미 이 제도는 형식적으로는 교회와 총회의 인준을 거치고 있지만, 좀 더 현실적이고 실제적으로 가동시켜야 한다. 이를테면, 교회 공동체에서 신학생의 소명을 확인하고 이것이 인정되면, 마치 장로와 안수집사 등을 피택하여 세우듯이 일정한 절차와 과정을 거쳐, 교인 수에 따라 제한된 수를 신학대학(원)에 파송하고 공동체가 비용을 부담하여 길러내는 규정을 마련하여 시행하자는 것이다.

이렇게 되면 신학대학(원)의 정원 축소가 불가피하게 될 것이지만, 어차피 지원자 수가 감소하고 있기에 선택의 여지가 없을 것이다. 순리에 따라 줄여나가지 않으면 안 된다. 이렇게 되면, 특히 현재 기독교대학이나 신학대학(원)들 내에서 기존의 신학 교수들의 이직 현상이 심화될 것이다. 그러므로 교단에 소속된 일부 신학대학의 신학부는 물론 기독교 대학의 신학전공의 교수들은 교양과정이나 교목사역 등으로 자기 임무를 이전하여 수행하도록 준비해야 할 것이다. 현재 인문학이 중시되는 바, 신학 박사학위를 받은 많은 인력들은 현대 사회와 소통하도록 스스로 성서와 신학을 적극적으로 사용하여 자신의 역량을 펼쳐나갈 수 있어야 한다.

  하지만 이렇게 소극적인 대책만으로 문제를 해결할 수 없다. 본질적으로 목사의 계속 교육을 위해 수준 높고 내실 있는 신학교육을 지속해야 한다. 학부는 풍부한 인문학과 언어교육으로, 신학대학원은 교수들이 학제간 연구 발표와 포럼형 수업 방식을 통해 과제 해결형 교육방식을 취해야 할 것 같다. 신학대학원 목회학석사 과정 (M.Div.) 이후 다양하고 더 높은 단계의 신학 교육과정도 현재와 같이 학위취득을 위한 과정으로 변질되어서는 안 되겠다. 지식 사회를 더 전문적으로 파악하고 리드할 수 있는 지적 훈련을 담당할 수 있게 해야 하겠다. 목사의 신학적 훈련과 함께 영성훈련 또한 매우 중요하다. 청빈과 금욕훈련에 대한 다각적인 방안이 모색되어야 하고, 목회 형태와 신학 교육의 혁신적인 모델이 교단과 신학대학(원) 연구위원회를 통해서 제시되어야 하겠다.[57]

---

57. 이문장, "21C 신학교육과 한국 교회의 역할", 『성결신학연구소 학술대회 자

료집』(2012. 10), 42-49. 이에 대하여는 한국신학교육연구원·전국신학대학
협의회,『신학교육 그 패러다임의 전환: 지식교육에서 영성 함양으로』, 한국
신학논총 9집 (서울: 한들출판사, 2010)을 참고하라.

제8장
교회의 윤리적 소명

1. 권위주의적 교회와 공동체로서의 교회

교회론의 위기 그 정점에 있는 목사직의 와해의 문제는 역설적이게도 지난 70여 년간 한국의 권위주의적 교회가 낳은 부산물이라고 할 수도 있다. 교회의 권위는 우리의 신앙과 삶에 깊은 영향을 준다. 교회는 민주적 제도를 넘어서 성령의 소통과 친교를 통한 유기체이다. 그러나 오늘의 한국 교회는 공동체적 존재 방식을 잃고, 인간의 주도권에 의해 그리스도의 주 되심이 제약을 받고 있다. 그 주도권이 담임 목사이든, 교회의 당회이든 마찬가지이다.

이것은 현재 한국 교회의 구조, 특히 교회의 권위주의적 직제와 연관되어 있다. 주지하듯이 한국 교회는 2000년 이후 그 독특한 구조로 인해 나타나는 현상으로 몸살을 앓아 왔다. 현상적으로 보면 그것은 담임목사직 세습과 같은 대형 교회의 문제로 표출되었으나, 본질적으로는 단지 대형 교회의 문제만이 아니라 한국 교회의 형태를 만든 신앙 스타일 자체에 관한 문제로 볼 수 있다. 이러한 현상은 그 것을 어떤 관점에서 보느냐에 따라 다르겠지만, 나는 그 현상의 배후에 한국 교회의 권위주의적 구조의 변동과 해체 과정이 자리하고 있다고 본다. 70년대 한국의 경이적인 경제발전과 함께 개척자들은 교회 성장의 주역으로서 주의 몸된 공동체를 개척했다. 교회의 구조는 물론, 예배와 목회 그리고 교회 공동체의 일상(日常)까지도 개척자의 '카리스마'에 의존하는 형태가 이루어지게 된다. 교인들의 신앙은 카리스마적 '인물'의 설교를 통해 형성됐다. 성서의 본문보다는 개척자 개인의 삶의 에토스가 공동체 구성원의 삶에 깊은 영향을 주는 경향이 많았다. 이렇게 한 인물의 카리스마에 집중된 공동체는 '카리스마적' 권위주의 교회를 형성시켰다. 그리고 개척자의 영향력이 교체되는 시기에 나타난 리더십의 세습은 교회의 '사유화'로 비난받았다. 이러한 문제는 궁극적으로 목회자의 사도적 기원과 프로테스탄티즘 교회 형태의 기원에 관한 물음까지 야기하게 되었다.

지역교회로서의 신앙 공동체의 리더십은 어떤 한 '인물'에 의해서가 아니라, 그리스도의 몸의 본질과 같이 공동체적으로 발휘되어야 한다. 그러한 교회의 리더십은 한마디로 인물 중심의 직제가 아니라, 은사 중심의 공동체적 교회론에서 나온다. 여기서 중요한 것은 목회라는 직임(職任)과 공동체의 관계일 것이다. 사실 공동체는 목회로부터 유래하는 것이 아니며, 목회가 공동체로부터 유래하는 것도 아니다. 후자라면 교회를 단지 협회나 단체의 수준으로 격하시킬 수밖에 없다. 우리는 "목회와 공동체는 하나의 통일체이면서도 구분되

어야 한다"는[1] 것을 깨달아야 한다. 에베소서 4장 11-12절처럼 목회자
의 권위가 공동체, 특별히 교사들과 예언자들, 혹은 복음전도자들의
도움을 받아야 하는 것은 자명하다. 물론 사도 시대에도 목회적 권위
는 거의 교회의 권위를 지배했고, 사도적 권위와 동일시되었다. 그러
나 이것은 결국 예언적 영에 의존한 운동이었던 초기 기독교를 다시
금 유대교의 '제사장적 권위'로 돌아가게 했다. 고대의 사막 교부들
이나 중세의 수도원 운동들은 그렇게 제도화되어 갔던 초기 기독교
의 영성과 지성을 새롭게 하는 샘물과도 같은 운동들이었다.

　우리는 목회자의 권위가 교회의 모든 권위를 대변할 수는 없다
는 것을 기억해야 한다. 공동체에서 목회자의 권위와 함께 교사나 예
언자 혹은 복음 전도자의 권위도 존재하고 수용되어야 한다. 목회자
의 리더십이 그리스도의 몸을 설립하고 관리하는 의미에서 사도적
권위로 인정되어야 하지만, 그 몸에 생기와 지식을 공급하는 다양한
권위들을 교회 공동체의 은사들로 포용하지 않는다면 교회는 조직
이고 목회는 경영적 리더십에 의존하는 것과 다를 바 없을 것이다.

　오늘날 한국 교회에는 신학자들은 물론 많은 전문인 평신도 그
룹이 존재한다. 공동체를 풍요롭게 하는 그들의 은사들이 단지 장로
나 집사, 혹은 권사라는 교회의 직제로 고착되어 도리어 메말라 가는
것은 아닐까? 혹독하게 말하자면, 그런 직제는 공동체를 유지하기
위한 '임직식'으로—기독교에서는 존재하지도 않는—이른바 '성전'을
완공하여 바치는 '입당식'으로 직제를 남용하고 있다. 오죽하면 호칭

1.　Hans Küng, 『교회』, 정지련 옮김 (서울: 한들, 2007), 626.

으로만 부르는 직제까지 나와야 했을까?

교회사에서 루터나 칼빈과 같은 '신학 교사들'이 없었다면 오늘날의 프로테스탄티즘과 개신교회는 존재할 수 없었을 것이다. 오늘의 신학자들은 교회의 사회적 소명과 존재 이유를 밝히 드러내는 몫을 제대로 감당하고 있는 것일까? 목회자 양성의 질적/양적 통제의 실패 책임에서 자유로울 수 있을까? 또 이 사회에 기여하고 있는 수많은 그리스도인 전문가들이 존재한다. 그들은 오늘날 세계에서 전문인으로서 평신도 제사장직을 감당하는 일종의 '예언자들'이라고 생각된다. 교회는 전문화된 평신도들이 자신들의 신앙과 삶으로 이 사회와 끊임없이 소통하며 한편으로는 사회에 영향을 주고, 다른 한편으로는 교회를 새롭게 할 사명을 온전히 감당하도록 하여야 할 것이다. 그런 의미에서 오늘날 '교계'가 아닌 '기독 사회'(christian society)의 활성화는 의미심장한 흐름이 아닐까 생각한다. 한국 교회는 이러한 '교사들'과 '예언자들'을 창조적인 에너지로 승화시킬 수 있는 공동체적 구조를 형성해야 할 것이다.

2. 공적(公的)인 복음에 합당한 시민생활[2]

나는 위에서 한국 교회의 권위주의적 경향으로 인한 교회의 '사사화'(私私化)를 지적했다. 교회는 공동체적 본질로 거듭나라는 거룩

---

2. 박정수, "공적(公的)인 복음에 합당한 시민생활," KPI 칼럼 게재일 2011.04.01.

한 주님의 부름, 그리고 한국 사회에서 하나님 나라의 복음을 선포하
도록 부르시는 '사회선교적' 소명을 들어야 하겠다. 나는 이제 우리
가 속한 시민 사회에 대한 성찰과 한국교회의 공적인 소명을 바울의
선교 상황에서 일어난 한 사건을 들어 말하고자 한다.

1) 시민 사회와 공적 신앙

우리는 시민 사회에 살고 있다. 시민 사회는 시민의 자유로운 참
여와 결속, 토론과 합의가 일어나는 공간이다. 정치로 대표되는 공적
영역과 시장으로 대표되는 사적 영역이 있다면, 이 양자에 속하지 않
은 제3의 영역이 있는데, 이것을 시민 사회라 한다. 그리스도인 각자
는 하나님 나라의 백성이며 동시에 시민 사회의 일원이다. 그렇기 때
문에 시민 사회를 살아가는 그리스도인에게 복음의 가치와 시민 사
회의 가치가 때로는 충돌되고 때로는 조화도 되겠지만, 이러한 과정
자체가 의미 있다고 볼 수 있다. 왜냐하면 복음은 본질적으로 초월적
인 능력을 통해서 역사하지만, 사회적인 가치와 상호작용함으로써
소통되기 때문이다. 기독교의 핵심 가치로는 사랑과 정의, 평화와 같
은 것을 들 수 있겠다. 그런데 이들 가치는 근본적으로는 공적인 가
치로 보아야 하지, 한 개인의 영역에서 향유되는 사적인 가치로 축소
될 수 없다. 최근 들어 이른바 '공공신학'(public theology)이 화두가 되고
있는 것도 이러한 문맥에 기초를 두고 있다. 데이비드 웰스(David F.
Wells)는 오늘의 기독교 신앙의 특성을 이렇게 비판한다.[3]

---

3.   David F. Wells, 『신학실종』, 김재영 옮김 (서울: 부흥과개혁사, 2010), 274

자아의 모태에서 잉태된 기독교 신앙은 역사상의 기독교 신앙과 너무 다르다. ··· 자아가 기독교 신앙의 의미를 제한할 때, 선과 악은 행복감이나 불행감으로 전락하며, 세상에서의 하나님의 위치는 사적인 의식 영역으로 전락하며, 역사 속에서 행하신 하나님의 구원 행위는 개인 구원의 체험에 맞추어지고, 세상 안에서의 하나님의 섭리는 좋은 하루를 보내기 위해 필요한 것으로 축소되며, 하나님의 말씀은 직관으로 대체되고, 확신은 미미한 의견으로 사라져 버린다. ··· 세계는 개인적 성화의 범위 안으로 축소되며, 신앙 공동체는 개인적인 주변 친구들로 줄어든다.

요컨대, 기독교 신앙은 분명히 공적(公的) 성격을 가지고 있다는 것인데, 이는 기독교의 근간이 되는 복음적 가치들이 공공성을 가지고 있기 때문이라 하겠다. 공공신학의 기초가 될 수 있는 성서의 말씀을 들라면, 나는 빌립보서 1장 27절 "오직 너희는 그리스도의 복음에 합당하게 생활하라"를 들겠다. 여기서 "생활하라"는 단어 '폴리튜에인'(πολιτεύειν)은 도시 국가를 의미하는 '폴리스'(πόλις)에서 나온 동사로서, 당시의 문화적 문맥에 맞게 번역하자면 '폴리스의 시민으로 살라'는 말이겠다. 그런데 다른 한편, 바울은 빌립보서 3장 20절에서 "우리의 시민권은 하늘에 있다"고 말함으로써 이 "땅의 일"과 일정한 거리를 두려고 하는 것 같아 보인다. 하지만 바로 앞의 구절에서 끊임없이 이 세상적인 가치로 행하는 사람들의 "영광은 그들의 부끄러움에 있다"(빌 3:19)고 비판한다. 그러므로 하늘의 시민이라는 표현은 초월적인 신앙의 기준에서 이 세상적인 행동을 비판하려는 적극적인 언급이라고 보아야 한다. 그렇다면 폴리스의 시민으로 사는 것과 하나님 나라의 시민으로 사는 것은 대립되는 것이 아니라, 당시 도시 사회에서 초월적 가치를 따라 살아가라는 그리스도인의 삶의 원칙을 선언한 것이라 하겠다. 그러므로 이는 하나님 나라의 공적인 "복음에 합당한 시민 생활을 하라"는 대강령이라 할 수 있다.

2) 사도 바울의 공적(公的) 신앙

그렇다면 구체적으로 어떻게 살아가라는 말인가? 빌립보서는 주로 신앙 공동체 내부의 삶을 반영하고 있지만, 로마 사회에서 생긴 갈등이라든가 법적인 문제 등에 대해서는 직접적으로 언급하고 있지 않다. 그러나 사도행전 16장 16-40절에서는 바울 일행이 빌립보에서 복음을 전하면서 도시 당국자들이나 시민들과 겪는 갈등과 법적인 문제를 재미있게 다루고 있다. 우선 바울은 그곳에서 복음을 전하다가 어린 무녀(巫女)와 계속 마주치게 된다. 사실 이 무녀는 델피에서 아폴로의 신탁을 전해서 운명을 점쳐 예언해주고 생계를 이어고 있었을 것이다. 바울은 그 아이에게 영적인 능력을 행하게 된다.

그런데 바울은 그 일을 마지못해 하고 있는 것처럼 보인다. 왜 그랬을까? 바울은 이 일로 말썽이 일어날 것을 예상한 것 같다. 왜냐하면 이 무녀는 주인에게 예속되어 훌륭한 돈벌이 수단이 되고 있었기 때문이다. 그러니 만일 무녀가 예수의 영을 받아 늘 하던 예언을 멈추게 되면 주인이 손해를 볼 것은 자명했다. 사태는 이런 예상 그대로 되었고, 결국 이 주인은 바울 일행을 그 도시의 광장 '아고라(ἀγορά,

행 16:19, "장터": 오늘날 시청 앞 광장과 같은 공공장소)로 데려가, 로마의 '에토스 (ἔθος), 즉 "풍속"과는 다른 것을 유포한다고 무리들을 선동하여 폭행을 하고 투옥까지 한다.

이 과정에서 우리는 빌립보의 여론에 미묘한 변화가 일어나고 있음을 추론해볼 수 있다. 아마도 여론은 무녀를 이용하여 돈벌이를 했던 주인보다는 이권을 생각하지 않고 그녀에게 영적인 능력을 행한 바울 일행에게로 기울어졌을 것이다. 왜냐하면 주인은 재판도 없이, 관리들을 매수해 바울 일행을 감옥에 집어넣었고 이미 폭행까지 사주했는데, 이는 명백한 불법이었기 때문이다. 바울이 재판 없이 투옥된 것에 대하여 이의를 제기하자, 관리들은 슬그머니 무마시킬 목적으로 바울을 석방하고 그곳을 떠나게 하려했다. 바울 일행이 로마 시민이라는 말에 관원들은 슬그머니 그들을 놓아주려고 했던 것이다. 그런데 이렇게 여론의 변화를 이끌어 내는데 큰 몫을 한 것은 바울 일행의 행동이었을 것이다. 바울의 태도와 처세는 참으로 공적이었고, 자신이 전하고 있는 복음의 가치에 충실했던 것 같다. 이를 방증하는 것이 바로 그 다음 이야기이다.

바울은 감옥에서 일어난 놀라운 기적 때문에 자살을 감행하려던 교도관을 구하고, 감옥문도 열렸지만 도망가지 않았다. '탈옥할 수 있는 죄수가 도망하지 않고, 도리어 자살하려는 교도관의 생명을 살렸다!' 요즘 같아서는 인터넷을 통해 즉시 퍼져나갈 감동적인 드라마가 아닐 수 없다. 게다가 바울은 불법적인 관원들의 사과를 받아내고서야 당당하게 감옥을 걸어 나갔으니, 이런 소문이 왜 빌립보의 광장, '아고라'에 전파되지 않았겠는가? 바울은 복음 안에 담긴 인간에

대한 사랑의 가치를 말이 아닌 행동으로 드러냈다. 그리하여 작은 가
정 교회로 출발한 빌립보의 그리스도인 공동체는 이 도시 사회의 긍
정적인 여론을 통하여 영향력 있는 공동체로 성장할 수 있었고, 인간
에 대한 새로운 가치를 추구하는 하나님 나라의 복음을 유럽에 전파
하는 영향력 있는 공동체가 되었다.

3) 공동체 내에서 실현된 공적 가치

사실 사도 바울이 전한 복음은 로마 사회에서는 분명 이질적인
규범과 가치를 담은 새로운 '에토스'였다(행 16:21). 왜냐하면 그 복음
에는 유대인과 이방인, 헬라인과 야만인이라는 대립적 인간관을 통
합하는 인간관을 담고 있었기 때문이다. 바울은 이 사상을 의인론(義
認論)으로 표현하였는데, 이는 인간의 측면에서가 아니라 신의 측면
에서 표현되었다는 사실이 중요하다. 즉, 복음에는, 인간이 어떻게
의로운가의 문제가 아니라 하나님이 인간을 의롭게 하셨다는 선언
이 담겨있다는 것이다. 그렇다면 복음 안에서 유대인과 이방인, 헬라
인과 야만인의 구별은 무의미하다. 왜냐하면 이 차별적인 인간관에
서 인간 자체를 의롭게 하신 하나님은 "한 분"이기 때문이다(롬 3:29-
30).

다른 한편으로 이러한 인간에 대한 보편적 사상은 예수 그리스
도에게 있어서 주로 사회경제적인 의미의, 인간에 대한 차별 철폐 문
제로 표현된다. 예수는 인간을 가난과 부, 주인과 종, 여자와 남자라
는 것 때문에 차별하지 않고, 하나님의 자녀로 받아들였다고 바울은
선언한다. 예수 공동체가 동시대의 모든 종류의 협회(Association)와 본

질적으로 차이를 갖는 것은 그 공동체의 탈계층화된 성격이었다. 죄인과 세리, 여자들이 그의 식탁 공동체에 참여하였다는 사실이 그것을 잘 보여준다. 예수께서는 당신의 식탁 공동체를 통하여 인간에 대한 하나님의 보편적인 사랑을 보여주고자 했던 것이다(본서 제1장 참고).

그러므로 복음의 새로운 가치란 인간에 대한 하나님의 차별 없는 사랑 외에 다른 것이 아니었다. 이 사랑의 가치가 사회적으로 드러나는 것은 바울의 경우처럼 도시 사회 속에서 선교적 행동을 할 때만이 아니었다. 차별 없는 사랑의 가치는 무엇보다도 공동체 내부에서 실현되었는데, 노예제를 근간으로 존속되어 왔던 로마 사회에서 교회 공동체에는 노예가 "형제"로 받아들여질 만한 공동체의 에토스가 존재했다. 그래서 공동체에서 하나님은 아버지요, 성도들은 한 주님을 섬기는 "형제와 자매"로 불렸다.

소아시아 골로새의 한 신앙 공동체에게 보내는 빌레몬서는 이러한 정황을 암시적으로 보여준다. 만일 오네시모(Client)의 신분이 도망간 노예가 아니라 성공한 "해방 노예"였다면(비교, 몬 1:15), 그의 후견인(Patron)이 빌레몬에게서 바울로, 다시 바울에게서 빌레몬으로 바뀌는 일은 얼마든지 가능했을 것이다. 바울은 빌레몬의 가정 교회가 이 사회적 관계를 역동적으로 적용하도록 독려했다. 그렇다고 노예제를 반대하거나 폐지를 주장한 것은 아니다. 하지만 바울의 '사랑의 가부장제'는 바로 그러한 공동체의 분위기를 형성하는 신학적 풍토를 조성해주었던 것이 사실이다. 이렇듯 초기 기독교는 공동체 내부적으로는 사랑의 가치를 구현해 지배와 피지배라는 로마의 사회경제적 인간관계를 극복하기도 했으며, 외부적으로는 영적인 능력을 행하는 선교적인 행동방식을 통해서 인간에 대한 복음의 근본적 가치를 실현해 나갔다고 평가할 수 있다.

4) 시민 사회에서 한국 교회의 위상과 과제

한국의 기독교가 위기를 맞는 가장 중요한 요소는 개신교가 사회적 공신력을 잃어가고 있기 때문이라고 생각한다. 이는 국민들이 정치를 부정적으로 보는 이유와 유사하다. 열심히 국가에 세금을 냈더니, 결국 그것 가지고 정치인들은 자기 이익을 위해 매진하고 있는 것과 다를 바 없다는 것이다. 국민들은 정치인들이 정당의 기본 가치인 공공의 선 추구하기를 포기하고 있다고 판단하고 있다. 비슷하게 국민들은 교회라는 이미지에서 '세상을 위한 교회'가 아니라 '교회를 위한 교회'를 떠올리는 것 같다. 사실, 교회는 이익을 바라지 않고 많은 선한 일을 하고 있다. 그래서 국가는 교회에게 종교 단체로서 이른바 비영리 단체보다 더 높은 도덕성을 부여한다. 따라서 국가는 최근까지 목회자나 교회의 토지에 세금을 전부 혹은 거의 부과하지 않았다. 다시 말해서 국가와 국민은 이미 교회의 공공성을 인정하고 그에 상응하는 역할을 기대하고 있다는 말이다.

그러나 만일 교회가 현실적으로 부동산을 늘리는 '사업'에만 몰두한다면 더 이상 그 혜택을 받아서는 안 된다. 교회가 더 이상 공적인 성격을 가지지 않기 때문이다. 하물며 교회가 마치 개인의 소유인 것처럼 목회자 세습을 통해 개인에게 물려줄 수 있는 물적 존재로 생각된다면 더 무슨 말을 하겠는가? 그 자리가 가난과 고난의 자리라면 몰라도, 개인의 영달과 이익에 부합된 것이라면 교회와 기업이 무엇이 다를까? 또 교단이나 협회의 장을 선출하는 과정에서 혼탁한 금권 선거가 횡횡하게 된다면, 이것은 교회의 공적인 성격에 치명적인 상처를 주게 된다. 교회나 교단만이 아니다. 한국에는 기독교 사학 법인과 다른 법인들과 다양한 재단들이 많다. 이들 단체 역시 특정한 사람의 소유인 것처럼 그 가족과 친척들이 각종 이권과 직위를 향유하거나, 단체장을 선출하는 데 돈이 오가고 있다면 기독교의 공공성은 크게 훼손되고 만다.

그뿐만 아니라 시민 사회에서 기독교 복음의 근본 가치인 사랑을 표현하는 방식이 왜곡되어 전달되고 있는 것 같다. 이를테면, 교회가 본질적으로 사랑을 전하고 실천하기 위하여 가장 주력하고 있는 전도의 행위도 오해받을 여지를 주고 있다. 아파트 단지에 입주가 시작되면 여러 교회가 각기 전도부스를 설치하고, 이사하는 교인들을 앞다투어 내 교회에 등록시키려는 경쟁이 세상 사람들에게는 무슨 행동으로 비칠까? 교회가 대형화되어 버스 운행을 하고 마을 속의 교회를 잠식하는 현상을 보고, 국민들은 쉽게 대형 마트가 구멍가게를 잠식해왔던 것을 떠올린다. 그러니 국민들에게 전도가 예수께서 명하신 이웃 사랑을 실천하는 행위로 보일지, 아니면 자본주의적인 교회 성장의 도구로 보일지는 자명하다. 또 다른 예를 들어보자. 이른바 '땅 밟기'를 통해서 마치 여리고 성의 적들을 무너뜨리듯이 이웃 종교를 파괴하려는 인상을 국민들에게 심어주는 것은 어떠한가? 더 나아가 처참한 재해를 당해 사람들이 죽어가는 아픔을 보면서 우는 자와 함께 울어야 할 목회자가 '하나님의 심판'을 운운한다면 국민들은 도대체 기독교의 사랑의 가치를 어떻게 받아들이고 기독교에 대해서 어떤 이미지를 떠올릴까?

이러한 행동은 단지 품위 없는 기독교나 무례한 기독교라는 사회적 이미지만의 문제가 아닌 것 같다. 이러한 현상의 중심에는 본질적으로 기독교의 중심 가치인 사랑을 표현하는 소통의 문제가 존재한다. 사실 지금 개신교는 시민 사회에서 심각한 의사소통의 문제를 보여주고 있다. 기독교를 대변하는 대표 기구의 부재도 문제거니와 각종 미디어를 통한 시민 사회에서의 가치의 소통 방식을 이해하지 못하는 문제도 큰 것 같다. 소통이란 늘 쌍방통행을 말한다. 그러므로 상대방의 정서나 가치를 이해하지 못하는 일방적인 선포 방식도 재고되어야 한다. 적극적인 측면에서는, 무엇보다 기독교의 공적인 가치들을 기독교 안에 가두어두지 말고, 시민 사회의 공론의 장으로 끌어내어서 대화하며 토론하려는 노력이 필요하다. 이를 위해서는 단지 교인들만이 아니라 믿지 않는 이웃들이 참가하는 그런 통로를 확대해 나가는 노력이 필요하다. 초기의 한국 교회는 마을의 '사랑방' 역할을 했다고 한다. 교회는 안방의 속삭임들을 사랑방으로 끌어내어 마을 사람들과 소통하는 자리였다. 교회 앞마당에는 지푸라기와 볏씨를 모아 군불이 지펴져 있었고, 교회에 다니지 않는 사람들은 곰방대를 지피며, 교인들이 예배를 드리고 교회에서 나오면, 그들과 대화하며 나랏일을 걱정하는 곳이었다고 한다. 이러한 전통을 회복하여, 교회의 소모임과 남녀 선교회의 활동이 시민 사회의 의미 있는 실천에 함께 참여하는 구조가 되고, 누구나 접근 가능한 개방된 공존의 장이 되어야 하겠다.

지금 우리 사회에서 기독교 위기의 본질은 교회 성장의 위기나

교인 수 감소의 문제가 아니다. 본질은 복음의 공공성을 상실하고 있는 한국 교회 자체의 위기일지 모른다. 이제 우리가 공적(公的)인 예수 그리스도의 복음과 교회를 사적인 차원으로 끌어내림으로써, 그 가치를 손상하고 있지 않은지 스스로 돌아보아야 할 때이다. 교회와 그리스도인은 공공성을 잃은 우리의 생활 방식을 더욱 깊이 성찰하고 공적인 복음에 합당한 시민 생활로 스스로를 훈련해야 할 것 같다.

3. 갈라진 교회와 통합의 교회론

코로나19 시대에 교회는 신뢰성에서 가장 큰 타격을 받는 종교가 되어 세상의 비난을 받는 모습으로 빠져 들어가고 있다. 그런데 그런 외부적인 비난은 오히려 내부적인 갈등과 반목에서 나온 측면이 강하다. 지금 한국 교회는 내적으로 분열되고 있다. 이 분열은 해방 이후 한국 교회의 교단 분열과는 본질적으로 다르게 세대적으로 또 정치적으로 뚜렷하게 이분화되어 내면적 분열로 가고 있다. 많은 기성세대의 교인들은 북한의 공산주의 위협을 통하여 보수와 진보의 이념적인 지형으로 갈라지도 있다. 그러나 젊은 세대들은 지금 그런 가치나 이념이 중요한 것이 아니라, 결국 문제는 돈과 생존이라고 생각한다. 젊은 세대는 경제성장률이 7%를 넘어 취업 걱정이 없는 중국 젊은이들을 부러워할지도 모른다. 젊은이들은 6.25 전쟁 때 가장 처참하게 공산주의의 공격을 당한 노년 세대의 교인과 교회들을 이해하지 못한다.

여기서 이런 이념적 분열을 가속화시키는 또 하나의 계기는 교회가 현실 정치에 깊이 관여하게 되었기 때문이다. 물론 대다수의 교회는 지금도 정치적 중립을 지키고 있지만, 이른바 '장로 대통령 만들기'로부터 지금까지 소수의 교회 지도자들은 조직적으로 정치에 개입해왔다. 심지어 그런 행위를 하고 있는 자신을 '본회퍼' 같은 정의의 투사로 자임하는 코미디 같은 일도 벌어지고 있다. 만일 이런 형국으로 더 나아가면 교회의 도덕적 이미지는 심하게 왜곡되고 말 것이다. 교회가 정치에 개입되는 순간, 교회는 결국 보편적인 그리스도의 사랑을 전할 명분이 없어진다. 복음은 결코 당파성을 가질 수 없고 하나님의 사랑과 정의, 평화는 결코 정치적 이념이나 세속적 가치에 함몰될 수 없는 가치이기 때문이다.

나는 현재 한국 교회의 이런 내적 분열의 상황에서 이른바 '혼합된 몸'(corpus-mixtum)이라는 마태의 교회론을 상기할 필요가 있다고 생각한다. 이 교회론은 마태복음에만 나오는 밀과 가라지 비유(마 13:24-30, 36-43)에서 가장 잘 표현되고 있다. 이제 짧게나마 이 비유를 통하여 한국 교회가 추구해야할 통합의 교회론을 상기하며 글을 맺고자 한다.

* * *

밀과 가라지의 비유에서 가라지는 식물학적으로 "독보리"라고 번역할 수 있다. 열매에 독이 있기 때문에 이렇게 부르는데, 열매 자체에 독이 있는 것은 아니고, 알카로이드 성분을 내는 균이 침입하여 독을 품게 된다. 이 식물은 벼과에 속하는 식물인데, 자랄 때 밀과 거의 비슷하여 구별이 되지 않으나, 다 자란 후에는 쉽게 구별이 된다. 이 비유는 하나님 나라 비유에 속하는데, 내용인즉 이렇다.

> 좋은 씨를 자기의 밭에 뿌리는 사람이 있었다. 그런데 밤에 몰래 원수가 와서 곡식 가운데 독보리를 뿌리고 갔다. 싹이 나고 열매를 맺기 시작하자 이 독보리가 조금씩 삐죽삐죽 보이기 시작한다. 그러자 집주인(=하나님)의 종(=경건한 자)이 와서 이 독보리가 어디서 나왔느냐고 묻는다. 원수(사탄)가 하였다고 대답한다. '뽑아버릴까요?' 그러나 주인은 뜻밖에도 이렇게 말한다. '가만 두라. 독보리를 뽑다가 곡식까지 뽑을 수 있다. 둘 다 함께 자라게 두라.' 추수 때가 되면 독보리 열매는 밀과 판이하게 달라서 구별이 쉬워, 추수하면서 이것을 먼저 거두어 말려 땔감으로 사용하게 될 것이다.

그러면 이 비유를 듣는 청중들이 의아해 하는 내용은 어디일까? 먼저는 이 독보리를 원수들이 심었다는 대목이다. 청중들은 독보리가 자연스럽게 자라나는 것이지 누가 적대감을 가지고 다른 씨를 뿌렸다는 것에 놀란다. '의도를 가지고 악을 심었다?' 이것은 매우 적대적인 관점이다. 그럼 비유는 무엇을 말하려고 하는가? 당시 유대인들에게는 묵시적 세계관이 있었다. 이 세계관에서는 현재 선과 악이 대립하고 있지만 결국 역사의 마지막에 하나님이 이 세계를 심판을 통해서 정화하고 다시 새롭게 회복하신다고 믿는다. 악이 패배하고 선이 승리한다는 것이다. 기독교 역시 유대교의 이 세계관을 공유한

다. 하지만 여기서 중요한 것은 하나님은 악이 자라나는 것을 모르는
것도, 방치해 두는 것도 아니라는 사실이다. 하나님은 밀과 함께 독
보리가 자라나는 것을 주시하고 있으며, 여전히 밀을 수확하는 것에
관심을 기울이고 계시다. 또 하나님은 독보리가 생겨나 뿌리를 내리
는 것을 허락하지만, 밭이 완전히 독보리 밭으로 창궐하게 두지 않으
신다는 것을 비유의 청중들은 알고 있다.

그럼 이 비유에서 청중들이 가장 반전으로 느끼는 주인의 행동
이 무엇일까? 그건 독보리를 뽑지 말라는 것이다. 농사를 지으면서
는 보통 그걸 뽑는다. 벼와 비슷한 피도 뽑아야 벼가 잘 자란다. 그런
데 뽑지 말라니 종들은 의아해 한다. 유대인은 선과 악이 존재한다는
것과, 결국 심판을 통해서 하나님이 새로운 세계를 이루신다는 묵시
적 세계관에서 살았고, 초기 기독교인과 오늘날의 그리스도인들도
이 세계관을 믿고 있다. 하나님은 심판을 통하여 역사에 개입하시고,
이스라엘(종)은 하나님이 세상을 마지막으로 심판하실 때에 함께 다
스릴 것이다(마 19:28). 이 비유의 핵심은 이 세상에서 인간 스스로가
악을 뿌리 뽑을 생각을 하지 말라는 것이다. 바로 이 점에서 예수는
유대인의 묵시적 세계관을 변형한다.

그럼 왜 뽑지 말라는 것인가? 구분이 모호해서일까? 그럼 농부
는 밀과 독보리를 잘 구별하지 못할까? 보통의 농부라면 그걸 분별
못할 리가 없다. 그럼 왜일까? 여기서 해석이 필요하다. 구별이 애매
해서 실수할 수도 있기 때문에 뽑지 말라고 했다기보다는, 선과 악을
구별하는 행위 자체가 문제를 일으키기 때문이 아닐까? 심판하는 것
은 단순할 수 있다. 그러나 죄를 정하는 과정에서 필연적으로 공동체

를 갈라내는 상황이 발생한다. 코로나 상황이 점점 일상화되면서 저 사람이 바이러스를 가지고 있을 수도 있다는 의혹의 눈초리로 서로를 갈라내는 일이 자연스럽게 발생한다. 만일 확진이 되면 격리되어야 한다. 예수 당시 정결법은 일상생활의 부정한 것을 종교적 죄로 규정하는 법체계라 할 수 있다. 여기서 발전되면 누구는 원래 의인이었고, 또 누구는 원래 악인이어서 죄인이 되었다는 이런 끔찍한 이분법적 사고가 일상화된다. 당시 묵시문학적 세계관은 선택과 버림, 축복과 저주 등과 같은 이원론적 세계를 만들 수 있는 자양분이었다. 그러나 예수는 본래 악인인 사람과 본래 의인인 사람으로 구별하기보다는, 모두를 '의인이 될 수 있는 죄인'으로 바라보며 그 경계를 허물었다. 왜냐하면 하나님의 통치가 지금 도래하여 하나님과 인간의 새로운 관계가 시작됐다고 선포하였기 때문이다.

다음으로, 뽑지 말라는 더 현실적인 이유는, 밀과 독보리는 뿌리가 섞여있어서 독보리를 뽑을 때 밀이 상하기 때문이다(13:29). 이 세상에서 법으로 정의를 구현하겠다고 하지만 얼마나 많은 사람이 억울하게 희생당할 때가 많은가? 화성 연쇄 살인범을 잡는다고 경찰은 엉뚱한 사람을 감옥에 넣고 10여 년 동안 살게 했다. 악을 제어해야 하지만 인간의 권리가 침해되고 잘못된 판단으로 죄 없는 사람이 고통당하는 일이 이 세상에는 참 많이 있다. 하물며 일상의 인간관계에서 일어나는 소소한 일이야 더 말할 필요가 있을까?

그러면 대안은 무엇인가? 그것은 바로, 함께 살라는 것이다! 서로의 생각을 비난하지 말고, 차이를 존중하고 관용하라는 것이다. 누가 독보리고 누가 밀인지는 마지막 추수 때에 하나님만이 판단하실 수 있다. 인간은 남을 심판할 수 없다. 제 눈의 들보는 보지 못하기 때문이다(마 7:1-5). 그러므로 하나님께서 악을 심판하시기까지 누구를 정죄하지 말고, 함께 살라는 것이다. 밀과 독보리는 세상 끝 날까지 함께 살아야 할 운명에 처해 있다.

그런데 마태의 이 비유를 교회에 대하여 말씀하고 있다는 것을 알아야 한다. 이 비유는 다음 장면에서 "이에 예수께서 무리를 떠나사 집에 들어가시니 제자들이 나아와 이르되 …"라는 비유 해설 장면으로 바뀌며 교회 공동체에게 교훈하는 것으로 전환된다. 이 "혼합된 몸"에 관한 교회론은 22장 1-14절, 왕의 혼인 잔치의 비유에서 "예복"을 입지 않고 잔치상에 앉은 사람을 심판하는 장면에서 구체화된다. 밀과 독보리가 공존하는 모습은 세상만이 아니라, 교회 내에서도 공존한다는 말이다.

지금 한국 교회는 세대 차나 정치적 색채에 의해서 완전히 이분화되고 있다. 그러나 그런 다른 경험, 다른 감정, 다른 생각을 가진 사람들이 모인 곳이 교회다. 게다가 교회는 거룩한 사람들만 모이는 곳이 아니다. 죄인들이 들어와 의롭게 되는 곳이 교회지, 의인들만의 모임이 교회가 아니다. 독보리들이 밀 행세를 하고 교회에 독을 끼치는 사람들이 존재하는 것이 현실 교회라는 말이다. 그래서 우리는 마음이 상하기도 하고, 고통스러울 때도 있다. 하지만 하나님은 누가 선이고 누가 악이라는 흑백논리를 거두라고 하신다. 그 갈라내는 과정에서 벌어질 모든 비인간적인 눈초리를 거두라고 하신다. 재판과 정죄는 하나님의 판단 영역으로 남아있기 때문이다.

이처럼 교회도 하나님의 심판대 앞에 서야 한다는 사실이 마태의 교회론이다. 밀과 독보리의 비유를 제자들에게 해석해주시는 부분에서(13:36-43), 이제 마지막 때 교회의 심판이 묘사된다. 그러나 마지막 심판의 때가 도래하기 전에 역사 안에서 종종 하나님께서 자신의 타작마당을 정결하게 하는 일이 일어난다. 성서와 교회의 역사는 하나님이 역사 속에서 자기 백성을 심판하여 정결하게 하신다는 사실을 보여준다. 이는 하나님이 자신의 주권으로 역사 속에서 교회를 진리의 기둥과 터로 지켜내고 계심을 의미한다. 한국 교회의 민낯이 드러나는 지금 이 상황은 어쩌면 추락하고 있는 '한국 교회를 교회 되게' 하시려는 하나님의 행동이 시작된 것일지 모른다.

만일 그렇다면 우리는 이 시기를 견뎌내야 한다. 지금은 우리가 박해받는 때가 아니라 비방받는 때다. 그래서 지금은 그리스도인이 "세상의 빛"으로 드러날 때가 아니다(마 5:14-16). "땅의 소금"으로 묵묵히 녹아서 맛을 내야할 때다(마 5:13). 지금은 선을 행할 때다. 묵묵히 말이다. 고대 기독교의 한 수도 공동체 규칙서에는 "선은 기다림 속에서 자라난다"라는 제목의 글이 쓰여있었다고 한다.[4] 아마도 밀과 독보리가 함께 살아가야 할 지금 우리 한국 교회가 깊이 새겨야 할 교훈이 아닐까 생각한다.

> 형제를 변화시키려 하지 말라.
> 기다려라.
> 기다리는 중에 내가 변화된다.

---

4. 황대권, 『민들레는 장미를 부러워하지 않는다』 (서울: 열림원, 2013), 16.

그러면 나로 인해 형제가 변화될 것이다.

악은 실체가 아니다.

선의 부족 상태일 뿐.

그러나 선을 북돋우라.

악은 몰아댈수록 야수처럼 자라지만,

선은 식물처럼 기다림 속에 자라난다.

들어가면서: 사랑과 평화의 사회윤리학 담론

박정수. "'내가 무엇을 하여야 영생을 얻으리이까'의 번역 문제(마 19:16; 막
　　10:17; 눅 18:18; 10:25)," 『성경원문연구』 33/2 (2013), 34-53.

_____. "돈이 지배하는 세계에서 하나님 섬기기: 불의한 청지기 모델
　　(눅 16:1-13)," 『영산신학저널』 47 (2019), 7-37.

_____. "마태복음의 '반–유대주의'(Anti–Judaism)에 대한 신학적 해석,"
　　『신약연구』 11/2 (2012), 269-306.

_____. "성서적 통일신학: '통일선교신학'을 제안하며," 『신학과 선교』
　　41 (2012), 237-78.

_____. "자살과 죽음에 대한 신학적 성찰," 『신약연구』 10/1 (2011), 165-
　　99.

_____. "초기 기독교적 권위구조의 변화," 『한국기독교신학논총』 31
　　(2004), 123-56.

_____. "헬레니즘 시대 유대교와 기독교의 가족 에토스," 『다문화와 평
　　화』14/2 (2020), 50-73.

Janssen, Wilhelm. "Friede." Edited by Otto Brunner and Werner Conze and
　　Reinhardt Kosellek. 『평화』. 코젤렉의 개념사 사전 5. 한상희 옮김. 서울:
　　푸른역사, 2010.

Tröltsch, Ernst. 『기독교 사회윤리』. 현영학 옮김. 서울: 한국신학연구소,
　　2003.

Yoder, John Howard. 『예수의 정치학』. 신원하, 권연경 옮김. 서울: IVP,
　　2007.

제1장 교회의 기원과 공동체적 삶

박정수. "헬레니즘 시대 유대교와 기독교의 가족 에토스."『다문화와 평화』
14/2 (2020), 50-73.

_____. "12족장 유언서의 형제애 에토스."『신약논단』 16/1 (2008), 307-
32.

Alvarz-Pereyre, Frank and Heymann, Florence. "탁월성에 대한 욕망: 히브리
의 가족 모델과 유대인 가족의 실제."『가족의 역사』. 정철웅 옮김. 서
울: 이학사, 2001, 385-430.

Hengel, M.『유대교와 헬레니즘 1-3』. 박정수 옮김. 파주: 나남출판사, 2012.

Lohfink, G.『예수는 어떤 공동체를 원했나?』. 강한수 옮김. 왜관: 분도,
1985.

Malina, Bruce J.『신약의 세계: 문화 인류학적인 통찰』. 심상법 옮김. 서울:
솔로몬, 1999.

Theißen, G.『원시 기독교의 사회학적 연구』. 김명수 옮김. 서울: 대한기독
교서회. 1986.

Thomas, Yan. "로마 시민으로서의 아버지, 아버지의 도시로서의 로마."『가
족의 역사』. 정철웅 옮김. 서울: 이학사, 2001, 267-322.

Hellerman, Joseph H. *The Ancient Church as Family*. Minneapolis: Fortress
Press, 2001.

Horrell, David G. "Social-Scientific Interpretation of the New Testament." In
Social-Scientific Approaches to New Testament Interpretation. edited by
David G. Horrell. Edinburgh: T and T Clark, 1999, 3-29.

Jeremias, J. *ABBA: Studien zur neutestamentlichen Theologie und Zeitgeschichte*.
Göttingen: Vandenhoeck and Ruprecht, 1966.

Klinghardt, M. *Gemeinschaftsmahl und Mahlgemeinschaft: Soziologie und Liturgie frühchristlicher Mahlfeiern.* Tübingen: Francke, 1996.

Kluxen, W. *Ethik des Ethos.* Freiburg: Alber-Verlag, 1974.

Kollmann, B. *Ursprung und Gestalten der frühchristlichen Mahlfeier.* Göttingen: Vandenhoeck and Ruprecht, 1990.

Luz, U. *Das Evangelium nach Matthäus.* EKK 1/I. Neukirchen-Vluyn: Benziger/Neukirchener Verlag, 2002.

Malina, Bruce J. and Richard L. Rohrbaugh. *Social-Scientific Commentary on the Synoptic Gospels:.* Minneapolis: Fortress Press, 2003.

Pritchard, J.(ed.). *Ancient Near East Text.* Princeton: Princeton University Press, 1955.

Quell, G. "πατήρ B. Der Vaterbegriff im AT." *Theologische Wörterbuch zum Neuen Testament* (= *ThWNT*) V. Stuttgart·Berlin·Köln: Kohlhammer Verlag, 1933-1979, 959-974.

Roh, T.-S. *Die familia dei in den synoptischen Evangelien: Eine redaktions- und sozialgeschichtliche Untersuchung zu einem urchristlichen Bildfeld.* Diss. Heidelberg, 1997.

Sanders, E. P. *Jesus and Judaism.* London: SCM Press, 1987.

_____. *Judaism: Practice and Belief 63 BCE-66CE.* London/Philadelphia: SCM/Trinity Press, 1992.

Schenke, J. "πατήρ A. Der Vaterbegriff im Indogermanischen und in der griechisch-römischen Antike." *ThWNT* V. Stuttgart, Berlin, Köln: Kohlhammer Verlag, 1933-1979, 946-959.

Schrage, W. *Ethik des Neuentestaments.* Göttingen: Vandenhoeck and Ruprecht, 1989.

Theißen, G. *Studien zur Soziologie des Urchristentums*. Tübingen: Vandenhoeck and Ruprecht, 1989.

_____. *Die Religion der ersten Christen: Eine Theorie des Urchristentums*. Gütersloh: Chaiser, Gütersloher Verlaghaus, 2000.

_____. *Die Jesusbewegung: Sozialgeschichte einer Revolution der Werte*. Gütersloh: Gütersloher Verlaghaus, 2004.

제2장 내가 무엇을 하여야 영생을 "상속"하리이까?

김세윤. 『바울 신학과 새 관점』. 정옥배 옮김. 서울: 두란노, 2002.

배재욱. "신약성경의 생명 사상에 대한 고찰." 『선교와 신학』 22 (2008), 45-78.

_____. "초기 유대교. 예수와 바울의 생명 사상." 『신약연구』 11/1 (2012), 131-59.

이한수. 『복음은 구원을 주시는 하나님의 능력』. 서울: 이레서원, 2008.

천세종. "최근 바울신학 연구동향." 『성서마당』 106 (2013), 78-91.

Albertz, R. 『이스라엘 종교사』. 강성열 옮김. 서울: 크리스챤다이제스트, 2004.

Dunn, James D. G. 『바울에 관한 새 관점』. 최현만 옮김. 평택: 에클레시아 북스, 2012.

Hagner, Donald A. 『마태복음』. 채천석 옮김. WBC 33상. 서울: 솔로몬, 2006.

Hengel, M. 『유대교와 헬레니즘 1-3』. 박정수 옮김. 파주: 나남출판사, 2012.

Metzger, Bruce M. and Bart D. Ehrman. 『신약의 본문』. 장성민, 양형주, 라병원 옮김. 서울: 한국성서학연구소, 2009.

Nickelsburg, George W. E. 『고대 유대이즘과 그리스도교의 기원』. 박요한 영식 옮김. 서울: 가톨릭출판사, 2008.

Sanders, E. P. 『바울. 율법. 유대인』. 김진영 옮김. 서울: 크리스챤다이제스트. 1994.

_____ . 『바울과 팔레스타인 유대교』. 박규태 옮김. 서울: 알맹e, 2017.

Wright, N. T. 『칭의를 말하다』. 최현만 옮김. 서울: 에클레시아북스, 2011.

Blass, F., A. Debrunner, und F. Rehkopf. *Grammatik des Neutestamentlichen Griechiesch* 18 Auf. Göttingen: Vandenhoech and Ruprecht, 2001.

Bultmann, R. "ζάω" *ThWNT* II. 856-874.

Dalman, G. *Worte Jesu*. Leipzig: J. C. Hinrich's Buchhandlung, 1930.

Davies, W. D. and Allison, Dale C. *The Gospel according to St. Matthew* 3. ICC. Edinburgh: T and T Clark, 1997.

Dunn, James D. G. *The New Perspective On Paul*. Tübingen: Mohr Siebeck, 2005.

Friedrich, J. H. "klhronome,w." edited by H. Balz and G. Schneider. Hrg. *Exegetisches Wörterbuch zum Neuen Testament 2*. Stuttgart, Berlin, Köln, Mainz: Kohlhammer, 1981, 296-301.

Gathercole, Simon J. *Where is Boasting? Early Jewish Soteriology and Paul's Response in Romans 1-5*. Grand Rapids: Erdmans, 2002.

Hermann, F. "κλῆρος," ThWNT III, 757-763.

Luz, U. *Das Matthäusevangelium nach Matthäus 3*. EKK I. NeukirchenVlyen: Neukirchener Verlag, 1997.

Sanders, E. P. *Judaism: Practice and Belief 63 BCE-66 CE*. London; Philadelphia: SCM; Trinity Press, 1992.

_____ . "The covenant as a Soteriological Category and the Nature of Salvation in Palestinian and Hellenistic Judaism." edited by Hamerton R. Kelly. and R. Scroggs. *Jews, Greeks and Christians*. Leiden: E. J. Brill, 1975.

_____. *Paul and Palestinian Judaism*. Philadelphia: Fortress Press, 1977.

Schweizer, E. *Das Evangelium nach Matthäus*. Göttingen, Zürich: Vandenhoeck and Ruprecht, 1986.

Strack, Hermann L. und P. Billerbeck. *Das Evangelium nach Matthäus. Kommentar zum Neuen Testament aus Talmud und Midrasch 1. 7.Auf.* München: C. H. Beck, 1978.

Wenham, J. W. "Why do you as me about the good?." *NTS* 28 (1983), 116-125.

제3장 자살과 죽음에 관한 신학적 사색

박정수, "자살과 죽음에 대한 신학적 성찰," 『신약연구』 10/1 (2011), 165-99.

조성돈·정재영. "개신교인의 자살에 대한 인식 조사." 『목회와 신학』 218 (2007), 6-24

차정식. 『예수는 어떻게 죽었는가』. 서울: 한들출판사, 2006.

허남결. 『공리주의 윤리문화 연구: 벤담과 밀의 입장 차이를 중심으로』. 서울: 화남, 2004.

Anderson, A. A. 『사무엘하』. 권대영 옮김. WBC 11. 서울: 솔로몬, 2001.

Brown, Raymond E. 『신약개론』. 김근수, 이은순 옮김, 서울: CLC, 2003.

Durkeim, E. 『자살론: 사회학적 연구』. 김충선 옮김. 파주: 청아출판사, 1994.

Gnilka, J. J. and P. Stulmacher. 『필립비서/필레몬서』. 한국신학연구소 번역실 옮김. 국제성서주석 41. 서울: 한국신학연구소, 1988.

Hawthorne, Gerald F. 『빌립보서』. 채천석 옮김. WBC 성경주석 43. 서울: 솔로몬, 1999.

Hays, R. 『신약의 윤리적 비전』. 유승원 옮김. 서울: 한국기독학생회출판부, 2004.

Josephus, Flavius. 『유대전쟁사 1-2』. 박정수·박찬웅 옮김. 파주: 나남출판사, 2008.

Klein, Ralph W. 『사무엘상』. 김경열 옮김. WBC 10. 서울: 솔로몬, 2004.

Malina, Bruce J. 『신약의 세계: 문화 인류학적인 통찰』. 심상법 옮김. 서울: 솔로몬, 1999.

Clemons, James T. *What Does the Bible Say About Suicide?* Minneapolis: Fortress Press, 1990.

Croy, N. Clayton "To Die Is Gain(Philippians 1:19-26): Does Paul Contemplate Suicide?" *JBL* 122/3 (2003), 517-31.

deSilva, David A. *Honor, Patronage, Kinship and Purity: Unlocking New Testament Culture.* Illinois: InterVarsity Press, 2000.

Droge, Arthur J. "Mori Lucrum: Paul and Ancient Theories of Suicide." *Novum Testamentum* XXX 3 (1988). 263-86.

Droge, Arthur J. and James D. Tabor. *A Noble Death: Suicide and Martyrdom among Christians and Jews in Antiquity.* San Francisco: Harper San Francisco, 1991.

Fee, Gordon D. *Paul's Letter to the Philippians.* Grand Rapids: William B. Eerdmans, 1995.

Fitzgerald, John T. "Epistle to the Phillippians." *Anchor Bible Dictionary* Vol. 5. Yale: Doubleday, 2008, 318-26.

Harran, Marilyn J. "Suicide." *The Encyclopedia of Religio.* Edited by Mircea Eliade. New York: Macmillan, 1987. 125-31.

Hengel, M. *Judentum und Hellenismus: Studien zu ihrer Begegnungunter besonderer Berücksichtigung Paläatinas bis zur Mitte des 2. Jh. v. Chr.* Tübingen: J.C.B. Mohr and Paul Siebeck, 1973.

Lightfoot, J. B. *St. Paul's Epistle to the Philippians*. reprinted Grand Rapids: Zondervan, 1980.

Lohmeyer, E. *Die Briefe an die Philipper, an die Kolosser und an Phileon*. Göttingen: Vanderhoeck and Ruprecht, 1965.

Luz, U. *Das Evangelium nach Matthäus*. EKK I/4; Neukirchen-Vluyn: Benzige/ Neukirchener Verlag, 2002.

Mair, A. W. "Suicide: Greek and Roman." *The Encyclopedia of Religion and Ethics 12*. Edited by J. Hastings. New York: Schribner's, 1992, 26-33.

Malina, Bruce J. and Richard L. Rohrbaugh. *Social-Science Commentary on the Synoptic Gospels*. Minneapolis: Fortress Press, 2003.

Mill, John S. *Utilitarianism and the 1868 Speech on Capital Punishment*. Edited by George Sher. Indianapolis/Cambridge: Hackett Pub. Co., 2001.

Palmer, D. W. "To Die Is Gain (Philippians 1:21)." *NovT* 17 (1975), 203-18.

Polenz, Max. *Die Stoa: Geschichte einer geistigen Bewegung*. Vol. I. Göttingen: Vanderhoeck and Ruprecht, 1978.

Wallace-Hadrill, A(ed.). *Patronage in Ancient Society*. London/New York: Routledge, 1989.

제4장 돈이 지배하는 세계에서 하나님 섬기기

김덕영. "Georg Simmel, 『돈의 철학』." 『사회비평』 제24권 (2000), 92-103.

_____. "종교·경제·인간·근대: 통합과학적 모더니티 담론을 위하여." Max Weber. 『프로테스탄티즘의 윤리와 자본주의 정신』. 김덕영 옮김.

서울: 도서출판 길, 2010.

박정수. "돈이 지배하는 세계에서 하나님 섬기기: 불의한 청지기 모델(눅 16:1-13)." 『영산신학저널』 47 (2019), 7-37.

신응철. "현대문화와 돈 그리고 개인: 짐멜(G. Simmel)의 『돈의 철학』에 나타난 문화와 돈의 관계를 중심으로." 『동서철학연구』 53/9 (2009), 113-34.

유태엽. "불의한 청지기 비유(눅16:1-13)의 해석학적 고찰." 『신학세계』 제 83권 (2015), 6-34.

Bailey, Kenneth E. 『시인과 농부: 누가복음 비유의 문학적, 문화적 접근』. 오광만 옮김. 서울: 여수룬, 1998.

_____. 『중동의 눈으로 본 예수』. 박규태 옮김. 서울: 새물결플러스, 2016.

Bösen, W. 『예수시대의 갈릴래아』. 황현숙 옮김. 병천: 한국신학연구소, 1998.

Hengel, Martin. 『유대교와 헬레니즘 1, 3』. 박정수 옮김. 파주: 나남, 2012.

Malina, Bruce J. 『신약의 세계』. 심상법 옮김. 서울: 솔로몬, 1999.

Nolland, John. 『누가복음』. 김경진 옮김. WBC 35중. 서울: 솔로몬, 2004.

Simmel, George. 『돈의 철학』. 안준섭·장영배·조희연 옮김. 서울: 한길사, 1983.

Stegemann, E. and W. Stegemann. 『초기 그리스도교의 사회사』. 손성현·김판임 옮김. 서울: 동연, 1997.

Walbank, F. W. 『헬레니즘 세계』. 김경현 옮김. 대우학술총서 530. 서울: 아카넷, 2002.

Weber, Max. 『프로테스탄티즘의 윤리와 자본주의 정신』. 김덕영 옮김. 서울: 도서출판 길, 2010.

Alföldy, G. *Römische Sozialgeschichte*. Wiesbaden: Wiesbadener Verlag, 1984.

Derrett, J. Duncan M. "Fresh Light on St. Luke XVI." *New Testament Studies* 7/3 (1961), 198-219.

Fitzmyer, Joseph A. "The Story of the Dishonest Manager." *Theological Studies* Vol. 25 (1964), 23-42.

_____. *The Gospel according to Luke*. The Anchor Bible. New York/London: Doubleday, 1983.

Gaerter, P. "The Parable of the Dishonest Steward after Oriental conception." *CBQ* 12 (1950), 121-31.

Garnsey, P. and G. Woolf. "Patronage of the Rural Poor in the Roman World." *Patronage in Ancient Society*. edited by A. Wallace-Hadrill. London/New York: Routledge, 1989, 153-70.

Gibson, Margaret. "On the Parable of the Unjust Steward." *ExpT* 14 (1902/1903), 2-14.

Malina, Bruce J. and Richard L. Rohrbaugh. *Social-Science Commentary on the Synoptic Gospels*. Minneapolis: Fortress Press, 2003.

Manson, T. W. *The Sayings of Jesus*. New York: SCM Press, 1956.

Michel, O. "οἰκονόμος." *Theological Dictionary of the New Testament V*. Grand Rapids: Eerdmans, 1967, 175-78.

Rostovtzeff, M. *Rome*. translated by Elias J. Bickerman. London/Oxford/New York: Oxford University Press, 1960.

제5장 성서적 통일신학과 선교

김경재·김용복·안병무·이삼열·홍근수. "통일신학의 성서적 기초." 『신학사상』 61 (1988), 310-329.

김회권. "'남은자 사상'에서 나타난 이사야의 민족통합 신학."『한국기독교 신학논총』37 (2000), 41-65.

_____. "역대기서의 민족화해 신학."『한국신학의 가능성과 전망』. 제1 회 한국신학 심포지움 자료집 (2010. 4), 102-125.

박순경.『통일신학의 미래』. 서울: 사계절, 1997.

박정수. "성서적 통일신학: '통일선교신학'을 제안하며."『신학과 선교』41 (2012), 237-78.

_____. "통치자의 에토스(Herrschaftsethos)-초기 기독교적 삶의 형태 에 대한 연구."『신약논단』. 1/3 (2001), 225-247.

방석종. "구약성서에 나타난 민족의식과 통일사상."『신학과 세계』19 (1989), 238-263.

이성훈. "민족 복음화와 남북통일."『성경과 신학』37 (2005), 58-75.

임태수. "역대기사가의 민족통일 신학."『신학연구』28 (1987), 415-437.

정기철. "한국의 통일신학을 위한 해석학적 단초."『한국개혁신학 논문집』 20 (2006), 195-218.

차정식. "바울신학에 나타난 통일사상."『한국기독교신학논총』17 (2000), 51-89.

Arendt, H.『인간의 조건』. 이진우. 태정호 옮김. 서울: 한길사, 1996.

_____.『정치의 약속』. 김선욱 옮김. 서울: 푸른숲, 2007.

Beiner, R. "한나 아렌트의 판단이론."『칸트 정치철학 강의』. 김선욱 옮김. 서울: 푸른숲, 2000.

Hengel, M.『유대교와 헬레니즘 1-3』. 박정수 옮김. 파주: 나남. 2012.

Jervell, J.『사도행전 신학』. 윤철원 옮김. 서울: 한들출판사, 2000.

Pannenberg, Wolfahrt. "인류의 미래와 통일." 서남동 옮김.『신학사상』9 (1975), 261-279.

Middleton, J. Richard and Brian J. Walsh. 『그리스도인의 비전: 기독교 세계
관과 문화 변혁』. 황영철 옮김. 서울: IVP, 1987.

Sacks, Jonathan. 『차이의 존중』. 임재서 옮김. 서울: 말·글빛냄, 2007.

Sanders, E. P. 『예수와 유대교』. 황종구 옮김. 서울: 크리스챤다이제스트,
1994.

Theißen, G. and A. Merz. 『역사적 예수』. 손성현 옮김. 서울: 다산글방. 2003.

_____. "유대교와 기독교: 바울에게서 시작된 두 종교의 분열에 대한
사회사적 고찰." 박정수 옮김. 『신약논단』 13/4 (2006), 1055-1094.

_____. 『기독교의 탄생: 예수 운동에서 종교로』. 박찬웅·민경식 옮김.
서울: 대한기독교서회. 2009.

Wright, N. T. 『신약성서와 하나님의 백성』. 박문재 옮김. 서울: 크리스천다
이제스트, 2003.

Ackroyd, Peter R. *Exile and Restoration*. London: SCM Press, 1968.

Billerbeck, P. and H. L. Strack. *Kommentar zum Neuen Testament aus Talmud
und Midrasch Das Evangelium nach Matthäus*. Bd. I. München: C. H.
Beck's Buchhandlungsverlag, 1922.

Foster, R. S. *The Restoration of Israel*. London: SCM Press, 1970.

Hahn, F. *Das Verständnis der Mission im Neuen Testament*. Neukirchen-Vluyn:
Neukirchener Verlag, 1963.

Jervell, J. *Die Apostelgeschichte*. Goettingen: Vandenhoeck and Ruprecht, 1998.

Kingsbury, J. D. *Matthew as Story*. Philadelphia: Fortress Press, 1988.

Klinghardt, M. *Gemeinschaftsmahl und Mahlgemeinschaft: Soziologie und Lit-
urgie frühchristlicher Mahlfeiern*. Tübingen: Mohr, 1996.

Kollmann, B. *Ursprung und Gestalten der frühchristlichen Mahlfeier*. Göttingen: Kath. Bibelwerk, 1990.

McKnight, Scot. *A Light among the Gentiles: Jewish Missionary Activity in the Second Temple Period.* Minneapolis: Fortress Press, 1991.

Park, Jeongsoo. "Sündenvergebung im Matthäusevangelium." *Evangelische Theologie* 66/3 (2006), 210-227.

Ricoeur, Paul. *Liebe und Gerechtigkeit.* Tübingen: Mohr, 1990.

Schmid, Konrad and Steck, Odil H. "Restoration Expectations in the Prophetic Tradition and the Old Testament." edited by Scott, James M. Restoration: Old Testament. *Jewish and Christian Perspectives.* Leiden/Boston/Koeln: Brill, 2001. 41-82.

Tillich, Paul. *Love, Power and Justice.* Oxford University Press: New York, 1954.

Vögtle, A. *Messias und Gottessohn: Herkunft und Sinn der matthäischen Geburts- und Kindheitsgeschichte.* Düsseldorf: Patmos-Verlag, 1971.

von Harnack, A. *Die Mission und Ausbreitung der Christentum in der ersten drei Jahrhuderten.* translated by J. Moffatt. The Expansion of Christianity. Vol. I. Broadway: Wipf and Stock Publishers, 1998.

제6장 반-유대주의와 한반도의 평화담론

박정수. "카리스마적 권세와 교회적 권위." 『신약논단』 10/2 (2003), 263-84.

_____. 『성서로 본 통일신학』. 서울: 한국성서학연구소, 2010.

_____. "마태복음의 반-유대주의(Anti-Judaism)에 대한 신학적 해석." 『신약연구』 11/2 (2012), 269-306.

_____. "세례 요한의 세례와 마태복음의 죄사함." 『신약논단』 23/4 (2016), 933-68.

_____.『고대 유대교의 터·무늬』. 서울: 새물결플러스, 2018.

양용의.『마태복음 어떻게 읽을 것인가』. 서울: 성서유니온선교회, 2005.

이원복.『먼나라 이웃나라(미국 편)』. 서울: 김영사, 2004.

정연호.『유대교의 역사적 과정: 바리새파의 재발견』. 서울: 한국성서학연
구소, 2010.

최창모.『기억과 편견: 반유대주의의 뿌리를 찾아서』. 서울: 책세상, 2004.

_____. "한국사회의 유대인 이미지 변천사 소고."『한국이슬람학회지』
18/1 (2008), 113-138.

한반도 평화연구원 제26회 포럼.『수쿠크법의 쟁점: 평화를 위한 정부, 미
디어, 교회의 역할』. 2011. 4. 13.

Hagner, Donald A.『마태복음』. 채천석 옮김. WBC 성경주석 33하. 서울: 솔
로몬, 2006.

Hays, R.『신약의 윤리적 비전』. 유승원 옮김. 서울: IVP, 2002.

Hengel, M.『유대교와 헬레니즘 1-3』. 박정수 옮김. 파주: 나남, 2012.

Kingsbury, Jack D.『이야기 마태복음』. 권종선 옮김 서울: 요단출판사, 2000.

Luz, U.『마태 공동체의 예수 이야기』. 박정수 옮김. 서울: 대한기독교서회,
2003.

Rhoads, D, J. Dewey and D. Michie.『이야기 마가: 복음서 내러티브 개론』.
양재훈 옮김. 서울: 이레서원, 2003.

Sacks, Jonathan.『차이의 존중』. 임재서 옮김. 서울: 말·글빛냄, 2007.

Smith, R. "외식하는 자."『예수 복음서 사전』. 요단출판사 번역위원회. 서
울: 요단, 2003.

Strecker, G.『산상설교: 그 신학적 해석』. 전경연, 강한표 옮김. 서울: 대한
기독교서회, 1992.

Wright, N. T.『신약성서와 하나님의 백성』. 박문재 옮김. 서울: 크리스천다

이제스트, 2003.

Bacon, B. W. *Studies in Matthew*. New York: Holt, 1930.

Banks, R. "Matthew's Understanding of the Law." *JBL* 23/3 (1983), 226242.

Barth, G. "Das Gesetzesverständnis des Evangelisten Matthäus." *Überlierferung und Auslegung im Matthäusevagnelium* edited by G. Bornkamm, G. Batth, Heinz J. Held. WMANT 1; Neukirche: Neukirchener Verlag, 1965, 54154.

Berger, K. "Zur Geschichte der Einleitungsformel 'Amen, ich sage euch." *ZNW* 63 (1972), 45-75.

Black, M. *An Aramaic Approach to the Gospels and Acts*. Oxford: Clarendon Press, 1967.

Blenkinsopp, Joseph. "Interpretation and the Tendency to Sectarianism: An Aspect of the Second Temple History." *Jewish and Christian Self-Definition* Vol 2. Edited by P. Sanders. London: SCM Press, 1981, 1-27.

Boring, M. E. "How may we identify oracles of Christian prophets in the synoptic tradition? Mk 3,28-29. As a test case." *JBL* 91 (1972), 501-521.

_____. "The Unforgivable Sin Logion Mk 3,28f/Mt 12,31f/Lk 12,10: Formal Analysis and History of the Tradition." *NT* 18 (1976), 258-279.

Carter, Warren. "Matthew and the Gentiles: Individual Conversion and/or Systematic Transformation?." *JSNT* 26/3 (2004), 259282.

Clements, R. "Woe." *Anchor Bible Dictionary 6*. New York: Doubleday, 1992, 945-47.

Coser, Lewis A. *The Functions of Social Conflict*. London: Routledge, 1956.

Davies, W. D. *The Setting of the Sermon on the Mount*. Cambridge: Cambridge Univ. Press, 1966.

Davies, W. D. and Dale Allison C. *The Gospel according to Saint Matthew I-III*. ICC 44. Edinburgh: T and T Clark, 1988.

Gager, J. *The Origin of AntiSemitism. Attitudes towards Judaism in Pagan and Christian Antiquity*. New York: Oxford, 1985.

Gnilka, J. *Die Verstockung Israels: Isaias 6,9-10 in der Theologie der Synoptiker*. StANT 3; München: Kösel, 1961.

Hare, Douglas R. A. "How Jewish Is the Gospel of the Matthew." *CBQ* 62/2 (2000), 264277.

Haufe, G. "Erwägungen zum Ursprung der sogenannten Parabeltheorie Mk 4,11-12." *EvTh* 32 (1972), 413-421.

Held, Heinz J. "Matthäus als Interpreter der Wundergeschichten." von Günther Bornkamm, Gerhard Barth, Heinz Joachim Held. *Überlieferung und Auslegung im Matthäusevangelium*. Neukirche: Neukirchener Verlag, 1960, 155288.

Howell, *David B. Matthew's Inclusive Story*. JSNT. Sup, 42. Sheffield: Sheffield Academic Press, 1990.

Hummel, R. *Die Auseinandersetzung zwischen Kirche und Judentum im Matthäusevangelium*. München: Kaiser, 1966.

Lövestam, E. *Spiritus Blasphemia. Eine Studie zu Mk 3,28f par Mt 12,31f, Lk 12,10*. Lund: Gleerup, 1968.

Luz, U. *Das Matthäusevangelium nach Matthäus 1*. EKK I; NeukirchenVlyen: Neukirchener Verlag, 2002.

_____. *Studies in Matthew*. Grand Rapids: Eerdmans, 2005.

Manson, T. W. *The Teaching of Jesus*. Cambridge: Cambridge Univ. Press, 1931.

Mendels, Doron, *The Rise and Fall of Jewish Nationalism*. Grand Rapids,

Michigan / Cambridge, UK: Eerdmans, 1992.

Schwartz, Daniel R. *Studies in the Jewish Background of Christianity*. Tübingen: J. C. B. Mohr, 1992.

Stanton, G. *A Gospel for a New People*. Edinburgh: T and T Clark, 1992.

Stenning, J. F (ed. and tr.). *The Targum of Isaiah*. London: Clarendon Press, 1953.

Theissen, G. "Jesus und die symbolpolitischen Konflikte seiner Zeit: Sozialgeschichtliche Aspekte der Jesusforschung." *EvTh* 57/5 (1997), 378400.

Trilling, W. *Das Wahre Israel*, Leipzig: St. Benno-Verlag, 1958.

Turner, D. L. "Matthew 23 as Prophetic Critique." *JBL* 4/1 (2004), 2342.

Weeden, Theodore J. *Traditions in Conflict*. Philadelphia: Fortress Press, 1971.

Wong, Kun-Chun. *Interkulturelle Theologie und multikulturelle Gemeinde im Matthäusevangelium zum Verhältnis von Juden und Heidenchristen im ersten Evangelium*. NTOA 22. Göttingen: Vandenhoeck und Ruprecht, 1992.

제7장 위기의 교회론과 목사직

김한수. "한국 교회 부흥은 가슴치는 회개로부터." 『조선일보』 2007. 7. 9.

박경수 외 7인 공저. 『교회와 직제론』. 서울: 예영커뮤니케이션, 2012.

박정수. "δεῖν καὶ λύειν: 카리스마적 권세와 교회적 권위." 『신약논단』 10/2(2003), 263-284.

_____. "권위의 성서적 기원." 『복음과 상황』 23/9 (2009).

_____. "초기 기독교적 권위구조의 변화". 『한국기독교 신학논총』 31 (2004), 123-155.

백바울, 『위대함을 선택하라』. 서울: 샘솟는 기쁨, 2013.

신광은.『메가처치 논박』. 부천: 도서출판 정연, 2009.

유승원, "그레꼬-로마세계의 몸 메타포와 바울의 교회공동체 개념."
　　『신약논단』 7 (2000), 149-166.

이문식,『이문식의 문화읽기』. 서울: 두란노, 2011.

이문장. "21C 신학교육과 한국 교회의 역할."『성결신학연구소 학술대
　　회 자료집(2012)』.

이형기, 송인설 편집,『교회의 본질과 선교』. 서울: 한국기독교교회협
　　의회, 2009.

조병하. "초대교회의 교회직제 발전에 대한 연구." 박경수 외 7인.『교회
　　와 직제론』, 26-39.

조석민. "신약성서의 장로직분." 박경수 외 7인.『교회와 직제론』, 9-26.

차정식.『예수, 한국사회에 답하다』. 서울: 새물결플러스, 2012.

최현종.『한국종교인구변동에 관한 연구』. 부천: 서울신학대학출판부,
　　2011.

한국신학교육연구원·전국신학대학협의회.『신학교육 그 패러다임의
　　전환: 지식교육에서 영성함양으로』, 한국신학논총9집. 서울: 한들
　　출판사, 2010.

한국일. "선교와 교회갱신: 교회와 선교의 상관성에 관한 연구."『바른
　　교회아카데미 세미나자료집(2007)』.

한목협.『한국기독교 분석리포트』. 서울: 도서출판 URD, 2013.

Banks, Robert.『바울의 그리스도인 공동체의 이상』. 장동수 옮김. 서울:
　　여수룬, 1999.

Jethani, Skye.『하나님을 팝니다?』. 이대은 옮김. 서울: 조이선교회,
　　2009.

Kingbury, Jack D.『이야기 마태복음』. 권종선 옮김, 서울: 요단출판사,

2000

Küng, Hans. 『교회』. 정지련 옮김. 서울: 한들출판사, 2007.

_____. 『마태공동체의 예수이야기』. 박정수 옮김. 서울: 대한기독
교서회, 2003.

Ritter, Adolf M. 『고대 그리스도교의 역사』. 조병하 옮김. 서울: 기독교
문사, 2010.

Schweizer, E. 『마태오복음』국제성서주석 27. 번역실 옮김. 서울: 한국신
학연구소, 1992.

Snyder, Howard. 『참으로 해방된 교회』. 권영석 옮김. 서울: IVP, 2005.

Campenhausen, F. von. *Kirchliches Amt und Geisttliche Vollmacht in den ersten drei Jahrhunderten.* Tübingen: Mohr Siebeck, 1953.

Davies, W. D., Allison, D. C. *The Gospel according to Matthew II.* ICC 1. Edinburgh: T.&T. Clark, 1991.

Frankemölle, H. *Jahwebund und Kirche Christi.* Münster: Aschendorff Verlag, 1973.

Held, H. J. "Matthäus als Interpreter der Wungergeschichten." G. Bornkamm etc. Ed. *Überlieferung und Auslegung im Matthäusevangelium.* Neukirchen: Neukirchener Verlag, 1965, 159-181.

Hoffmann, P. *Studien zur Theologie der Logienquelle.* Münster-Westfalen: Verlag Aschendorff, 1972.

Laufen, R. "Doppelüberlieferungen der Logienquelle und des Markusevangeliums." Dr. Theol. Diss. Universität Bonn, 1978.

Luz, U. *Das Evangelium nach Matthäus. II (Mt 8-17).* EKK 1. Neukirchen-Vluyn: Neikirchener Verlag, 1990.

_____. tr. by Rosemary Seele, *Studies in Matthew*. Grand Rapids, Michigan / Cambridge, U.K.: Erdmans, 2005.

Roloff, J. *Die Kirche im Neuen Testament*. Göttingen: Vandenhoeck & Ruprecht, 1993.

Schütz, John H. "Charisma and Social Reality in Primitive Christianity," *Journal of Religion* 54 (1974), 51-70.

Weaver, D. J. *Matthew's Missionary Discourse: A literary Critical Analysis*. Sheffield: Univ. of Sheffield, 1990.

제8장 교회의 윤리적 소명

황대권.『민들레는 장미를 부러워하지 않는다』. 서울: 열림원, 2013.

Chedwick, H.『초대교회사』. 박종숙 옮김. 서울: 크리스챤다이제스트, 1999.

Küng, Hans.『교회』, 정지련 옮김. 서울: 한들출판사, 2007.

Schütz, John H. "Charisma and Social Reality in Primitive Christianity." *Journal of Religion* 54 (1974), 51-70.

Weber, Max.『경제와 사회 I』. 박성환 옮김. 서울: 문학과 지성사, 1997.

Wells, David F.『신학실종』. 김재영 옮김. 서울: 부흥과개혁사, 2010.